国家社会科学基金项目"知识产权国际布局视角下中国种业'走出去'发展模式研究"（17BJY128）成果；
广东海洋大学科研启动经费资助项目

知识产权国际布局视角下中国种业"走出去"发展模式研究

陈燕娟　邓岩　著

WUHAN UNIVERSITY PRESS
武汉大学出版社

图书在版编目（CIP）数据

知识产权国际布局视角下中国种业"走出去"发展模式研究/陈燕娟，
邓岩著.—武汉：武汉大学出版社,2024.3
ISBN 978-7-307-24131-2

Ⅰ.知…　Ⅱ.①陈…　②邓…　Ⅲ.种子—农业产业—产业发展—
国际竞争力—研究—中国　Ⅳ.F326.1

中国国家版本馆 CIP 数据核字（2023）第 220686 号

责任编辑:范绪泉　　　责任校对:鄢春梅　　　版式设计:马　佳

出版发行:**武汉大学出版社**　（430072　武昌　珞珈山）
　　　　（电子邮箱: cbs22@ whu.edu.cn　网址: www.wdp. com.cn）
印刷:湖北云景数字印刷有限公司
开本:720×1000　1/16　印张:20.25　字数:327 千字　插页:1
版次:2024 年 3 月第 1 版　　2024 年 3 月第 1 次印刷
ISBN 978-7-307-24131-2　　定价:88.00 元

前　言

粮安天下，种铸基石。种子是农业的"芯片"，种子产业是促进农业长期稳定发展、保障国家粮食安全的根本。中国种业发展为提高农业综合产能、保障农产品供给和促进农民增收做出了重要贡献，并在"引进来"和"走出去"两方面都取得了较大成功。然而，受农业发展阶段、创新能力、标准和制度缺失等制约，中国种业总体上仍处于全球产业链末端、价值链中低端，与发达国家的发展差距较大并呈扩大趋势，导致种业对外依存度高、种源"卡脖子"风险大，从而对国家种源安全乃至粮食和农业安全构成威胁。为此，中国种业亟须创新"走出去"发展模式，充分利用"两种资源"，深入开拓"两个市场"，通过知识产权国际布局培育市场竞争新优势，通过高水平开放推进产业转型升级与高质量发展。

本书以中国种业"走出去"发展模式为研究对象，围绕"种业'走出去'为何需要开展知识产权国际布局""种业'走出去'如何开展知识产权国际布局""如何围绕知识产权国际布局构建种业'走出去'模式"三个问题依次展开理论分析和实证研究。首先，梳理中国种业知识产权保护、种业"走出去"发展现状，探寻种源"卡脖子"问题的成因，剖析中国种业"走出去"面临的主要知识产权问题以及由此引发的发展困局；其次，分析知识产权提升种业竞争力的作用机理，揭示知识产权国际布局与种业"走出去"之间的内在联系，从育种创新、成果应用、市场开发等角度解析知识产权国际布局如何影响种业"走出去"的价值形成及价值增值过程；再次，分析中国种业"走出去"的科技优势与市场前景，评估中国种业"走出去"的贸易及投资潜力，并对"走出去"典型国家（区域）种业风险进行测度；然后，识别中国种业"走出去"知识产权风险的主要影响因素，分析各类影响因素之间及其对于种业"走出去"知识产权风险的作用关系，提出中国种业"走出去"知识产权国际布局的基本策略；最后，梳理种子出口、国外制种、技术出口、国外投资等种业"走出去"模式的主要特点，从盈利和运营两个视角探究各种"走出去"模式的知识产权运行条件，比较和选择有助于中国种业国际竞争力提升的"走出去"发展模式，并在此基础上提出进一步推进中国种业"走出去"的对策建议。

鉴于资料与笔者能力有限，加之时间仓促，文中定有错误和疏漏之处。诚请专家和读者提出宝贵意见，以便日后充实与完善。

目　　录

1 导　　论

1.1　研究背景及意义

1.1.1　研究背景

近10年来，由于"两板挤压""双灯限行"，中国种业发展遇到了空前的困难与瓶颈，亟须拓展并延伸生产和销售区域，利用"两种资源""两个市场"化解内部困境。《国务院关于加快推进现代农作物种业发展的意见》和《全国现代农作物种业发展规划（2012—2020年）》均把"加强农作物种业国际合作交流，支持国内优势种子企业开拓国外市场"列为中国种业发展的重点任务之一。商务部、发改委（国家发展和改革委员会）、科技部等10部委发布的《关于促进战略性新兴产业国际化发展的指导意见》同样明确要求，要把国际化作为推动生物育种等战略性新兴产业发展的重要途径，鼓励种子企业大胆"走出去"，积极参与国际合作和竞争（邓岩，2016）。"走出去"已经成为政府和种子企业的共识，它既是实现中国农业"走出去"的关键环节，也是对"一带一路"倡议的具体落实与细化。目前，中国在杂交水稻种子出口等领域已经具备一定的竞争优势，但"走出去"模式单一，可持续性不强，关键是知识产权保护意识落后。种业"走出去"过程中知识产权风险很大，一旦保护不力，创新成果很容易通过"技术溢出效应"被竞争对手获取。通过有效的知识产权国际布局，种子企业可以运用法律措施在国际市场建立知识产权特权，并充分发挥知识产权的放大功效，实现垄断收益最大化（邓岩，2022）。本课题以中国种业"走出去"发展模式为研究对象，围绕"种业'走出去'为何需要开展知识产权国际布局""种业'走出去'如何开展知识产权国际布局""如何围绕知识产权国际布局构建种业'走出去'模式"三个问题依次展开分析研究，探索建立一种能够持续提升国际竞争力的种业"走出去"发展模式。

1.1.2　研究意义

（1）理论价值。知识产权是联结创新和市场的纽带。本项目将知识产权保护与种业"走出去"国家（区域）研究、种业"走出去"风险识别等结合起来，并将知识产权国际布局和运营融入资源收集、品种选育、市场推广等关键环节，构建一种基于知识产权国际化运营的中国种业"走出去"发展模式。这既是对企业国际化发展模式的理论创新，也是知识产权战略在种业国际化发展领域的集成创新。

（2）应用价值。通过有效的知识产权国际布局，种子企业可以在法律的保护下，不断提高市场占有率，独享高额垄断利润，为持续创新发展蓄积更雄厚的资本；同时，还有利于在品种选育、种子生产以及销售等方面，打破国家或地域局限，按照比较优势原则安排育种、生产和销售，以实现种业资源的优化配置和盈利能力提升，巩固和强化企业在国际竞争中的优势地位，从而形成知识产权创造、利用、种业国际竞争力提升与种业"走出去"战略的良性循环。

1.2　国内外研究综述

1.2.1　农业"走出去"的相关研究

（1）农业"走出去"的内涵。

"走出去"战略是指企业到国外投资，设立生产经营机构，向境外延伸研发、生产和营销能力，在更多的国家和地区合理配置资源而进行扩张与发展（远铜，2013）。农业"走出去"是指中国企业以各种方式在全球不同的国家或地区对农业领域的不同方面所进行的直接投资活动（翟雪玲，2015）。中国农业"走出去"的历程可以分为3个阶段，其中农产品贸易和对外农业援助发端较早，而对外农业投资则起步稍晚（韩振国，杨静，李晶，2020）。农业"走出去"是全面实施乡村振兴战略、构建国内国际双循环相互促进新发展格局的重要组成部分，也是建设更高水平开放型经济新体制的内在要求（刘志颐，张陆彪，2022）。

（2）农业"走出去"的模式。徐雪高、张振（2015）认为，中国农业"走出去"已形成全产业链经营、抱团出海、租地代种、替代种植、收购兼并五种主要模式。张倩、白睿、宋雨河（2017）认为，中国农业"走出去"市场运营模式主要有立足当地销售、突出周边市场、返销国内市场、主销发达国家、履约直接运回以及产品交返当地等6种类型。陈瑞剑、张陆彪、柏娜（2017）认为，海外并购已成为加速中国农业"走出去"的重要模式，并且大型农业企业是海外并购的重要力量。冉高成、魏凤（2019）认为，贸易、对外直接投资和契约模式是西北农业企业"走出去"的主要模式，并且近年来更多的企业开始选择对外直接投资模式和契约模式"走出去"。

（3）农业"走出去"面临的问题与障碍。部分研究认为，当前中国农业"走出去"主体不仅受限于自身能力缺失（仇焕广，等，2013；程国强，2014；周海川，2012；李保花，2014；蒋娜，2015；刘志颐，2015；李治，等，2020），还受到国内体制和政策限制（陈前恒，等，2009；何君等，2013；王劲松，等，2014）以及东道国政策环境制约（杨易等，2014；陈姝彤，2014）。此外，还存在着"走出去"企业对其他各国信息掌握不够（宋洪远，2014）、投融资渠道不畅（王琦、尹燕飞，2017；刘志颐，2019；马志刚，等，2020），以及人民币汇率波动等问题（黄祖辉、陈立辉，2011；张琦，等，2022），这些因素都在很大程度上阻碍了中国农业"走出去"战略的推进。

（4）农业"走出去"的政策与建议。应针对中国农业"走出去"的特点，结合企业的切实需求（马志刚，2014），加强信息服务、技术支持、政策引导及投资效果研究等（方旖旎，2015；张晨、楼一平，2018；刘凡，2018；赵捷，等，2020）。

1.2.2　种业"走出去"的相关研究

目前，中国种业"走出去"已经具备了一定的基础，有着巨大的拓展空间和发展潜力。

（1）种业"走出去"现状与问题。与不具备自主知识产权、无核心竞争力、发展不可持续的一般外贸产品相比，中国杂交水稻种子技术世界领先（袁国保，2008），"走出去"优势十分明显（陈燕娟，2019；张琴，2021）。但中国种业"走出去"的总量还偏小偏弱，涵盖的国家和领域过于集中（邓岩，2022）。并且，随着种子国内生产成本上升（陈瑞剑，2013；赖晓敏，2019），单纯依靠种子出口参与国际竞争的模式将难以为继（邓岩，2016）。

（2）中国种业国际竞争力。吕波（2014）的实证研究结果表明，中国杂交水稻和花卉种子具有较强的国际竞争力，蔬菜种子竞争力开始凸显。王磊、刘丽军、宋敏（2014）的实证研究结果表明：与美国、荷兰等种业强国相比，中国种业不具备显示性比较优势，但中国种子质量在国际市场竞争中具有一定的竞争力。种业国际竞争力的影响因素主要归结为科技创新能力和产业竞争力。郑怀国等（2021）的实证研究结果显示，中国种业国际竞争力综合指数居第 2 位，其中科技创新能力指数位居第 2，产业竞争力指数居第 5 位，科技创新优势优于产业竞争优势。

（3）种业"走出去"的目标市场。王磊（2014）、苏毅清（2017）、陈燕娟（2019）认为东南亚、非洲、中亚是中国种业"走出去"的三大目标地区。其中，东南亚、南亚和非洲将逐步成为未来世界玉米种业市场的新增长点，而东亚、南亚和东南亚地区则为水稻种子市场的主要增长点（陈瑞剑，等，2015）。未来主要大田作物种子"走出去"前景看好，中国企业需要高度重视海外市场开发工作（张军平，等，2015；马文慧，2018）。中国种业"走出去"应以杂交水稻为突破口，并配合杂交玉米、棉花、花卉和蔬菜种形成多线出击的形势（苏毅清，2017）。

1.2.3　种业知识产权国际布局的背景

作为物化技术，种子兼有技术与商品的双重属性，种子贸易不仅是一般的有形商品贸易，还具有技术贸易的重要特征。《知识产权协议》（TRIPS）的签署使知识产权保护从一国范围扩大到全球范围，知识产权成为种业"走出去"无法回避的问题（陈燕娟，2021）。关于知识产权保护影响种业"走出去"的有效性，

Eaton 和 Van Tongeren（2004）、Srinivasan（2005）认为知识产权制度是影响跨国企业国际贸易和投资水平的重要因素（陈燕娟，2012），一国国内的知识产权保护水平与外国投资之间存在正相关关系（Seyoum，2006），特别是发展中国家法律、法规的颁布实施，为跨国种业公司在当地研发的植物新品种寻求知识产权保护提供了法律保障，使得跨国投资具有无限吸引力（邹彩芬，2006）。同时，知识产权是种源"卡脖子"的主要工具，种业跨国企业一般都会围绕目标国知识产权保护水平选择市场和技术进入方式（罗炬，等，2020）。关于种业国际贸易和育种创新之间的关系，张明杨（2012）、王济民和刘春芳（2007）、任静和宋敏（2016）定量研究结果表明：育种技术创新对种子出口贸易具有显著的促进作用。育种创新能力已成为跨国种业公司保持市场竞争优势的有力武器（任静，等，2019），跨国种业公司全球育种专利申请量占比将近14%，全球农作物的转化体81%以上为跨国种业公司所拥有。然而，只有运用和保护好知识产权，使之与种业创新良性互动，才能源源不断为种业发展提供驱动力（温雯，2019）。关于种业知识产权"走出去"，陈超（2011）认为应跟踪UPOV（国际植物新品种保护联盟）的发展和竞争动向，有选择性地实施品种权"走出去"战略；刘春花（2014）认为应加强植物新品种保护国际双边和多边合作，制定合理有效的交流政策。

企业对于知识产权的利用既是一种法律对价，也是一个合作博弈的过程（吴汉东，2006）。这种博弈在种业知识产权领域日趋激烈和复杂化（陆福兴，2014）。一方面，我们可以看到，世界种业巨头利用技术上的优势，实施知识产权的"跑马圈地"，造成相关的贸易和市场垄断（罗忠玲，2005）。另一方面，我们也应该认识到，目前世界各国的知识产权保护制度和执行力度存在着较大差别，而农作物种子及技术往往涉及国家粮食安全，政治敏感度高，在国际贸易中地位特殊（邓岩，2022）。制度差别和政治因素交互作用，既是约束种业"走出去"的体制障碍，也能为种业"走出去"提供市场机遇（梁静如，2021）。

1.2.4 现有研究述评

国内外学者在农业和种业"走出去"的内涵、现状、问题以及知识产权保护对种子国际贸易与投资的影响等方面做了许多重要研究，为深入研究种业"走出去"奠定了理论基础。然而，随着国内外农业、种业发展环境变化，跨国种业巨头纷纷抢占中国市场，中国种业内部也面临着产能过剩、资源约束等发展困局。因此，必须就相关问题开展深入研究：一是关于种业"走出去"的技术与知识产权支撑问题。世界各国的种业知识产权保护制度各异，怎样在现有条件下识别知识产权风险和种业发展潜力，从而发现技术与市场机遇，这是中国种业能不能"走出去"、能"走多远"的关键所在。二是种业"走出去"发展模式问题。已有研究大多是从出口贸易的角度研究种业"走出去"，而中外种业的差距体现在科技、市场、体制等多方面，单纯的出口模式已经无法满足种业"走出去"的发展需要，亟待研究如何构建一种能够持续提升国际竞争力的发展模式。三是如何围绕知识产权布局制订种业"走出去"战略，当前尚未见系统研究，而这正是中国种业"走出去"的基础和前提。

1.3　研究目标与内容

1.3.1　研究目标

本课题研究的主要目标有三点：第一，研判种业"走出去"的发展趋势，分析知识产权国际布局影响种业"走出去"的作用机理；第二，分析种业"走出去"典型国家及区域种业发展潜力和知识产权风险，制定种业知识产权国际布局策略；第三，围绕知识产权国际布局和种业国际竞争力提升构建中国种业"走出去"发展模式。

1.3.2　研究内容

本课题的研究对象是中国种业"走出去"发展模式，主要内容分为五个部分：

（1）中国种业"走出去"面临的知识产权问题。本研究包括两个方面：其一，运用宏观数据分析国际种业发展形势，梳理中国种业知识产权、种业"走出去"现状，分析种源"卡脖子"问题的成因；其二，剖析中国种业"走出去"

面临的主要知识产权问题以及由此引发的发展困局。

（2）知识产权影响种业"走出去"的机理分析。本研究包括两个方面：其一，分析知识产权提升种业竞争力的作用机理，揭示知识产权国际布局与种业"走出去"之间的内在联系；其二，从育种创新、成果应用、市场开发等角度解析知识产权国际布局如何影响种业"走出去"的价值形成及价值增值过程。

（3）种业"走出去"典型国家与区域分析。本研究包括两个方面：其一，在文献梳理和社会调研的基础上，分析中国种业"走出去"的科技优势与市场前景，评估中国种业"走出去"的贸易及投资潜力；其二，构建种业"走出去"风险评价指标体系，运用层次分析法和模糊综合评价模型，对"走出去"典型国家（区域）种业风险进行测度。

（4）种业知识产权国际布局。本研究包括三个方面：其一，识别种业"走出去"知识产权风险的影响因素，探究各类影响因素之间及其对种业"走出去"知识产权风险的作用关系；其二，运用宏观数据分析和描述全球种业知识产权布局态势，对比分析中国与发达种业国家知识产权国际布局状况及存在的差距；其三，剖析种业知识产权国际布局的影响因素，提出中国种业"走出去"的知识产权国际布局策略。

（5）种业"走出去"模式构建。本研究包括三个方面：其一，分析种子出口、国外制种、技术出口、国外投资等种业"走出去"发展模式的主要特点，从盈利及运营两个视角分析各类发展模式的知识产权运行条件；其二，提出种业国际竞争力提升路径的整合性分析框架，运用清晰集定性比较分析（cs/QCA）方法，探究种业国际竞争力提升路径的条件组态及其条件变量之间的作用关系，比较并选择适合中国种业"走出去"的发展模式；其三，系统设计并提出促进中国种业"走出去"的对策建议。

本课题以种业"走出去"发展模式为研究对象，围绕"种业'走出去'为何需要开展知识产权国际布局""种业'走出去'如何开展知识产权国际布局""如何围绕知识产权国际布局构建种业'走出去'模式"三个问题依次展开分析。研究的总体框架如图1-1所示。

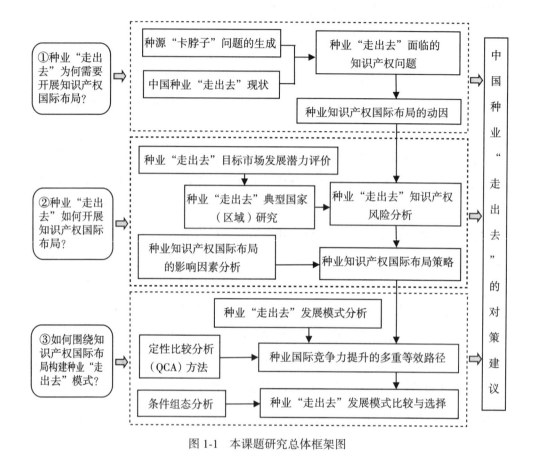

图 1-1　本课题研究总体框架图

1.4　研究方法

1.4.1　文献研究与社会调查相结合

本研究以已有理论研究和实践探索为基础，在查阅大量农业"走出去"、种业"走出去"、种业知识产权、种业法律法规研究文献的基础上，广泛开展社会调查。课题组通过实地的调研获得了大量的一手资料，并进行整理和分析，并多次征求有关专家、学者意见，为本研究的顺利完成打下了坚实基础。

1.4.2 定性比较分析（QCA）

定性比较分析（QCA）是社会科学领域中一种新兴的研究方法，由于它综合了定量研究与定性研究两种主流研究方法的优势，并且擅长处理社会现象中普遍存在的复杂因果关系，因而在社会科学研究中得到普遍关注和快速应用。QCA 采取整体视角，将研究对象视作条件变量不同组合方式的组态，并通过集合分析发现条件组态与结果之间的因果关系，可以识别产生同一结果的多重等效的组合方案。本课题根据种业发展规律和产业特点，建立种业"走出去"整合性分析框架，运用定性比较分析（QCA）方法，探索前因条件对种业"走出去"的因果复杂作用机制，分析种业"走出去"的条件组态及其条件变量之间的联合作用关系，剖析条件组合之间的"潜在替代关系"，从而获得种业"走出去"的多重等效模式，结合各种模式的适用条件，比较并选择适合中国种业"走出去"的发展模式。

1.4.3 系统动力学方法

系统动力学方法是通过系统内部各变量之间的反馈结构关系来研究系统整体行为的方法。仿真不是直接对实际系统进行研究，而是根据模拟理论设计一个能反映该系统的模型，然后通过模型求得结论，进而通过对模型结论的分析得出实际系统的结论。本课题在识别种业"走出去"知识产权风险影响因素的基础上，运用系统动力学方法构建风险研究模型，利用 Vensim PLE 软件对系统影响因素进行仿真模拟和试验，将其作为真实系统的实验室，考察各个影响因素之间的作用关系及其对种业"走出去"知识产权风险的作用效果，从而揭示中国种业"走出去"知识产权风险的关键影响因素及其作用机理。

1.4.4 比较分析法

根据研究目的与样本特征，对收集到的数据进行整理归类和比较分析，主要包括两个方面：第一，对现有种业"走出去"模式进行对比分析，为新模式构建提供借鉴与参考；第二，比较中国与目标国种业知识产权保护制度差异，分析由此引发的知识产权风险。

2 相关概念及理论基础

2.1 相关概念界定

2.1.1 种子产业

种子产业是农业最重要的基础产业，是为满足农业生产用种需要而专门从事与种子整体产品生产及经营有关的经济活动的集合。这个集合主要由品种选育、种子生产加工、种子经营等系统和种质资源收集、植物育种、原种（亲本）繁育、良种生产、良种收购、良种干燥、良种精选、良种精选分级、良种包装、良种销售、良种售后服务等环节组成（方连平，2005）。

2.1.2 种业"走出去"

"走出去"战略是党中央、国务院根据经济全球化新形势和国民经济发展的内在需要做出的重大决策，是发展开放型经济、全面提高对外开放水平的重大举措，是实现中国经济与社会长远发展、促进与世界各国共同发展的有效途径。"走出去"战略就是鼓励和支持有条件的各种所有制企业对外投资和跨国经营，主动参与各种形式的国际经济技术合作。

种业"走出去"的含义有广义和狭义之分。狭义的种业"走出去"是指种子企业"走出去"，即到境外从事种子产销等经营活动，如通过出口贸易、边境贸易、海外直接投资、其他外贸企业代理等方式将中国的种子资源输出到其他国家或地区（孙晓燕，2016）。广义的种业"走出去"是指使种子、种业生产资料、资本、育种技术、服务、劳动力、管理和种子企业本身走向国际市场,到国外去开展竞争与合作。种业"走出去"应立足国内和国外两个市场,按照比较优势的原则参与国际分工,并以此为基础调整和重组国内种业资源,进而在全球范围内优化配置产业资源,实现资源和产业的国内、国际双向流动,形成相互联系和相互依存的全球种业科技与经济整体,从而达到运行效率和经济效益的最优化。

进入 21 世纪以来,以分子生物学技术为代表的育种创新取得重大突破,种子产业链不断延伸,国际市场渗透力越来越强,全球种子贸易额持续上升,市场细分更加多样化,竞争更加激烈,全球化已然成为种业发展的定势。伴随技术进步和市场融合,跨国企业在中国种子市场的影响力与日俱增;同时,受国内农业生产资料、劳动力价格上涨等因素的影响,以及耕地面积和资源环境的约束,中国种业自身也面临着发展不足与结构性过剩的困境。尽管世界各国种业准入门槛不断提高,"走出去"的难度越来越大、成本越来越高,但中国种业只有主动参与国际竞争与合作,在全球范围内开发和整合种业资源,实现从封闭型向开放型发展模式的转变,才能化解"内忧外患",逐步从"种业大国"迈向"种业强国"。

2.1.3 种业"走出去"发展模式

"走出去"发展模式也称为国际市场进入模式。Root(1994)认为,国际市场进入模式是指企业向海外输出产品、技术、服务或其他资源时所采用的制度安排。企业需要确定采用何种方式参与国外的经营活动,此即国际市场的进入模式(Hill,1990)。具体而言,它是一种通过与其他企业合作或者企业直接在东道国市场进行产品生产和销售的制度安排(Sharma and Erramilli,2004)。种业"走出去"发展模式是指种子企业到境外从事种子产销等经营活动时所采取的一种战略部署或制度安排。企业进入国际市场有两种资源模式。一是将产品出口到国外,二是将技术、资本、管理等资源转移到国外。从模式类型看,进入模式又可以细分为多种实行方式,如合资、独资、直接出口、间接出口、特许经营、生产合同、联合研发等(裴子玉,2020)。

2.2　理　论　基　础

2.2.1　国际贸易理论

（1）比较优势理论。比较优势理论，又称比较贸易理论，是由大卫·李嘉图提出来的，现在仍然是用来解释国际分工的主要理论。大卫·李嘉图是英国产业革命深入发展时期的经济学家，他继承和发展了斯密的绝对利益理论，他在1817年出版的《政治经济学及其赋税原理》中提出了比较优势理论。李嘉图在论证自由贸易的利益时，发展和修改了斯密的绝对优势理论，他认为在国际分工—国际贸易中起决定作用的，不是绝对成本而是比较成本。斯密的理论暗含着一个假定，就是贸易双方各有一种成本低于另一方的商品能在国际间销售。但是一个国家如果连一种具有成本优势的产品都没有，国际贸易能否发生？如果发生，贸易双方的利益又如何呢？李嘉图以比较优势理论回答了这些问题。根据李嘉图的理论，比较优势是因国家间劳动生产率的不同引起的。如果一个国家比别的国家更有效率地生产一种商品，那么这个国家在这个商品上就具有比较优势。在国际贸易的背景下，一个国家将出口比贸易伙伴更有生产效率的商品，而进口比贸易伙伴没有生产效率的商品。

比较优势理论强调，是比较优势而不是绝对优势决定了一个国家将生产和应该生产哪种产品。当两个国家都分别只专门生产本国拥有比较优势的产品时，那么两个国家都能从贸易中获益。然而，比较优势理论未能说明究竟是哪些因素引起了各国劳动效率的差异及贸易为什么会呈现出现在的格局。

（2）资源禀赋理论。资源禀赋差异在一国贸易中的决定作用一直以来都是国际学术界讨论的热点话题。按照新古典资源禀赋理论（也称"赫克歇尔-俄林-萨缪尔森"定理），一国出口密集使用其丰裕要素生产的产品，进口密集使用其稀缺要素生产的产品。关于资源禀赋对国际贸易的影响的经验检验型文献不断涌现。赫克歇尔-俄林-瓦内克（H-O-V）定理是解释国际贸易的最重要的理论之一，它假设同一产业在不同国家之间的要素价格相等和技术不变（Vanek，1968）。诚然，H-O-V定理是明确而直观的，但在对要素强度在国际贸易中的作用的经验研究中，诸多文献并未获得期望的结果（例如 Leontief，1953；Hufbauer，1970；Maskus，1985；James and Elmslie，1996）。其中，最具影响的莫过于 Leontief（1953）首次采用直接度量方法对相对资源禀赋对美国贸易模式的决定的理论和经验研究，结果发现美国是劳动的出口者，资本的进口者，这一结果与 H-O-V 定理的预言截然相悖，通常将其称为"里昂惕夫之谜"。

关于资源禀赋相对差异对国际贸易的影响的研究，一些文献特别关注了生产要素的贸易方向，Schluter and Lee（1978），Brecher and Choudhri（1982），Lee etal.（1988）在里昂惕夫的基础上重新检验了美国和其他发达国家相对资源禀赋差异对农业贸易模式的影响，结果证实了里昂惕夫之谜的存在，并对研究结果给出了可能性解释。里昂惕夫之谜的产生削弱了资源禀赋理论的有效性。由此，里昂惕夫及其追随者所采用的研究方法受到诸多方面的批评（Schott，2003）。Leontief（1953）指出，资本和劳动为生产要素，劳动被纳入生产要素尤为重要。Stern（1975）也强调需要建立多要素模型，因为资本和劳动是用于提高自然资源的经济价值的生产要素，在生产以自然资源为基础的产品时，贸易国会按不同比例综合使用这些生产要素。自然资源在农业生产和贸易中的作用尤其重要，其中土地发挥着关键作用。Leamer（1984）将土地分为四类，热带、干旱、潮湿型中温和潮湿型低温土地，考察不同土地资源类型对农产品贸易的影响，发现农产品的贸易专业化高度依赖自然资源禀赋的差异。Bowen 等（1987）将研究拓展至资源禀赋对工业制造品贸易的影响，发现资源禀赋变量的回归系数或统计上不显著或符号不正确。帅传敏等（2003）、程国强（2004，2005）等研究发现中国具有劳动密集型农产品出口上的比较优势，而相对稀缺的土地密集型农产品主要依赖进口。

20 世纪 80 年代后期，大量研究特别关注了贸易模式的其他决定因素，将新古典理论框架下资源禀赋差异拓展至技术、消费者偏好、地理区位和规模收益差异来解释一国对外贸易模式。赫克歇尔-俄林理论在经验检验中的频繁失效，为学者们将技术差异引入模型提供了工作性动机（Kielyte，2008）。Feenstra（2004）认为将技术差异纳入研究框架可有效提高资源禀赋理论的解释能力。一些研究（如 Balassa and Bauwens，1988）发现南北贸易可以由技能禀赋差异（而非资本禀赋）来解释。Koo and Anderson（1988）运用赫克歇尔-俄林理论框架，实证检验了出口国资源禀赋（包括土地、技术、劳动和资本）对农业出口的影响，研究结果证实了土地、技术、劳动和资本是农业贸易的决定因素。而另一些研究则认为消费者偏好差异与本土消费偏好、国内消费模式或由于人均收入差异带来的非类似偏好（Markusen，1986；Jones et al.，1998）对贸易模式的决定起着重要作用。同时，贸易国所处的地理模型却从实证分析中遗漏了技术和其他生产要素可能存在的影响。一些学者指出，一国的贸易模式应该由生产要素而非资本和劳动决定的，例如，自然资源会影响一国的对外贸易，这在农业生产中尤其重要（Schluter and Lee，1978；Lee et al.，1988；Koo and Anderson，1988；Pokrivcak and Rajcaniova，2011）。

2.2.2 国际直接投资理论

（1）边际产业扩张理论。20 世纪 70 年代，日本一桥大学教授小岛清运用赫克歇尔-俄林的资源禀赋原理，分析了日本的对外直接投资，提出了边际产业扩张理论。小岛清通过对跨国企业的对外投资行为进行研究，发现国家或企业开展对外投资与其进行国际间的合作和贸易是相互促进的。他在研究中得出的一个基本结论是，对外直接投资应该从本国（投资国）已经处于或趋于比较劣势的产业（边际产业），而对东道国来说是具有现实或潜在比较优势的产业开始进行。从边际产业开始对外投资，一方面可以将东道国由于缺乏技术或生产经验等原因而没有发挥的潜在优势挖掘出来，另一方面也有助于投资国通过产业的转移来实现产业结构的调整和升级。因此，那些可能具备或已经具备比较优势的产业可以开展对外直接投资活动。当投资国或企业的技术水平能够满足东道国的技术需求，而且东道国该产业正处于蓬勃发展的阶段，那么对外直接投资可以取得较好的经济效益。

小岛清认为，应该从技术差距最小的产业开展产业移植，并由技术差距较小的投资国的中小企业来承担这种移植。技术差距越小，国际直接投资所导致的技术转移就越容易移植、普及和固定下来，从而可以充分发掘东道国的潜在优势，扩大两国间的比较成本差距，进而创造更多的国际贸易机会。也就是说，投资国或企业对外直接投资应选择与本国存在一定产业梯度的地区进行投资，并且这些地区处于本国产业的下游梯度。小岛清的这一理论，为发达国家的中小企业和发展中国家的企业的对外直接投资提供了理论支撑，发达国家的中小企业和发展中国家的企业能够通过边际产业（具有比较优势的产业）的对外投资来获得利益。

按照边际产业扩张理论，中国种业对于巴基斯坦而言具有明显的比较优势。所以，应鼓励中国具备一定实力的种子企业到巴基斯坦开拓种业市场，充分利用巴基斯坦丰富的农业资源进行多角度、多层次的种业合作与开发，提高巴基斯坦粮食作物的产量，同时也满足巴基斯坦出口创汇和多方面的消费需求，使中国种业技术优势与巴基斯坦良好的自然区位优势得到最佳结合，从而实现互利共赢。

（2）产品生命周期理论。美国经济学家弗农对早期国际直接投资理论的发展做出了特殊贡献。他于1966年5月在《经济学季刊》上发表重要论文《产品周期中的国际投资和国际贸易》，提出了独具特色的产品生命周期理论，该理论后经威尔斯、赫希哲等人不断完善。生命周期理论认为，垄断优势理论还不足以说明企业在出口、许可证和国外子公司生产之间的选择，其理论是静态的，应该将企业的垄断优势和产品生命周期以及区位因素结合起来，从动态的角度考察企业的海外投资行为。由于技术的创新和扩散，产品与生物一样具有生命周期，先后经历五个不同的阶段，即产品的"崭新"阶段、"成长"阶段、"成熟"阶段、"销售下降期"阶段和"让与期"阶段。在产品生命周期的不同阶段，各国在国际贸易中的地位是不同的。在产品的"崭新"和"成长"阶段，由于产品的特异性或垄断优势，其价格的需求弹性低，企业有选择在国内生产的倾向；在产品的"成熟"和"销售下降期"阶段，由于技术的扩散和竞争者的加入，成本因素变得越来越重要，对外直接投资比产品出口更为有利，因而企业倾向于到海外需求类型相同的地区投资设厂，以增强产品的竞争能力；在产品的"让与期"阶段，技术因素已退次要地位，竞争的基础变成了价格竞争，因此企业倾向于把生产或装配业务转移到劳动成本低的发展中国家，原来的发明国逐渐变成了产品的进口国。可见，跨国公司的对外投资活动与产品的生命周期和区位的特殊优势密切相关。产品生命周期理论将企业的垄断优势与区位优势相结合，动态地描述了跨国公司对外直接投资的原因，这一思路对后来折中理论的兴起产生了重大影响。

2.2.3 企业国际化战略理论

（1）企业国际化发展阶段理论。该理论认为由于国际经营环境中存在着巨大的风险，企业在国际化过程中，为了避免可能存在的经营风险，往往会采取风险不同的经营方式，逐步地、有层次地、分阶段地参与到国际经营活动中（陈燕娟，2012）。企业的国际化发展过程一般分为四个阶段：第一阶段为出口阶段。这一阶段具有间接性、被动性和非经常性的特点。在该阶段，企业的经营活动主要集中在国内市场，目标是致力于做好传统市场。第二阶段为直接或主动的经常性的出口阶段。这一阶段，企业已逐步开始在国外市场组建自己的销售团队或成立销售公司，并积极主动寻求国际贸易伙伴，但仍然会通过一些国内和国外的中间商来销售部分产品。第三阶段为在海外设立分支机构。这一阶段，企业已直接参与到国际经营活动中。企业通过在国外建立生产基地和经营机构，直接利用东道国的各种资源、销售渠道和网络，采取就地生产就地销售的模式。第四阶段为全球导向阶段。这一阶段，企业以全球经济活动为出发点，在全球范围内合理配置资源，以实现利益最大化。

尽管企业国际化的阶段按照由低到高分为四个阶段，但这并不意味着每个企业都必须按照由低到高的阶段依次发展，由于不同的行业、不同的企业所面临的外部环境和自身条件往往大相径庭，自身条件较好的企业遇到合适的机会和环境，可能会跳过某个阶段而直接进入更高一级的阶段；反之，有的企业可能会长期停留于某个阶段，甚至退出该阶段。企业国际化的步骤不能一概而论，从某种意义上说企业可以从任何阶段开始，也同时可以处于几个阶段之中。

（2）特定优势理论。20 世纪 60 年代，美国学者海默提出特定优势理论，他认为企业从事跨国经营的必要条件之一是企业与当地企业相比有比较优势，并力图借此优势在海外市场谋取更大利润。这种比较优势来自企业拥有的特定优势和所有权优势，前者主要包括产品差异化、品牌、营销技巧等；后者指的是专利技术、规模经济和与众不同的融资能力等。该理论是西方最早研究对外直接投资的理论，但它无法解释发展中国家的对外直接投资活动（陈燕娟，2012）。

（3）内部化优势论。英国经济学家巴克利（P. J. Buckley）和卡森（M. C. Casson）于 1976 年提出内部化优势论，该理论认为企业所拥有的无形资产，包括特定的技术、技能、方法和知识，是形成企业跨国投资垄断优势的关键因素，而这些特定的技术、技能、方法和知识则被称为"中间产品"。企业可以采用两种方式利用中间产品来获利：一种是通过外部市场将"中间产品"转让给外国企业直接获取利润；另一种是通过内部化，将中间产品让渡给企业设在海外的子公司，企业再以子公司出售最终产成品的形式间接获取利润。尽管在理论上这两种形式是等价的，但由于中间市场不完全导致企业利用市场的交易成本过高，所以企业往往只能通过内部化的形式来索取垄断优势利润。

（4）国际生产折中理论。英国经济学家邓宁于 1977 年在综合吸收前人理论的基础上提出国际生产折中理论。该理论认为所有权特定优势和内部化优势决定一国企业对外直接投资的必要条件，而区位优势是一国企业对外直接投资的充分条件（陈燕娟，2012）。其中，区位优势是指东道国的自然资源、地理条件、人口状况等要素禀赋优势以及东道国的政治、经济制度、文化、基础设施等方面的优势。根据国际生产折中理论，如果企业同时具备所有权特定优势、内部化优势和区位优势，就应该选择对外直接投资的方式；如果企业只拥有所有权特定优势，而不具备内部化优势和区位优势，则可以通过出口将所有权优势转让给国外企业；如果企业拥有所有权和内部化优势，但区位优势在国内，则应采用契约方式供应国外市场。

2.2.4 知识产权理论

（1）知识产权的概念。在民事权利制度体系中，知识产权用语是与传统财产所有权相区别而存在的。在知识产权相关语境中，其原意均为"知识（财产）所有权"或"智慧（财产）所有权"。最早将一切来自知识活动领域的权利概括为"知识产权"的是 17 世纪中叶的法国学者卡普佐夫，后为 18 世纪比利时著名的法学家皮卡第所发展。后来知识产权学说得到了许多国家和国际组织的承认。在中国，法学界曾长期采用"智力成果权"的说法，1986 年《中华人民共和国民法通则》颁布后，才正式通行"知识产权"的称谓。

中国法学界主要采取"概括主义"方法来说明知识产权的概念。20 世纪 90 年代中期前，学者们基于知识产权保护对象即为智力成果的抽象认识，多将知识产权定义为人们对其智力成果所依法享有的权利。20 世纪 90 年代中期以后，有些学者认为，以知识产权名义统领的各项权利，并不都是基于智力成果产生的，因此对定义对象做了新的概括，认为知识产权是人们依法对自己的智力成果所享有的专有权利。

（2）知识产权的范围。知识产权的范围有广义和狭义之分。广义的知识产权包括著作权、邻接权、商标权、商号权、商业秘密权、专利权、地理标志权、集成电路布图设计权、植物新品种权等各种权利。狭义的知识产权，即传统意义上的知识产权，包括著作权（含邻接权）、专利权和商标权三个主要组成部分（陈燕娟，2012）。一般来说，狭义的知识产权可以分为两类：一类是文学产权，包括著作权和邻接权；另一类是工业产权，包括专利权和商标权。

（3）知识产权的基本特征。知识产权的基本特征主要有三个：一是独占性，二是地域性，三是时间性（陈燕娟，2012）。独占性是指知识产权同其他所有权一样，具有排他性和绝对性的特点。地域性是指知识产权作为一种专有权利，在空间上的效力并不是无限的，而要受到地域的限制，其效力只限于本国境内，具有严格的领土性。时间性是指知识产权仅仅在法律规定的期限内受到保护，一旦超过法律规定的有效期限，这一权利就自行消灭，相关知识产品即成为整个社会的共同财富，为全人类所共同使用。

3 种业知识产权与中国种业"走出去"

3.1 种业知识产权的内涵及特点

3.1.1 种业知识产权的内涵

种业知识产权的范围主要包括植物新品种权、专利权、商标权、商业秘密、著作权、地理标志、商号权等。植物新品种权是植物育种者权利，它是由植物新品种保护审批机关依照法律、法规的规定，赋予品种权人对其新品种的排他独占权。专利权是指国家专利管理机关依法授予专利申请人对其发明创造在一定期限内享有的独占权，包括发明、实用新型和外观设计。商标权是商标所有人对其商标的使用享有的支配权。商业秘密是指不为公众所知悉，能为权利人带来经济利益，具有实用性并经权利人采取保密措施的技术信息和经营信息。著作权即版权，是指著作权人对其文学、艺术和科学作品依法所享有的财产权利和精神权利的总称。地理标志是指标示某商品来源于某地区，该商品的特定质量、信誉或其他特征主要与该地区的自然因素或人文因素所决定的标志。商号权是指企业对自己使用的营业标志所依法享有的专用权（吴汉东，2009）。从种子产业链条的先后顺序来看，种业知识产权保护在以下三个阶段中包含相应的内容（张劲柏，等，2009）。

（1）科研育种阶段。从计划培育某一植物新品种开始，到实际培育出该植物新品种为止，整个培育过程中，主要涉及商业秘密和著作权的保护。商业秘密主要包括种质资源、育种材料、亲本、育种技术方案、试验材料数据等商业信息。而在此期间发表的相关论文及专著则形成著作权。

（2）申请和获得植物新品种权及育种专利的阶段。这一阶段是指从植物新品种培育出来到获得植物新品种权和育种专利为止的阶段。其涉及的内容主要包括对新品种权和育种专利申请权的保护，以及对新品种权和育种专利本身的保护。其中，育种专利权主要集中在育种技术和基因专利两方面。在此阶段中，如果同时申请了其他类型的权利（如在美国，对植物新品种权可以申请普通专利或者植物专利权），则对于其他类型的权利也需要进行保护。

（3）种子的生产经营阶段。种子生产经营阶段的知识产权保护主要是发挥新品种和育种技术专利的保护作用。同时，商业秘密、商标、商号、知名品种的品种名称、种子包装的装饰、装潢等也应采取相应的法律手段加以保护。在法律关系中还会涉及许可合同和转让合同纠纷等问题。这个阶段是种业知识产权保护中法律问题最集中的阶段，也是种子企业、育种者最终实现自己的利益和社会价值的阶段。

由于商标权、商业秘密、著作权、地理标志、商号权等属于通用知识产权，而植物新品种权和育种专利属于种业特有的知识产权，为了提高研究的针对性和有效性，本书仅以植物新品种权和育种专利为研究对象（陈燕娟，2012）。

3.1.2　种业知识产权的特点

种业知识产权除了具有知识产权的一般特征，即专有性、地域性、时间性、无形性、可复制性（何忠伟，隋文香，2009），还具有一些与种子产业的基本特征联系在一起的特有特征。

（1）权利主体的难以控制。由于农业生产相当分散，种业知识产权的权利主体在一些权利领域内是难以控制的，如植物新品种权。对于权利义务人而言更是如此。农业生产者即农民作为权利义务人，受传统农业体制和自身素质的影响，知识产权意识非常淡薄，难以承担应尽的知识产权义务。

（2）价值标准的不确定性。种业知识产权是知识形态的智力成果，它的研制、开发不像有形资产的生产那样有一定的标准、固定的模式和一定的消耗定额可以计量。同时，种业知识产权在形成中，要与整个农业自然环境相联系，农业生产是一个自然与经济的交互过程，具有很多不确定的动态影响因子，在这样一个过程中形成的种业知识产权很难用确定的标准去衡量。

（3）提供收益的不确定性。种业知识产权作用的发挥也要受农业生产自然条件的约束，在相关条件适宜的情况下，企业可以凭借所拥有的知识产权创造的竞争优势去获得一定的经济利益；如果自然条件发生变化，收益能力就会受到严重的影响。因此，种业知识产权价值提供的未来收益难以准确计量。

（4）侵权界限的模糊性。受农业生产周期及农业资源分散的影响，种业知识产权侵权界限难以确定，不像工业知识产权那样比较清楚。这在以家庭联产承包责任制为主体的中国农村，界限更加模糊。

（5）种业知识产权的风险性。种业知识产权风险主要包括：①自然风险。农业生产受自然环境的影响，不可控因素多，产权在形成过程中存在较大风险。②市场风险。种子生产受自然因素影响大，供给弹性小，难以根据市场变化及时调整生产面积，加之种子的生物学特性，对加工、储藏、运输、销售要求较高，产权在生产和经营过程中具有较大的市场风险（陈燕娟，2012）。

3.2 全球种业竞争概况

3.2.1 全球种子市场规模

目前，全球种子市场总价值量约 500 亿美元，中国是仅次于美国的全球第二大种业市场。国际种子联盟（ISF）统计资料显示，2019 年美国国内种子市场规模为 158 亿美元，占全球种子市场份额的 31.60%；中国为 105 亿美元，占比 21.00%（详见表 3-1）。而 2008 年美国国内种子市场规模为 85 亿美元，占全球种子市场份额的 23.29%；中国为 40 亿美元，约占 10.96%。近十年来，美国和中国国内种子市场规模占全球种子市场份额均大幅增长，而其他国家的种子市场规模全球占比变化不大。从增长幅度来看，中国不仅是重要的种质资源、种子选育和种子生产国,同时也是世界上潜力巨大的种子市场。

表 3-1 部分国家国内种子市场规模对比分析表 单位:亿美元

序位	国家	2019 年国内市场规模	全球占比(%)	序位	国家	2008 年国内市场规模	全球占比(%)
1	美国	158	31.60	1	美国	85	23.29
2	中国	105	21.00	2	中国	40	10.96
3	法国	28.0	5.60	3	法国	21.5	5.89
4	巴西	26.3	5.26	4	巴西	20	5.48
5	加拿大	21.2	4.24	5	印度	15	4.11
6	印度	20.0	4.00	6	日本	15	4.11
7	日本	13.5	2.70	7	德国	15	4.11
8	德国	11.7	2.34	8	意大利	10	2.74
9	阿根廷	9.9	1.98	9	阿根廷	9.5	2.6
10	意大利	7.7	1.54	10	加拿大	5.5	1.51

资料来源:根据国际种子联盟(ISF)数据整理。

3.2.2 全球种子贸易额

随着农业国际化和知识经济的迅猛发展,全球种子贸易额不断增加。巨大的种子市场,是各国种业公司的竞争焦点,反过来也促进了全球的种子贸易。根据国际种子联盟(ISF)数据显示,近年来国际农作物种子贸易呈波动增长趋势,种业大国开放发展趋势显著。从贸易规模看,近年来种子国际贸易呈波动增长态势,2011 年全球种子进出口贸易总额为 190.85 亿美元,2019 年达到 263.37 亿美元(进口额 130.32 亿美元,出口额 133.05 亿美元),年复合增长率为 4.7%。从贸易品类看,大田种子占主导,其次是蔬菜种子、马铃薯等。2019 年大田种子进、出口量分别占到整体进、出口总量的 73% 和 68%,进、出口额也均占到整体进、出口总额的 50% 以上。蔬菜种子的进出口贸易量相对较少但单价高,贸易额占到进出口总额的 30% 以上。马铃薯种子进、出口量分别占到整体进、出口总量的25%和29%。如表3-2所示，从地区和国别看，欧美国家在国际农作物种子贸易中占主导，种业大国开放发展趋势显著。全球排名前10位的基本是欧美国家，贸易总额占全球种子进出口贸易总额的60%。其中排名前三的荷兰、美国和法国贸易总额也超过总体的1/3，种业出口强国同时也多是进口大国，呈现"大进大出"的产业链全球化发展格局。全球商品化种子市场呈现出区域集中性特征，70%以上的商品化种子市场集中在前10国家。

表3-2 **2019年全球TOP10国家进出口额**

序位	国家	出口额（亿美元）	全球占比（%）	序位	国家	进口额（亿美元）	全球占比（%）
1	荷兰	29.90	20.81%	1	荷兰	13.99	10.09%
2	法国	19.19	13.35%	2	美国	10.26	7.40%
3	美国	18.03	12.55%	3	法国	9.51	6.86%
4	德国	8.24	5.73%	4	德国	8.68	6.26%
5	丹麦	6.84	4.76%	5	意大利	6.70	4.83%
6	匈牙利	4.85	3.38%	6	西班牙	6.29	4.54%
7	意大利	4.75	3.31%	7	比利时	6.21	4.48%
8	智利	3.25	2.26%	8	墨西哥	4.86	3.51%
9	罗马尼亚	3.16	2.20%	9	俄罗斯	4.24	3.06%
10	加拿大	3.15	2.19%	10	中国	3.97	2.86%
15	中国	2.16	1.50%	—		—	—

资料来源：根据国际种子联盟（ISF）数据整理。

3.2.3 全球种业市场竞争格局

当前，世界正处于"百年未有之大变局"，全球种业大规模重组并购加速，种业寡头化趋势明显，以"生物技术+信息化"的变革模式正在席卷整个全球种业。如图3-1所示，中国化工收购瑞士先正达公司，成为世界种业4强之一，加上隆平高科的崛起，使中国有2家企业跻身国际TOP10，2019年种子销售额共计

35.33 亿美元，占 TOP10 企业销售总额的 11.45%，形成了美国、欧盟和中国"三足鼎立"的全球种业行业格局。

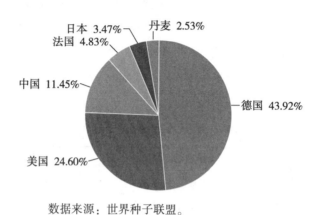

数据来源：世界种子联盟。

图 3-1　2019 年全球种子销售 TOP10 企业国家分布

3.3　种源"卡脖子"问题的生成

目前，对于种源"卡脖子"问题的认知主要有两种不同的看法。一种观点认为，中国种业存在被外资控制的巨大隐患（杨辉，2017），除水稻外的粮食作物单产与世界先进水平还有差距（农工党中央，2021），有些种子存在过度依赖国外的风险（朱启臻，2021）。"卡脖子"问题蕴含"断种"风险，会使中国在农业领域越来越被动，对国家农业安全构成威胁（黎茵，2021）。另外一种观点认为，从当前种源供给情况来看，中国还不存在"一卡就死"（靖飞，2021），种业安全总体有保障（王洪秋，朱光明，2021）。在当前的农业生产中，农作物良种覆盖率超过 96%，自主选育品种的应用面积占比超过 95%（李慧，2021），对于种子进口不必过分夸大其危害（胡冰川，2021）。两种对立的观点反映出农作物种业的重要性、特殊性和种源"卡脖子"问题的复杂性。既然中国农作物种子自给率高，为什么还会遭遇种源"卡脖子"问题？究竟该如何解读和识别种源"卡脖子"问题？种源"卡脖子"问题的表现形式和根本原因是什么？

3.3.1 农作物种业的特殊属性

种子是农业赖以延续和发展的基础，也是农业技术进步的重要载体。农作物种业处于农业产业链的上游，对稳定农业生产和保障粮食安全具有决定性作用。与其他产业相比，农作物种业的特殊属性主要体现在四个方面。

（1）消费对象的特殊性。农作物种子的消费对象主要是农民。农民普遍生活在社会底层，人口总量大，认知能力不足，经济脆弱性强，社会敏感度高。为了保护农民在用种上的消费权益，中国政府制定了一系列特定的保护措施，用于约束种业市场行为。尤其是在自留种方面，中国法律赋予农民留种权，农民可以自繁自用授权品种的繁殖材料，不需要品种权人的许可，也不需要交纳使用费。为了适应农民对新品种新技术的接受能力和抗风险能力，种子企业在种业创新、技术扩散和市场推广时，一般会选择较为保守的技术路线。

（2）供求弹性的差异性。在一定地域内，农作物种植面积是固定的，作物种植类型及单位面积用种量比较稳定，种子需求总量一般不会有较大波动。价格高低对种子需求量的影响不大，种子的需求价格弹性较小。商品种子的销售毛利率很高，一旦种子价格上涨，企业就会扩大生产规模、增加种子供给，种子的供给价格弹性较大。供给弹性与需求弹性的差异性，为种子价格波动和市场垄断提供了操作空间。市场对农作物新品种的需求层出不穷。受育种能力、审定周期等限制，企业对农作物新品种的市场供给具有很大的不确定性。新品种供给的数量和质量对商品种子的供求关系具有重大影响。

（3）生产与销售的季节性。农作物种子的生产、销售具有严格的季节性和地域性。同时，种子生产与销售之间存在较大的时间差，生产必须早于销售至少一个农作物生长周期，有些农作物种子收获后还有很长的休眠期。农作物新品种的种子生产还要受到育种、区试和审定等周期影响。育种、区试、审定、生产和销售的季节性与动态性，导致种子的供求类型、数量和质量存在多重不确定性，从而决定了种子生产经营的高风险性。企业需要在不同区域、不同时段组织种子生产，才能缩短季节性约束周期，降低生产经营风险。

（4）自然风险与技术风险的叠加性。农作物种子是在田间即"露天工厂"生产出来的，种子生产的首要风险来自自然环境。即使是相同作物、不同品种的种子生产，对气候等自然条件的要求也不尽相同。同时，亲本纯度、人工授粉等人为因素和技术细节对种子生产质量的影响也很大。高温、持续性强降雨等自然风险爆发的时候，更容易出现技术性风险。自然与技术风险叠加，往往会对种子企业造成致命性打击。为了降低自然和技术风险，农作物新品种不仅需要具备较高的安全性和广适性，也要考虑种子生产风险和生产成本。

3.3.2 种源"卡脖子"问题的识别

（1）种源"卡脖子"问题的表现形式。种源既是种质资源的简称，也是种子来源和供给的简称。"卡脖子"问题指的是因某一关键技术受限制或出问题而影响整体工作的完成和相关领域的发展（王孜丹，等，2020）。种源"卡脖子"问题的表现形式既包括种子、亲本等有形商品，也包括专利、基因等无形技术。农作物种业包括育种、生产、加工和销售等环节，而种源"卡脖子"问题主要"卡"在育种、生产和销售三个环节。育种环节主要"卡"的是种质资源和专利技术，种质资源是品种改良或创新的物质基础，育种创新则需要获得相关技术专利许可或转让；生产环节主要"卡"的是原种和亲本，原种是用于进一步繁殖良种的基本种子，而杂交品种的种子生产必须要有亲本；销售环节主要"卡"的是商品种子，在知识产权特权的加持下，卖方可以通过对种子销售对象和销售数量的主动控制，实现溢价收益或其他目标。中国农作物种子供给总量有保障，可替代种源多，还有政策性的种子储备。如果出现极端断供情况，虽然不会"一卡就死"，但确实会影响农业发展速度、质量和效益（唐仁健，2021）。

（2）种源"卡脖子"问题的内涵。对于种源"卡脖子"问题的内涵，可以从三个方面解读。

其一，种源"卡脖子"问题是种业国际分工的产物。农作物种的选育、生产、销售分别具有独特的地域要求和成本差异。为了提高运营效率和经济收益，各国农作物种业按照比较优势参与国际分工，共同构成相互联系、相互依存的种业国际合作体系。国际分工为种源"卡脖子"行为提供了条件和可能。中国进口外国种子担心"卡脖子"，外国进口中国种子也担心"卡脖子"。如孟加拉国和印度尼西亚长期从中国进口杂交水稻种子，两国都规定 F1 代种子连续进口 3 年之后必须本土化生产，就是为了降低种源"卡脖子"风险。

其二，种源"卡脖子"问题是种业垄断的极端形式。垄断是全球种业发展的主要特征之一，也是出现种源"卡脖子"问题的基本前提。垄断是因竞争而催生的企业对生存发展状态的最高追求。"卡脖子"则是垄断在特殊情境下的极端表现形式，也是企业谋取更高垄断收益的重要工具。近年来，跨国种业巨头内生式发展速度有所放缓，但并购重组等外延式扩张的力度更大。2013年到2019年，全球排名前4位种子企业销售额全球占比之和，从44%上升到60%以上。全球种业垄断程度不断攀升，种源"卡脖子"问题发生的几率随之增高。

其三，种源"卡脖子"问题有理性与非理性之分。企业发展过程中不可避免地会遇到"卡脖子"问题，这是由企业生产活动的规律和创新活动的特点所决定的（张中祥，邵珠琼，2020）。与垄断的目的相似，企业实施种源"卡脖子"行为往往是为了赢得有利的议价地位、谋取更高的垄断收益，因而在国际合作中会保持基本的理性。贸易壁垒、知识产权争议等也会引发种源"卡脖子"行为，但大多是报复性的应急措施。如果受到政治、外交等非经济因素影响，种业垄断就会转化成非理性的"卡脖子"行为，直接限制种源的流向。

（3）种源"卡脖子"问题的识别框架。"卡脖子"现象的出现源于技术机会的水平低下导致创新动力匮乏，源于技术机会的稀少导致技术路径狭窄，源于技术机会的公共性被其他技术主体的现实性独占（邢冬梅，2020）。从农作物种业的特殊属性和种源"卡脖子"问题的内涵可以看出，种源进口依赖是普遍存在的。但是，并非所有的种源进口依赖都会转化为"卡脖子"问题。因此，破解种源"卡脖子"问题，必须有效识别和筛选种源"卡脖子"问题。

基于农作物种业的特殊属性、种源"卡脖子"的表现形式和中国种业发展现状，本书选择技术关键程度、产业安全性和产业国际地位等指标，作为种源"卡脖子"问题的构成要素和判断标准，从是否与种业发达国家存在较大技术差距、是否种业当前及未来发展的关键核心技术、是否涉及产业安全性和在全球价值链中占据高端位置等4个层次，建立种源"卡脖子"问题识别筛选框架（图3-2）。

通过逐级识别，可以筛选出符合标准的种源"卡脖子"问题。然后，对照技术差距、关键核心技术、产业安全性和国家战略地位等4个一级指标，分别建立二级和三级指标体系（表3-3），用于评价和验证筛选出的种源"卡脖子"问题。

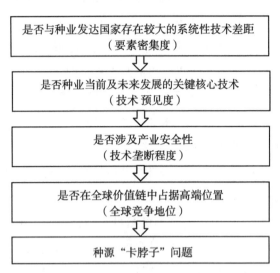

图 3-2   种源"卡脖子"问题的识别筛选框架

表 3-3   种源"卡脖子"问题的评估指标体系

一级指标	二级指标	三级指标
技术差距	基础研究差距	学术研究论文质量及基础学科学术影响力
	应用研究差距	植物新品种权和育种专利的数量与质量
	育种能力差距	商业化育种体系的完整性与有效性
	技术推广差距	新品种、新技术的转化效率
关键核心技术	种质资源创新	种质资源的储备数量及挖掘利用
	品种选育方法	技术难度、育种突变率及育种效率
	种子生产技术	种子生产难度及成本
	种子加工技术	种子加工难度及成本
	技术复杂程度	研发周期长短及成本
产业安全性	农产品对外依存度	农产品进口数量占销售总量的比率
	亲本对外依存度	利用外资亲本生产的品种在国内同类作物的市场占有率
	种子对外依存度	外资种子在国内同类作物的市场占有率
	技术自主可控程度	技术标准的参与程度及技术跨国转移难度

一级指标	二级指标	三级指标
国家战略地位	粮食安全地位	保障国内粮食安全的可替代性
	国际竞争地位	种业国际比较优势
	全球产业链地位	育种技术嵌入全球价值链的程度

3.3.3 种源"卡脖子"问题的成因

每个国家都有各不相同的种业优势和劣势,因而都对国际合作有所需求。种业发展需要从国外引进优良品种、先进技术和外资企业,就必须接受与之俱来的种源"卡脖子"问题。"卡脖子"问题必定是在国家间科技实力、产业间发展程度和企业间创新能力强弱等多重维度下存在的系列差距(陈劲等,2020)。通过要素密集度、技术预见度、技术垄断程度和全球竞争地位4个层次的识别筛选,中国种源"卡脖子"问题的成因在于种子贸易竞争力不足、自主创新能力较弱、知识产权保护水平低与国际布局落后、商业化育种体系不健全、品种管理制度不合理。

(1)种子贸易竞争力不足。中国在国际种子贸易中长期处于弱势地位。种子出口量较大的品类主要包括种用籼稻、普通蔬菜种子等,出口市场集中与品种类型单一,出口总量变化不大。种子进口数量较大的品类主要包括高端蔬菜种子、玉米亲本等,进口数量居高不下,对外依存度高。从2010年到2019年,中国种子进出口贸易一直处于逆差状态,并呈持续扩大之势(图3-3)。尤其是2017—2019年,中国种子进口总量和总额都是当年出口总量和总额的两倍以上。2010—2019年中国种子贸易净出口指数一直为负,且持续下降,进口种子"卡脖子"风险显而易见。

与发达国家相比,中国在附加值较低的传统领域种源自给率高、种子出口量大,而在附加值较高的新兴领域种源自给率低、种子进口量大。种子贸易的净出口指数和结构性差异,是由各国种业在全球产业链的国际分工和价值链地位所决定的。

中国种业部分领域处在全球产业链末端、价值链低端,出现种源"卡脖子"

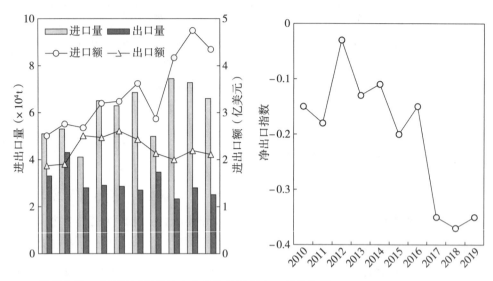

数据来源：中国种子贸易协会农作物种子进出口贸易数据。

图 3-3　2010—2019 年中国种子进出口贸易情况

问题在所难免。种子贸易逆差大、市场竞争力不足，为外资企业提供了种源"卡脖子"的市场空间。

（2）自主创新能力较弱。自主创新能力是种业国际竞争的首要因素。植物新品种权是种业自主创新能力最主要、最直观的体现形式（朱俊峰，马鹏飞，2019）。从表 3-4 可以看出，各国种子出口额与该国在国外申请新品种权的数量显著正相关，与国内新品种权申请数量关系不显著。中国种业虽然在国内申请植物新品种权的数量很大，但由于在国外申请植物新品种权的数量很小，在国际竞争中所表现出来的自主创新能力较弱。

表 3-4　　　　2010—2019 年部分国家植物新品种权申请授权数量

国家	国内品种权申请		国外品种权申请		国外品种权授权		种子出口额国际地位	
	数量	排名	数量	排名	数量	排名	占比（%）	排名
中国	7 323	1	232	19	145	18	1.51	15
美国	901	2	12 525	1	8 988	2	13.91	3

国家	国内品种权申请		国外品种权申请		国外品种权授权		种子出口额国际地位	
	数量	排名	数量	排名	数量	排名	占比（%）	排名
荷兰	618	3	12 519	2	9 718	1	20.47	1
法国	101	13	4 839	4	3 139	4	14.02	2
德国	49	21	5 761	3	4 668	3	6.75	4

注：申请授权数量为 2010—2019 年累计数。

数据来源：根据国际植物新品种保护联盟公布的数据整理。

造成国内外反差的根本原因是中国没有建立实质性派生品种保护制度，植物新品种保护标准低。按照国内保护标准，农作物新品种育成数量大，但相似性品种多，种子市场高度分化，原创性、突破性品种难以取得较高的市场占有率，导致种业自主创新积极性降低、动力不足。大量品种权集聚于国内少数容易改造的种源，对改造难度大、周期长的种源兴趣不大，难以培育出可以获得国外高标准保护的农作物新品种。因此，中国种业自主创新能力从国内看还不错，但从国际对比看却较差。

自主创新能力问题对外制约了种业国际竞争力，对内降低了技术研发效率，种业创新无法满足农业生产对新品种新技术的多样化需求，为外资企业提供了种源"卡脖子"的技术空间。

（3）知识产权保护水平低与国际布局落后。知识产权保护贯穿于种业研发、生产和经营全过程，在种业发展中发挥着重要的激励作用、纽带作用和保障作用。只有运用和保护好知识产权，使之与种业创新良性互动，才能源源不断地为种业发展提供驱动力（温雯，等，2019）。中国现行《植物新品种保护条例》是按照国际植物新品种保护公约（International Union for the Protection of New Varieties of Plants，简称 UPOV）1978 年文本框架制订并于 1997 年颁布的，但就审查流程、保护范围、保护环节和保护水平而言，20 年来一直未做实质性调整（陈红，杨雄年，2017）。与种业发达国家相比，中国种业知识产权保护水平较低，育成品种中派生品种层出不穷。原始育种创新激励不足、品种权保护范围狭窄、育种剽窃和模仿性育种，助长了育种研发的急功近利和低水平重复（杨红朝，2019）。

依托知识产权国际布局，种业自主创新能力才能转化为种子贸易竞争力。通过有效的知识产权国际布局，种子企业可以运用法律手段在国际市场建立知识产权特权，发挥知识产权的放大功效，实现垄断收益最大化（陈燕娟，刘翠君，2016）。从表 3-5 可以看出，2010—2019 年中国开展植物新品种权国际申请和授权的数量都较少。由于知识产权国际申请不及时和数量少，中国种业知识产权国际布局仍处在"低端锁定"状态，远不及发达国家（任静，等，2019）。种业知识产权布局落后，阻断了种子出口和技术输出的实现路径，意味着中国在种子国际市场的竞争机会丧失。

表 3-5　　　　　　**2010—2019 年中国植物新品种权国际布局情况**

年份	国外申请量	国外授权量
2010	15	4
2011	11	11
2012	5	7
2013	33	5
2014	2	1
2015	10	8
2016	34	7
2017	37	12
2018	32	23
2019	40	21

数据来源：根据国际植物新品种保护联盟公布的数据整理。

种业知识产权保护水平低，不利于中国农作物种质资源保护和育种创新。知识产权国际布局落后，既限制了中国对国外优异种质资源的及时引进，也阻碍了中国种质资源的商业化国际合作，为外资企业提供了种源"卡脖子"的资源空间。

（4）商业化育种体系不健全。加快构建以产业为主导、企业为主体、产学研相结合、育繁推一体化的商业化育种体系是中国种业实现跨越式发展的必由之路（马广鹏，2019）。制约商业化育种体系建设的具体因素包括种质资源难以共享、育种模式与习惯难改变、商业化育种的基础支撑条件建设不到位、资金投入不足以支撑商业化育种等（周华强，等，2016）。中国长期处于专家育种向产学研联合育种、公益性育种向商业化育种的双重转型期。科研院所与企业之间合作关系不紧密，各自为政。科研院所的小创新、单项创新，不适合农业生产的综合要求。

与企业相比，科研院所是中国农作物育种的绝对主体，育种优势相当明显，但其科研产出评价更关注科技奖励、学术论文等纸面成果。与欧美以企业为主体的商业化育种体系相比（Llewellyn D，2018），中国科研院所的育种投入大，育种效率低，农业技术供给与市场需求脱节，国际竞争力弱。《全国现代农作物种业发展规划（2012—2020 年）》提出，2020 年之前科研院所退出商业化育种。时至今日，科研院所不仅没有退出商业化育种，甚至依托政府的大力支持，育种优势地位愈加强化。科研院所将财政投入育成的"低成本"品种推向市场，与企业自主投资育成的品种开展"不公平"竞争，客观上对企业育种和技术创新产生了一定的"挤出效应"，打击了企业育种创新的积极性。企业与科研院所的技术落差越来越大，在商业化育种体系中的话语权越来越小，已然成为商业化育种体系建设中最主要的短板。

企业主体地位缺失，就不可能建立健全的商业化育种体系。中国商业化育种产业链处于断裂状态，致使种子产业资源无法形成有效合力，难以培育出具有国际竞争力的种子企业，为外资企业提供了种源"卡脖子"的产业空间。

（5）品种管理制度不合理。中国现行农作物品种管理制度主要包括品种保护和品种审定制度。

其一，品种保护制度。无论是基于应对国际压力，还是基于立足国内实际需求的动力，中国加入 UPOV1991 文本都有其必要性。UPOV1991 文本较 UPOV1978 文本能够更有效保护育种者权益，更加顺应科学技术进步和社会发展趋势，更符合经济全球化和新技术发展的现实要求（朱晋宇，李瑞云，2014）。然而，中国至今尚未申请加入 UPOV1991 文本，是未建立实质性派生品种制度的少数几个 UPOV 成员国之一。中国种业细分领域国际竞争力差异很大，在是否加入 UPOV1991 文本上，支持和反对的意见都很强烈。水稻种业国际竞争力较强，加入 UPOV1991 文本对水稻育种创新、推广应用和种子出口有积极作用，故而强烈支持。玉米种业国际竞争力较弱，加入 UPOV1991 文本可能会使国内玉米品种的推广使用和种子出口受制于国外，故而强烈反对。折中后的品种保护政策是：对外坚持不加入 UPOV1991 文本，继续保护国内种业弱势领域；对内则在相关法律法规中引入 UPOV1991 文本的部分原则性条款，以期改善品种保护环境。这种内外有别的保护政策不仅未能降低种业弱势领域的对外依存度，还束缚着种业优势领域的国际化发展。

其二，品种审定制度。品种审定是一种强制执行，明确品种生产使用价值和适宜种植区域、保障生产用种安全的制度（郭利磊、张笑晴，2019）。品种从区试到审定的周期长、涉及面广和管理盲点多，数据造假、关系审定等非正常现象比较普遍，导致很多问题品种、隐患品种通过审定。农作物品种审定委员会是由种子管理部门设置的非常设机构，只要履行法定程序、发布审定公告，品种选育单位就可以免责，品种审定委员会也不用担责，审定品种的生产风险全部转移给了用种农户。

2016 年修订后的《中华人民共和国种子法》和《主要农作物品种审定办法》对品种审定制度有所调整，但仍然存在科学性不足、法律制度和市场退出机制不完善等问题（范明亚、卞辉，2017）。品种审定与品种保护分属两套管理系统，各自独立运行，实践中还存在重审定、轻保护等现象，致使新品种侵权行为严重，不仅扰乱了种子市场秩序，还挫伤了育种积极性，极大地阻碍了种子产业发展（李媛辉，2015）。

没有加入 UPOV1991 文本，就无法取得 UPOV 成员国对中国品种权保护能力的信任，既阻碍了国外优势种源的及时引进，也限制了国内优势种源的国际市场开发，品种创新和市场拓展都陷入了内卷化。两种最基本、最重要的品种管理制度不合理，导致品种供给无法满足品种需求，为外资企业提供了种源"卡脖子"的品种空间。

3.4 中国种业"走出去"

3.4.1 中国种子进出口形势

中国农作物种子种源自给率较高，进出口贸易规模不大。2019年，中国种子进口额4.35亿美元，出口额2.11亿美元，相比庞大的国内作物种子市场，进出口贸易总额仅占全球种子贸易总额的2.2%，居世界第11位。其中，玉米、水稻、小麦、水稻、马铃薯占据国内主要市场份额且自主率较高，对外出口商品种子中水稻种子占主导，尤其是巴基斯坦、越南、印度尼西亚等水稻产量不稳定国家对中国种用稻谷的需求旺盛。蔬菜种子和草种进口依赖性较大，美国、丹麦和日本是主要进口国。总体而言，中国农作物种子种源自给率较高，进口贸易规模不大，但优势作物种子出口及细分领域作物种子进口规模仍有增长空间。

（1）种子进出口规模。在加入WTO之前，中国种子进出口基数较小，1995年种子进口额0.43亿美元、出口额0.3亿美元，2000年种子进口额0.77亿美元、出口额0.56亿美元，进口额年均增幅16.67%，出口额年均增幅17.33%（图3-4）。加入WTO之后的前10年，中国种子进出口增速加快，进口额年均增幅25.52%，出口额年均增幅23.93%。2011年之后，种子进口额继续增长，种子出口额却缓慢下降，导致种子贸易逆差不断扩大。尤其是2017至2019年，中国种子进口总额都是当年出口总额的两倍以上。

从作物类型来看，2011—2019年花卉种子进出口差额较小，大田作物种子一直处于贸易逆差状态，蔬菜种子2015年由顺差转为逆差，之后逆差逐年扩大并超过大田作物种子，成为种子贸易逆差的主要来源（图3-5）。2019年种子贸易逆差总额2.24亿美元。其中，蔬菜种子贸易逆差占比48.21%，大田作物种子贸易逆差占比40.63%，花卉种子贸易逆差占比6.25%。

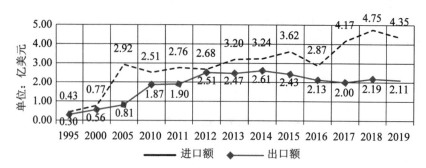

数据来源：根据国际种子联盟统计数据整理。

图 3-4　1995—2019 年中国农作物种子进出口额

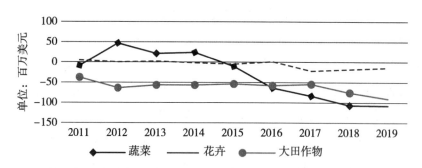

数据来源：根据国际种子联盟统计数据整理。

图 3-5　2011—2019 年中国种子进出口贸易差额

（2）种子进出口地位。中国是种子生产大国和用种大国，2020 年国内种子市场规模约 1300 亿元，居全球第二，但中国种子贸易国际地位一直不高。中国2019 年种子进口额 4.15 亿美元，全球占比 3.18%，排名第 10 位；种子出口额2.13 亿美元，全球占比 1.60%，排名第 17。其中，蔬菜种子、花卉种子的进口额和出口额全球占比排名均为第 6，大田作物种子进口额和出口额全球占比排名分别为第 16 和第 13（表 3-6）。荷兰蔬菜种子出口额全球占比 40.20%、花卉种子出口额全球占比 29.26%，美国大田作物种子出口额全球占比 12.55%、花卉种子出口额全球占比 18.94%，法国大田作物种子出口额全球占比 15.54%、蔬菜种子出口额全球占比 10.60%。

表 3-6   **2019 年中国种业国际贸易地位**

品类	进 口				出 口			
	进口额 （亿美元）	全球进口额 （亿美元）	全球 占比	全球 排名	出口额 （亿美元）	全球出口额 （亿美元）	全球 占比	全球 排名
蔬菜种子	2.24	44.59	5.02%	6	1.16	45.17	2.57%	6
花卉种子	0.20	3.71	5.39%	6	0.17	4.17	4.08%	6
大田作物种子	1.71	82.02	2.08%	16	0.80	83.71	0.96%	13
合计	4.15	130.32	3.18%	10	2.13	133.05	1.60%	17

数据来源：根据国际种子联盟统计数据整理。

（3）种子进出口结构。2011—2019 年，中国蔬菜、花卉和大田作物种子进口额都在增长，增速分别为 10.72%、23.33%、5.70%，增速不同导致种子进口结构变化较大。蔬菜种子进口额占比由 48.10% 上升到 52.58%，花卉种子进口额占比由 4.22% 上升到 7.28%，大田作物种子进口额占比由 47.68% 下降到 40.14%（表 3-7）。究其缘由，主要是收入水平提高后，居民对高档蔬菜、花卉等新品种的消费需求增加，拉动了对相关品类种子的进口增长。

表 3-7   **2011—2019 年中国各类作物种子进口额及占比**

年度	进口额（百万美元）			进口额占比（%）		
	蔬菜种子	花卉种子	大田作物种子	蔬菜种子	花卉种子	大田作物种子
2011	114	10	113	48.10	4.22	47.68
2012	111	14	143	41.42	5.22	53.36
2013	125	12	132	46.47	4.46	49.07
2014	152	11	134	51.18	3.70	45.12
2015	172	18	124	54.78	5.73	39.49
2016	177	14	127	55.66	4.40	39.94
2017	205	36	125	56.01	9.84	34.15
2018	227	34	145	55.91	8.37	35.71
2019	224	31	171	52.58	7.28	40.14

数据来源：根据国际种子联盟统计数据整理。

2011—2019 年,中国大田作物种子和花卉种子出口额一直小幅波动,但总体变化不大;蔬菜种子 2012—2015 年出口额增长较多,2016 年以后又下降到略高于 2011 年的水平(表 3-8)。蔬菜、大田作物、花卉种子出口额占比分别为 60.16%、33.37%、6.47%。

表 3-8   **2011—2019 年各类作物种子出口额及占比**

年度	出口额(百万美元)			出口额占比(%)		
	蔬菜种子	花卉种子	大田作物种子	蔬菜种子	花卉种子	大田作物种子
2011	105	15	75	53.85	7.69	38.46
2012	158	14	79	62.95	5.58	31.47
2013	146	14	75	62.13	5.96	31.91
2014	176	9	77	67.18	3.44	29.39
2015	161	13	70	65.98	5.33	28.69
2016	113	15	69	57.36	7.61	35.03
2017	121	14	70	59.02	6.83	34.15
2018	120	16	69	58.54	7.80	33.66
2019	116	17	80	54.46	7.98	37.56

数据来源:根据国际种子联盟统计数据整理。

3.4.2 中国种业国际竞争力

种业国际贸易竞争力是指一个国家在全球种子产业的市场占有率和贸易平衡能力,一般可用该国种子出口市场份额、种子贸易净出口指数、出口质量升级指数等指标来分析和评价。

(1)中国种子出口市场份额。从表 3-9 可以清楚地看到,在全球种子市场竞争中,少数发达国家一直占据着主导地位。种子出口额居世界前 4 位的国家为荷兰、美国、法国和德国,2011—2019 年每年的出口总额合计均超过 50 亿美元,占全球种子贸易总额的 50% 以上。而中国同期种子出口额总体呈下降趋势,全球种子贸易额占比较低,大多数年份不足 2%。

表 3-9

全球主要种子贸易国种子出口市场份额

年度	美国		荷兰		德国		法国		中国	
	出口额（亿美元）	全球占比（%）	出口额（亿美元）	全球占比（%）	出口额（亿美元）	全球占比（%）	出口额（亿美元）	全球占比（%）	出口额（亿美元）	全球占比（%）
2011	13.94	13.96	14.76	14.78	7.45	7.46	16.16	16.18	1.90	1.90
2012	15.31	14.52	15.83	15.01	7.27	6.90	18.04	17.11	2.51	2.38
2013	15.63	13.38	16.83	14.41	7.93	6.79	18.91	16.19	2.47	2.11
2014	16.32	13.66	18.08	15.13	7.78	6.51	18.6	15.57	2.61	2.18
2015	15.96	14.96	15.25	14.30	6.79	6.37	16.23	15.22	2.43	2.28
2016	16.72	14.70	18.29	16.07	7.39	6.49	17.08	15.01	2.13	1.87
2017	17.12	14.36	20.4	17.11	7.83	6.57	18.01	15.10	2.00	1.68
2018	19.21	13.91	28.28	20.47	9.33	6.75	19.73	14.28	2.19	1.59
2019	18.03	12.55	29.9	20.81	8.24	5.73	19.19	13.35	2.11	1.47

资料来源：根据国际种子联盟（ISF）数据整理。

（2）中国种子贸易净出口指数。净出口指数是一国某种产品净出口额占该产品进出口总额的比重，取值在-1 和 1 之间。指标值越接近 1，说明国际竞争力越强；指标值越接近-1，说明国际竞争力越弱。净出口指数可以直观反映种业国际竞争力大小。从 1995 年到 2005 年，中国种子进口额和出口额都是高速增长。2010 年之后，中国种子出口额变化不大，进口量仍然保持增长（图 3-6），种子贸易逆差持续扩大。从 1995 年到 2019 年，中国种子贸易净出口指数一直为负，且在 2012 年之后持续下降，说明中国种业在国际市场竞争中处于劣势，得到的国外市场份额少，失去的国内市场份额多。

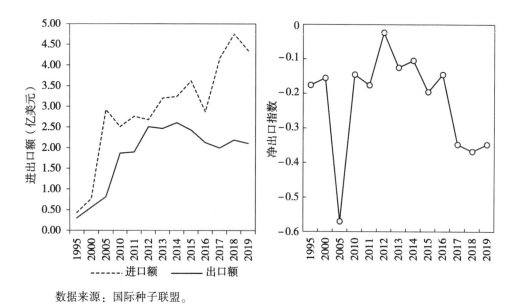

数据来源：国际种子联盟。

图 3-6　1995—2019 年中国种子进出口贸易情况

（3）中国种子出口质量升级指数。出口质量升级指数（QC 指数）是通过计算种子出口单价的变化，间接反映种子出口质量的变化。指标值大于 1，说明种子出口的附加值高、质量好、具有国际竞争力；指标值小于 1，说明种子出口的附加值低、质量差、缺乏国际竞争力（王磊，等，2014）。与全球主要种子贸易国相比，中国种子出口质量升级指数较低（表 3-10）。丹麦和智利的大田作物种子出口质量升级指数大于 1，美国、法国、日本接近于 1，中国仅为 0.86，说明中国大田作物种子出口的附加值较低、质量较差、国际竞争力较弱；中国蔬菜种子出口质量升级指数略大于1，说明种子出口的附加值较高、质量较好、具备一定的国际竞争力，但与荷兰、德国、智利等国相比差距较大；中国花卉种子出口质量升级指数为 0.7，说明种子出口的附加值很低、质量很差、国际竞争力很弱。

表 3-10　　　　　全球主要种子贸易国出口质量升级指数

国别	大田作物种子	蔬菜种子	花卉种子
美国	0.99	1.13	1.13
荷兰	0.87	1.43	1.15
法国	0.97	1.13	0.93
德国	0.84	1.41	0.98
丹麦	1.05	1.19	7.44
日本	0.98	1.04	1.67
智利	1.46	1.21	1.00
中国	0.86	1.07	0.7

数据来源：根据国际种子联盟数据计算。

注：以 2015 年为基期、2019 年为报告期计算 QC 指数。

3.4.3　中国种业对外投资

虽然起步较晚，但中国种业对外投资已初露锋芒。在国际并购方面，中粮集团 2014 年收购了荷兰粮食贸易商尼德拉公司，间接获得种子业务的核心技术；中国化工集团 2017 年完成对世界第三大种子公司先正达的并购。隆平高科 2017 年通过参与投资陶氏益农在巴西的特定玉米种子业务，间接持有巴西目标公司 35.746% 的股权，拓展了美洲等全球重要种业市场，获得了国际先进、成体系的育种研发资源与经验。中国在世界种业领域的资本影响力逐步展现。改革开放特别是加入 WTO 以来，以杂交水稻为代表的中国种业国际领先优势明显，对世界农业发展做出了巨大贡献，国际化发展潜力仍然很大。

据中国种子协会统计，目前中国种业企业在境外 26 个国家或地区，投资设立企业 42 家（见表 3-11）、研发中心 21 家、1 家办公室联络机构，累计总投资额超过 1 亿元。从投资方式上看，境外投资以合资企业为主，独资企业仅有 7 家。总体而言，中国种业企业对外投资规模不大，活跃度不高。中国种业对外投资主要存在如下问题。

表 3-11　　　　　　　　中国种子企业境外投资情况

境内投资者名称	境外投资企业（机构）	投资国别或地区
袁隆平农业高科技股份有限公司	印度隆平公司	印度
袁隆平农业高科技股份有限公司	隆平越南产业有限公司	越南
袁隆平农业高科技股份有限公司	隆平高科东帝汶农业发展有限公司	东帝汶
袁隆平农业高科技股份有限公司	隆平高科印度种子产业有限公司	印度
袁隆平农业高科技股份有限公司	隆平高科孟加拉公司	孟加拉国
袁隆平农业高科技股份有限公司	隆平高科安哥拉公司	安哥拉
袁隆平农业高科技股份有限公司	隆平高科巴基斯坦公司	巴基斯坦
袁隆平农业高科技股份有限公司	隆平高科美国公司	美国
袁隆平农业高科技股份有限公司	隆平高科阿根廷公司	阿根廷
袁隆平农业高科技股份有限公司	隆平高科越南公司	越南
袁隆平农业高科技股份有限公司	隆平高科越南研发公司	越南
安徽隆平高科种业有限公司	隆平高科种业有限责任公司	美国
湖南隆平高科农业发展有限公司	陶氏益农西门和生物科技巴西公司	巴西
湖北省种子集团有限公司	禾盛农业有限责任公司	巴基斯坦
安徽荃银种业科技有限公司	安徽荃银种业科技孟加拉有限公司	孟加拉国
安徽荃银种业科技有限公司	安徽荃银种业科技缅甸有限公司	缅甸
安徽荃银种业科技有限公司	荃银科技香港有限公司	中国香港
安徽荃银种业科技有限公司	安徽荃银种业科技有限公司安哥拉分公司	安哥拉
中国化工农化总公司	瑞士先正达公司	瑞士
湖南神农大丰种业科技有限责任公司	永生农业国际有限责任公司	巴基斯坦

续表

境内投资者名称	境外投资企业（机构）	投资国别或地区
仲衍种业股份有限公司	仲衍种业 乌干达有限公司	乌干达
西双版纳益农农业发展有限公司	乌多姆塞益农农业进出口公司	老挝
天禾农业科技集团股份有限公司	安徽天禾农业科技股份有限公司美国公司	美国
浙江美之奥种业有限公司	美之奥生物技术公司	美国
海南省农垦投资控股集团有限公司	海垦（新加坡）投资公司	新加坡
海南省农垦投资控股集团有限公司	印尼 KM 公司	印度尼西亚
海南省农垦投资控股集团有限公司	ART 公司	新加坡
武威金苹果农业股份有限公司	金苹果哈萨克斯坦农业有限公司	哈萨克斯坦
辽宁东亚种业有限公司	北美东亚种业有限公司	加拿大
酒泉常庆种苗有限公司	海伟斯特国际种子（美国）有限公司	美国
湖北省联丰海外农业开发集团有限任公司	湖北-加扎友谊农场	莫桑比克
湖北省联丰海外农业开发集团有限任公司	津巴布韦联丰有限责任公司	津巴布韦
湖北省联丰海外农业开发集团有限任公司	澳大利亚龙佑（联丰）开发有限公司	澳大利亚
湖北省联丰海外农业开发集团有限任公司	联丰有限公司	马拉维
湖北省联丰海外农业开发集团有限任公司	莫桑比克联丰种业有限责任公司	莫桑比克
江苏红旗种业股份有限公司	印度尼西亚红旗种业有限公司	印度尼西亚
袁氏种业高科技股份有限公司	袁氏马达加斯加农业发展有限公司	马达加斯加
袁氏种业高科技股份有限公司	Sun Giant Ltd.	尼日利亚
四川西科种业股份有限公司	亚太农业有限公司	越南
福建科力种业有限公司	缅甸隆平农业有限公司	缅甸

境内投资者名称	境外投资企业（机构）	投资国别或地区
重庆中一种业有限公司	中坦农业发展有限公司	坦桑尼亚
江苏明天种业科技股份有限公司	缅甸长城明天高科技农业有限公司	缅甸

注：根据中国种子协会资料整理。

（1）缺乏知识产权国际战略意识。目前中国大多数种业对外投资企业缺乏知识产权战略意识，对知识产权工作仅停留在国内保护层面，有的企业甚至连基本的保护意识也没有，更谈不上进行知识产权的海外布局。主要表现在以下三个方面：一是，中国绝大多数种子企业尚未设立专门的知识产权管理机构，有的企业设立了，也只是流于形式。二是，企业尚未建立完善的知识产权管理制度，许多企业的知识产权制度只是法律法规条文的翻版，缺乏针对性。三是，企业的知识产权工作没有上升到战略层次，企业缺乏详细的知识产权战略规划。

（2）种子企业创新能力较弱

受历史及体制的局限，种子企业大多自身科研力量薄弱，科技创新特别是原始创新先天不足。以水稻和玉米为代表，企业科研大都围绕生产上大面积应用的几个核心不育系、自交系反复配组，品种多但突破性品种少，根本不能缓解行业发展参与国际竞争之"急"。长此以往，必将危及中国种业乃至农业的稳定与安全。目前国内农作物育种长期停留在对亲本改造的装饰性育种方式上，无法取得突破性进展，主要原因是品种遗传基础狭窄，种质资源研究和利用水平不高，新育成品种多为低水平重复的派生品种。以水稻为例，根据分子标记测定，中国水稻主产区籼稻品种间的最大遗传相似性达到99.8%，亲缘关系很近，遗传背景非常狭窄，育种工作多是对现有品种的修饰。一些重大的病虫害（如纹枯病）高抗种质及优质专用种质缺乏，种质资源（如农家种、野生种）的发掘利用研究和新种质的创制等基础性研究严重滞后，已成为制约育种创新突破的主要瓶颈。

（3）知识产权国际保护不足

目前，中国种业知识产权国际申请仍处在"低端锁定"状态，远不及发达国家，束缚着中国种业全球化战略推进和国际竞争力提升。知识产权国际保护不足的根源在于国内种业知识产权权属及其交易关系问题。科研院所占有中国种业大多数知识产权，受机制体制影响，对国际布局的积极性不高；企业是种业国际化发展的主体，有强烈的知识产权国际布局诉求，但拥有量少且还受制于其他单位。

（4）缺乏涉外知识产权高端人才

知识产权是一个集法学、经济学、管理学和科学学等学科于一体的交叉学科，理想的种业知识产权涉外高端管理人才应当是精法律、善管理、通经济、懂英语并熟悉农业科技知识的复合型人才。目前，中国大多数"走出去"企业并没有设立专门的知识产权管理机构，也没有专职的知识产权管理人员，知识产权管理工作主要是由企业科研部门的管理人员或科研人员兼任。"术业有专攻"。由于缺乏具备足够知识产权法律知识和能娴熟运营知识产权能力的人才，种子企业的知识产权没有得到充分利用，知识产权的经济价值也没有得到有效实现。

3.5　种业"走出去"知识产权布局的动因

3.5.1　种业"走出去"面临的知识产权问题

3.5.1.1　种子出口问题的表现形式

（1）知识产权国际布局落后，优势种源出口机会缺失。《知识产权协议》（TRIPS）的签署使知识产权保护从一国范围扩大到全球范围，知识产权布局成为种业"走出去"无法回避的问题（陈燕娟，2011）。跨国种业巨头以植物新品种权为工具，通过知识产权国际布局攫取高额垄断收益，并利用知识产权的专有性钳制竞争对手或目标市场的技术发展，不断强化自身竞争优势。2019年中国种业植物品种权国外申请量仅40件，占国内外申请总量的0.54%。由于知识产权国际申请不及时、数量少，中国种业知识产权国际布局仍处在"低端锁定"状态，远不及发达国家（任静，等，2019），种子出口无法获得基本的法律保护，从而导致国内优势种源出口机会缺失。

（2）种业管理制度过时，优势种源出口资格受限。种子进出口既要符合《农作物种质资源管理办法》《进出口农作物种子（苗）管理暂行办法》《植物新品种保护条例》等国内法规要求，也要遵守《国际植物新品种保护公约（UPOV）》等国际规则。中国加入 UPOV1991 文本，既能促进杂交水稻等优势种源出口，也有助于种质资源引进和新品种选育，然而现行《植物新品种保护条例》是按照 UPOV1978 文本框架制订的，颁布 20 多年来并未进行实质性的调整。为了保护劣势领域和种业安全，现行法律法规中涉及种子进出口、外资投资种业等的条款已经过时，不但未能有效降低种业劣势领域种源对外依存度，还限制优势领域种源的出口资格。

（3）品种同质化问题外溢，种子出口市场空心化。由于种业知识产权保护标准低，助长了品种研发的急功近利和低水平重复。国内农作物新品种育成数量大，但派生性、相似性品种多，导致原创性、突破性品种市场占有率低，种业原始创新积极性下降、可持续性差，从而陷入同质化竞争的恶性循环。品种同质化竞争必然导致种子价格战，并逐步从国内外溢到国际市场。企业为了生存不得不压低价格出口低档次、低质量种子，依靠微利甚至亏本销售满足客户要求，这样虽然可以暂时保住市场份额，但风险太大且不可持续。长期同质化低价竞争，中国种业在国际市场的种源优势将逐渐弱化，种子出口市场趋近于空心化。

3.5.1.2 种业国际竞争力制约种业"走出去"的表现形式

（1）缺乏具有国际竞争力的资源保障。拥有种质资源的数量和质量，直接影响种质资源创新利用效率和现代种业可持续发展（许玲，等，2017）。种质资源是品种改良及现代种业发展的物质基础，也是种源"卡脖子"的主要卡点。随着《生物多样性公约》《粮食和农业植物遗传资源国际公约》等相继实施和生物技术及其产业发展，世界各国更加重视种质资源的战略价值，纷纷加强收集和保护工作。中国储备的种质资源数量较多、覆盖面较广，但长期停留于亲本改造等装饰性育种方式，无法取得突破性进展，主要原因是品种遗传基础狭窄，种质资源研究和利用水平不高（王富有，2012）。由于对种质资源的系统研究和开发利用不足，新品种选育不得不长期依赖国外种质资源，中国种业"走出去"缺乏具有国际竞争力的资源保障。

（2）缺乏具有国际竞争力的科技支撑。原始创新是种业核心竞争力的源泉。

随着分子育种等技术的广泛应用与发展，种业国际竞争越来越向原始创新纵深拓展，少数跨国企业掌控了种业基础研发的核心技术。发达国家种业已进入"常规育种+生物技术+信息化"的育种"4.0时代"，中国种业大部分还处在以杂交选育为主的"2.0时代"（黎茵，2021），基础理论和原始技术创新不足，低水平重复工作浪费了大量资源（李书峰、毛世平，2018），科研成果评价体系不利于原始创新（胡冰川，2021），种业创新要素分散，开放协同薄弱，育种规模化、组织化程度低。由于种业原始创新能力不强，技术创新水平落后于种业发展需求，中国种业"走出去"缺乏具有国际竞争力的科技支撑。

（3）缺乏具有国际竞争力的市场主体。提高市场集中度是国际种业巨头实现竞争力提升的主要手段之一。受全球经济疲软、贸易摩擦等因素影响，跨国种业巨头近几年内生式发展的速度有所放缓，但并购重组等外延式发展的力度更大。世界排名前4位种子企业的销售额合计占全球销售总额的比例，从2013年的44%上升到2019年的60%以上，全球种业市场集中度越来越高。2011年提高种业准入门槛之后，中国种子企业数量连续5年下降，但之后又逐年增加，龙头企业利润占比稳定下降（图3-7），种业市场集中度不升反降。由于种业市场集中度低，种子企业的市场势力、"杀手锏"技术及关键种源优势高度分散，导致中国种业"走出去"缺乏具有国际竞争力的市场主体。

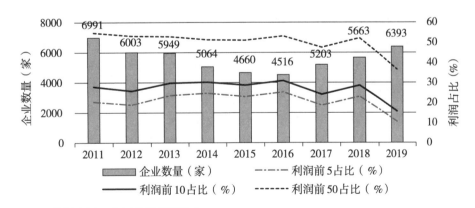

数据来源：中国种子贸易协会。

图3-7　2011—2019年中国种子企业数量及龙头企业利润占比情况

3.5.1.3 知识产权影响种业国际竞争力的表现形式

（1）缺乏有利于国际竞争力提升的品种审定制度。品种审定是一种强制执行、明确品种生产使用价值和适宜种植区域、保障生产用种安全的制度（郭利磊，张笑晴，2019）。品种从区试到审定的周期长、涉及面广、管理盲点多，数据造假、关系审定等非正常现象比较普遍，导致很多问题品种、隐患品种通过审定。农作物品种审定委员会是由种子管理部门设置的非常设机构，只要履行法定程序、发布审定公告，品种选育单位就可以免责，品种审定委员会也不用担责，审定品种的生产风险全部转移给了用种农户。2016 年修订后的《中华人民共和国种子法》和《主要农作物品种审定办法》对品种审定制度有所调整，但仍然存在科学性不足、法律制度和市场退出机制不完善等问题（范明亚，卞辉，2017）。品种审定与品种保护分属两套管理系统，各自独立运行，实践中还存在重审定、轻保护等现象，致使新品种侵权行为严重，不仅扰乱了种子市场秩序，还挫伤了育种积极性，极大地阻碍了种子产业发展（李媛辉，2015）。

（2）缺乏有利于国际竞争力提升的知识产权保护标准。发达国家的种业知识产权保护标准比中国高，跨国公司为了确保种业知识产权不流失，严格控制优势种源进入中国，最新技术、最优种源也不优先投放中国市场，而是采用次新技术、次优种源保持市场势力的动态领先。发展中国家的种业知识产权保护标准比中国低，有利于企业快速拓展市场，但缺乏有效的知识产权保护，新品种领先优势下降快、市场生命周期短、可持续发展难。由于种业知识产权保护标准不同，中国近 10 年出口到发展中国家的种子数量持续减少，从发达国家进口的种子数量持续增加，贸易逆差扩大引发种源"卡脖子"风险不断上升，中国种业"走出去"缺乏有利于国际竞争力提升的知识产权保护标准。

（3）缺乏有利于国际竞争力提升的知识产权保护制度。UPOV1991 文本较1978 文本的一个显著变化是增加了对派生品种的保护规定。中国是未建立实质性派生品种制度的少数几个 UPOV1978 文本成员国之一，植物新品种授权标准低，大量派生品种都被授予植物新品种权。原始育种创新激励不足、品种权保护范围狭窄、育种剽窃、模仿性育种，助长了育种研发的急功近利和低水平重复，育种同质化现象比较严重（杨红朝，2019）。中国种业知识产权保护力度较弱，既阻碍国外优势种源"引进来",也限制国内优势种源"走出去",品种创新和市场开拓都陷入内卷化,品种供给难以满足市场需求,中国种业"走出去"缺乏有利于国际竞争力提升的知识产权保护制度。

(4)缺乏有利于国际竞争力提升的知识产权布局。知识产权国际布局落后既是种业国际竞争力不足的原因,也是种业国际竞争力不足的结果。由于植物新品种权国外申请量和授权量很少,中国种业知识产权国际布局长期处于"低端锁定"状态,种子出口和技术输出的发展路径受限,企业无法独享知识产权赋予的特有竞争优势,种业创新成果还会遭受技术外溢风险和损失。中国种业知识产权国际布局落后,不仅造成种业国际竞争机会缺失,也为外国企业在国际市场提供了知识产权"卡脖子"机会,甚至在国内也发生过跨国企业利用知识产权布局对中国企业"卡脖子"的案例,中国种业"走出去"缺乏有利于国际竞争力提升的知识产权布局。

3.5.2 知识产权提升种业竞争力的作用方式

3.5.2.1 宏观视角

(1)知识产权成为生产力的核心要素

随着社会生产力水平和科学技术水平的提高,知识产权由于其产权和知识两方面的属性,已经逐渐成为一种不可或缺的生产要素,具备了经济、社会资源的特征和功能(杨中凯,刘则渊,2005)。

1979年,詹森和麦克林对产权与生产函数的关系进行了论证。他们认为产权制度有力地刺激了经济的增长,生产函数对产权的依赖就如同生产函数对技术进步的依赖一样,知识产权的所有者可以利用知识产权的产权属性作为有力武器来保护自己并遏制竞争对手,在品种权或技术专利保护期内进行独占性种子生产或者销售,从而获得高额垄断利润。

20世纪80年代中期,以罗默(Paul Romer)和卢卡斯(Robert Lucas)为代表的学者提出"新经济增长理论",认为经济增长的原动力是知识的积累,资本对于经济增长的关键性作用已让位于知识和技术进步。1992年,彼得·申汉构建包含知识的生产函数:$Y = K^{\alpha} L^{\beta} R^{\gamma} Z^{\delta}$,其中R代表知识存量。该生产函数明确强调了知识在经济增长中的重要作用，知识成为生产力的核心要素。

（2）知识产权是国际竞争的有力武器

技术通过法律权利保障可以转化成具有独占性的知识产权，通过技术权利保障可以转化为具有"路径依赖"性的技术标准，而知识产权和技术标准已经成为发达国家控制市场和资源，进而维护国家经济、科技优势及增强国家竞争力的有效"杀手锏"。

据统计，发达国家在生物技术、信息技术、新材料等关键技术领域所拥有的专利数量约占全球同类专利总量的90%左右，并且在战略性科技前沿领域以及对经济发展具有重大影响的领域中所拥有的专利也具有绝对优势。例如，美国拥有全球范围内生物技术领域专利的59%，药物领域专利的51%，人类基因领域专利的40%（宋敏，2008），稳操着未来发展的主动权。

（3）知识产权成为圈占生物资源的主要手段

当开发利用某项生物遗传资源的技术手段或成果转化成知识产权后，权利人便可从事实上掌控这些资源，因此，知识产权已成为圈占生物资源的主要手段。据专家预测，在未来10年左右的时间里，大自然馈赠给人类的大约10万个基因，将被一些制药、化学和农业等生物技术公司收入囊中，成为其独占的知识产权。不具有基因专利权的国家、企业及个人如果要开发相关的基因产业，不仅需要支付高昂的专利费，在一些关键领域的发展也会受到严重的掣肘（陈燕娟，2012）。

3.5.2.2 微观视角

（1）知识产权激励企业提升自主创新能力

知识产权创新需要付出大量的时间、资金和智力的创造性劳动，巨额科研投入和智力劳动需要获得合理的回报，创新的积极性才能受到保护，创新的动力才能可持续。以植物新品种为例，据农业部的调查统计，中国每个农作物新品种的研发投入平均为60多万元。在一定地区和一定栽培条件下，要培育出一个产量、品质、抗性等方面都符合生产需要的农作物新品种，通常需要5~11年，甚至更长时间。通过申请获得植物新品种权，种子企业或育种者就可享有品种权的独占权，据此在市场上取得垄断地位和高额利润（陈燕娟，2012）。

（2）知识产权保护和巩固企业市场竞争优势

企业要想获得持续性发展，在行业中拥有持久的竞争优势，必须拥有垄断性的资源。知识产权是法律赋予企业的独占排他权，属于企业的垄断性资源。种子企业可以在法律的保护下，通过知识产权的管理和运营，不断提高市场份额，获得高额垄断利润，从而拥有更雄厚的资本支撑，更加易于在品种选育、种子生产以及销售等方面实现生产要素的优化配置和规模经济，巩固和提高在市场竞争中的优势地位（陈燕娟，2012）。

（3）知识产权管理和运营促进企业结构调整和转型升级

企业提升竞争力的根本在于提升自主创新能力，而技术创新离不开制度创新、管理创新和市场创新的支撑。只有在制度的引导和规范下，科技创新才能把握正确的方向；只有在卓越的管理实践中，科技创新才能获得有效的成果；只有通过不断的市场创新，科技创新的成果才能转化为现实的生产力。企业自主创新能力提升的过程也是企业制度创新、管理创新和市场创新的过程。这种协同作用不断促进企业提升产业结构层次，提高资源利用效率，推动企业持续健康快速发展（王黎萤，2010）。

总之，当今世界的种业竞争实质上是种业知识产权的竞争，种子企业只有增强自主创新能力，提高知识产权拥有的数量和质量，才能在国际竞争中占据战略制高点，形成持久的竞争优势，从而赢得发展主动权（陈燕娟，2012）。

3.5.3 知识产权国际布局影响种业"走出去"的机理

3.5.3.1 知识产权国际布局是种子企业参与国际竞争的基本要求

以世界贸易组织正式成立为标志，知识产权保护被引入国际贸易领域，成为国际贸易体制中不可分割的一部分。TRIPS 第一次以国际法律文件的形式，正式确认了知识产权与国际贸易间的合法关系，从贸易的角度构建了知识产权国际保护的新体系。加入 WTO 意味着中国必须履行 TRIPS 协议关于全面保护知识产权的最低义务。现行国际种业知识产权保护方面的规则，几乎都是西方发达国家率先制定而获得话语权的，这肯定是对规则制定者本国有利的。但不管规则是否合理，中国种子企业要进入国际市场，就必须接受规则、学习规则、运用规则，积极主动地开展知识产权国际布局，否则在种子国际贸易中就会处处碰壁。

3.5.3.2 知识产权国际布局可以提高种子出口企业创新收益

种子企业"走出去"的目的通常是为了在更大的范围推广创新成果，在更广阔的市场获取创新收益，并以此降低研发风险，分摊生产成本。通过知识产权海外布局，种子企业可以在法律的保护下，不断提高市场占有率，独享高额垄断利润，为持续创新发展蓄积更雄厚的资本；同时，还易于在品种选育、种子生产以及销售等方面，打破国家或地域局限，按照比较优势原则安排种子生产，以实现生产要素的最优配置和企业利润最大化，巩固和强化企业在市场竞争中的优势地位。

3.5.3.3 知识产权国际布局可以降低种子企业国际知识产权风险

种业国际化过程中知识产权风险很大，主要在于国际化增加了企业知识泄漏的危险，即增加了种子企业将育种信息、育种技术等核心技术秘密泄露给竞争对手的可能性。Sanna-Randaccio 认为，当东道国市场的知识库非常有限时，知识泄露的成本将超过知识溢出的回报（Sanna-Randaccio，2007）。显而易见，一旦知识产权保护不力，种子企业的创新成果很容易就通过"技术溢出效应"被竞争对手所获取，企业也就很难再独享知识产权赋予的独特竞争优势。"兵马未动，粮草先行"，知识产权国际布局是种子企业"走出去"重要保障，其重要性在种业国际化中得到凸显。通过合理的知识产权国际布局，种子企业可以在法律的保护下更好地维护自身利益，在国际市场中建立知识产权特权，充分发挥知识产权的放大功效，实现企业垄断收益最大化。相反，如果企业忽视知识产权国际布局，那么不仅会在开拓新的国际市场时埋下知识产权纠纷隐患，而且已有的国际市场份额也可能受到威胁，甚至丧失。

4 中国种业"走出去"典型国家(区域)研究

4.1 中国种业"走出去"优势与市场前景

4.1.1 中国种业"走出去"科技优势

中华人民共和国成立以来,特别是改革开放以来,中国在农作物育种技术与应用方面有了很大提高,有的已达到国际领先水平,"走出去"梯度优势明显。

4.1.1.1 杂交水稻技术先进

(1)独创性。中国是世界上第一个成功将杂种优势理论应用在水稻生产中的国家,也是世界上杂交水稻应用面积最广、应用程度最高的国家。

(2)领先性。在杂交水稻基础研究与应用方面,中国处于世界前列,并且将在相当长一段时间内占据领先地位。由于中国科技工作者的努力与种子贸易发展的必然趋势,杂交水稻逐步在一些国家推广和应用。有些国家如菲律宾、印度尼西亚、越南在大量引进中国杂交水稻良种与技术的同时,虽然也开始了杂交水稻育种工作,但是,无论是在品种选育上,还是在种子生产、加工上,其现有资源、资源开发程度、理论研究水平与成果与中国还有很大的差距。日本很早从事杂交水稻基础研究,但其在应用领域却逊于中国。其中,有些核心技术,只有通过对外培训,才能使该领域的现有成果快速在外应用与普及。

(3)成熟性。杂交水稻在中国经过30多年的发展,无论是科研院所的专家教授还是在田间指导实践的技术人员，都倾注了大量的心血，从育种方向、育种材料选择、育种方式、亲本繁殖、种子生产到高产栽培技术都已达到了非常系统与完善的地步，近年来中国高产优质新品种不断涌现，新技术也层出不穷。其中，对于目前水稻育种与应用领域提出的"超级稻"概念，中国在多年前就有突破，目前在大田应用中的"超级稻"系列品种与配套技术体系建设完善。

4.1.1.2　棉花良种选育和推广技术先进

（1）常规棉品种向杂交品种发展。中国自20世纪80年代开始，大规模地开展杂交棉花品种的选育应用，在育种领域完美地实现了由单一抗病育种转为抗病、抗虫育种，迅速将杂交优势应用在大田，成效显著。棉花的杂交优势十分显著，一般杂交一代种，可比同类型的常规种增产10%~25%，丰产性突出，抗逆性强，适应性广。

（2）单项转基因品种向多项转基因品种发展。中国在单项转基因品种选育日趋成熟的同时，当前在抗虫转基因棉花品种的选育上，已掀起了培育提高农产品质量、产量、多抗性能等多项转基因品种的第二次生物工程革命，已培育出了品质优、抗逆性广（如抗除草剂、抗盐碱、抗干旱、抗多种病害虫）的棉花作物新品种。

4.1.1.3　杂交油菜育种和推广世界领先

（1）原创技术领先。华中农业大学傅廷栋院士率先发现波里马雄性不育系，并在20世纪90年代成功实现三系配套，选育出高产优质多抗的杂交油菜组合，位于武汉的中国油料作物研究所相继选育并经审定推广10多个杂交油菜品种。

（2）制种推广技术领先。优质杂交油菜的应用是一项农业新成果、新科技、新技术，许多国家因成本高而无法使用杂交油菜种子，而中国的杂交油菜制种、加工和营销技术世界领先。

（3）正在向集成技术方面发展。面对能源安全的挑战，中国杂交油菜选育正应用转基因技术、航天育种技术等，为创造抗病、耐湿、抗逆、不裂荚、高含油量、宜机收等新型种质资源提供技术支撑。

4.1.1.4 杂交玉米育种和推广应用亚洲领先

（1）育种技术自成体系。中国现行种植的玉米品种90%以上是自主选育的，丰产性、品质、抗性等已接近欧美等玉米育种大国水平。

（2）制种技术日益成熟。中国已形成了甘肃、新疆、内蒙古等玉米制种集中产区，种子质量达到国际先进水平。当前玉米种子生产能力过剩，连续5年全国玉米种子供过于求30%以上，急需通过出口解决产能过剩问题，缓解玉米种子企业和制种农户的压力。

（3）品种类型向多样化方向发展。中国玉米已从过去单一粮用型玉米，发展到今天的粮用、饲用、油用及特用型并举，从籼型发展到糯、籼、甜及黄色、白色、彩色多样化。

4.1.2 中国种业"走出去"市场前景

近10年来，由于人民币升值，农资、地租、劳动力等农业生产成本持续高涨，中国种子产业发展遇到了前所未有的困难与瓶颈，急需拓展并延伸生产和销售区域，利用全球资源来化解内部困境，加快种业"走出去"的呼声越来越高。目前，中国种业"走出去"已经具备一定的基础，还有很大的拓展空间和发展潜力。中国杂交水稻种子技术领先世界至少10年以上，与不具备自主知识产权、无核心竞争力、发展不可持续的一般外贸产品相比，出口优势十分明显。但是，这种比较优势并没有有效转化为市场优势。中国种业"走出去"的总量还偏小偏弱，涵盖的国家和区域过于集中。据统计，中国种子出口市场份额亚洲占比高达59.04%，非洲和南美洲则占据的份额较少，分别为0.83%和0.18%。出口品类中，相对而言，水稻种子占有的市场份额较多，而全球种子市场需求旺盛的小麦、玉米、大豆等作物种子占据的市场份额较少。吕波（2014）采用显性比较优势指数分析了2006—2011年大田作物种子、蔬菜种子、花卉种子的显性比较优势。结果表明，农作物种子中杂交水稻种子具有较强的国际竞争力，中国花卉种子具有较强的竞争力，蔬菜种子竞争力开始凸显。王磊、刘丽军、宋敏（2014）

选取 2006 年至 2011 年间世界主要种子贸易国数据，通过计算种子贸易 RCA 指数和种子出口质量升级指数 QC，从种业市场份额角度对中国种业国际竞争力进行了分析。RCA 计算结果表明：与美国、荷兰等种业强国相比，中国种业不具备显示性比较优势，但国际竞争力上升趋势明显。从 QC 计算结果来看，中国种子出口质量升级指数高于美国、荷兰等种业强国，除小麦种子与大豆种子外，出口的各类型种子附加值均相对较高，说明中国种子质量在国际市场竞争中具有一定的竞争力。

已有研究结果均表明，中国在杂交水稻种子等领域具备一定的竞争优势，但优势是相对的，也是不断变化的。比较优势只有及时转化成为市场价值才能增强持续创新能力，用以巩固和提高比较优势。"走出去"既是种子市场拓展的外在需求，更是技术发展的内在需要（陈燕娟，2011）。因此，中国种业要在稳定现有出口规模的前提下，进一步提高海外市场占有比例。王磊（2014）从贸易角度分析了中国种业"走出去"品种现状及目标国市场，认为东南亚、非洲、中亚是中国种业"走出去"的三大目标地区。陈瑞剑、仇焕广等（2015）对种业国际发展趋势分析的结论表明，东南亚、南亚和非洲将逐步成为未来世界玉米种业市场的新增长点，而东亚、南亚和东南亚地区则为水稻种子市场的主要增长点。张军平，远铜，付伟铮（2015）认为，未来主要大田作物种子出口前景看好，但中国水稻、玉米等大田作物种子贸易占比明显低于世界平均水平，需要高度重视海外市场开发工作，积极推动优势品种出口。苏毅清等（2017）认为，种业"走出去"应以杂交水稻为突破口，并配合杂交玉米、棉花、花卉和蔬菜种形成多线出击的形势，目标市场则应该瞄准东南亚、中亚和非洲三个目标市场，且中亚市场是未来种业走出去的关键。

综上所述，中国种业应保持好现有的水稻品种优势，不断提高对玉米、小麦、蔬菜、花卉等其他作物品种的研发，以东南亚、非洲、中亚市场为重点，加快"走出去"步伐。

根据 2022 年中国种子协会发布的种子进出口数据，种用稻谷是中国最具有竞争优势的农作物种子（出口量排名第一，占比 75%；出口额排名第二，占比

38%），是除蔬菜类种子外出口最多的产品（蔬菜种子出口额排名第一，占比45.8%）。中国在水稻品种培育和水稻栽培技术方面一直处于国际领先水平（表4-1），具有高产、稳定的技术优势，尤其是超级稻的研究发展迅速，巴基斯坦、越南、菲律宾、印度尼西亚等水稻生产不稳定的南亚、东南亚国家对中国种用稻谷的需求旺盛。从出口对象来看，中国种子的出口国或地区主要为周边东南亚国家和一些欧洲国家（表4-2）。向亚洲地区出口的主要是水稻种子和蔬菜种子；而向欧洲地区出口的农作物种子中，近九成是蔬菜种子，主要用于对外制种，还有一成是草本花卉植物种子。

表4-1　　　　　　　　　　世界水稻主产国水稻单产情况　　　　　　单位：千克/公顷

年度	中国	印度	巴基斯坦	印度尼西亚	孟加拉国	越南	泰国	缅甸
2017/18	6920	3940	2535	4760	4350	5790	2900	2900
2018/19	7030	3900	2650	4790	4460	5870	2860	2900
2019/20	6950	3920	2720	4810	4480	5970	2880	2930

数据来源：美国农业部（USDA）。

表4-2　　　　　　　　　2021年中国主要农作物种子出口市场分布

蔬菜类种子		种 用 稻 谷		草本花卉植物种子	
国家	比重	国家	比重	国家	比重
荷兰	24.78	巴基斯坦	38.65	荷兰	23.74
韩国	16.64	菲律宾	36.38	美国	23.01
美国	11.09	越南	15.68	日本	18.4
日本	8.60	马达加斯加	3.31	泰国	13.12
意大利	5.28	尼日利亚	2.67	韩国	7.03

数据来源：根据中国海关统计数据整理。

　　综合考虑中国种业"走出去"的竞争优势和市场分布，本课题选择巴基斯坦和东盟分别作为种业"走出去"典型国家、典型区域进行重点分析。

4.2　种业"走出去"典型国家：巴基斯坦

4.2.1　巴基斯坦种业发展状况

4.2.1.1　巴基斯坦种业发展历程

巴基斯坦种子产业经历了四个发展阶段：第一阶段是 1947 年至 1950 年代末，主要特征是政府机构开展小规模的新品种研发，旁遮普省和信德省部分农作物种植面积持续增长；第二阶段是 20 世纪 50 年代中期至 70 年代中期，主要特征是政府农业研究机构得到重要发展，政府机构的种子采购和供应数量持续增长；第三阶段是 20 世纪 70 年代中期至 20 世纪 90 年代中期，主要特征是种业法律法规及管理制度建设；第四阶段是 20 世纪 90 年代中期到当前，主要特征是私营企业增长迅速，种子企业成为种子供应主体。

（1）第一阶段。1947 年独立后，巴基斯坦只承袭了一个农业研究机构即莱亚普尔研究所，主要为旁遮普省培育蔬菜、甘蔗等农作物新品种。由于国家尚未建立品种审定和登记制度，育种家将育成品种直接移交给旁遮普省农业厅，旁遮普省农业厅在政府农场进行种子扩繁，再将种子分发到各地种植。这一阶段政府机构种子生产数量太少，只能供给极少数农户种植，农民种植主要是自留种。

（2）第二阶段。20 世纪 50 年代的经济发展，促使巴政府为农业研究和生产建立了有效的发展规划。1961 年，巴基斯坦政府采取了两项主要措施：一是拆分莱亚普尔农业大学和阿尤布农业研究所，二是成立巴基斯坦西部农业发展委员会。这些机构迅速发展成为农业教学研究、品种培育和农业生产的专业机构。1972 年西巴基斯坦大行政单元解散后它们遭到重创，种子生产和营销的功能被分配到省级组织，即旁遮普农业发展供应公司和信德省农资公司。俾路支省和开伯尔-普赫图赫瓦省仍继续依靠旁遮普省和信德省种子研发机构供应种子及农民自留种。

（3）第三阶段。第三阶段始于 1973 年，当年巴基斯坦政府委托世界银行审查其种子供应体系，并制定关于体系综合改革的系统化建议。这是巴基斯坦第一个大规模的种子产业发展计划，旨在对巴基斯坦的种子法律法规和管理体制进行全方位改革，并承诺向农民提供更加完善的种子供给制度。这一阶段的特点是种子供应以公共机构为主，以私营机构为辅。《种子法》没有为私营种子企业提供注册的具体规程，但允许私营企业向农民出售种子。

（4）第四阶段。20 世纪 80 年代，由于巴基斯坦宏观经济政策发生变化，联邦种子认证登记局主动寻求私营机构进入种子供应市场。这是巴基斯坦种业发展第四阶段的开端，第一家种子公司于 1981 年正式注册。随后几年，位于旁遮普省的另外 8 家种子公司也正式注册并开始拓展业务。20 世纪 90 年代，种业改革的步伐进一步加快。1994 年，种子行业被正式划分为一个产业，与种业相关的一系列活动都被授予特权。截至 2016 年，共有 1000 多家私人种子公司在联邦种子认证登记局完成了注册。自此之后，私营机构成为巴基斯坦种业市场的主力军。

4.2.1.2 巴基斯坦种子产业体系

巴基斯坦种子产业主要由公益研究机构、政府种子公司、联邦种子认证登记局、私营种子公司等组成。

（1）公益研究机构。巴基斯坦种业公益研究机构主要由联邦研究机构、省政府研究机构和农业大学三个部分组成。从 20 世纪末至今，农作物新品种特别是杂交品种公告数量增长迅速。品种研发集中于少数几种作物，棉花和小麦占已公告品种总数的 40%。旁遮普省品种开发数量占登记总数的一半，这与其在全国农业生产中所占份额一致。公益研究机构登记的品种数量占公告品种总数的 96%。

（2）政府种子公司。20 世纪 70 年代，巴基斯坦政府在旁遮普省和信德省建立种子公司，并在 KPK 省设立农业发展管理局，直接从事新品种繁殖与推广。由于生产效率太低，种子供应能力一直严重不足，KPK 省农业发展管理局和信德省种子公司分别于 2001 年、2002 年解散。旁遮普省种子公司是现存唯一的政府种子供应机构，尽管拥有良好的种子生产和分销条件，但由于管理僵化，种子销售数量并不大。

（3）政府种业管理机构。巴基斯坦种业管理机构主要由联邦种子认证登记局

59

和国家种子委员会（NSC）组成。国家种子委员会主要负责制定种业政策与法规，从宏观角度对种业进行调控。同时，还成立了省级种业委员会（PSC），其中旁遮普省和信德省种业委员会还成立了省种子公司。省级种业委员会主要负责批准用于生产的品种及安排本省种子的扩繁、加工与销售。联邦种子认证登记局是国家粮食安全与研究部的附属部门，负责监管各种作物种子质量，也是国家种子委员会的执行机构，具体执行种业相关的各项规章制度。

（4）私营种子企业。截至 2019 年，巴基斯坦一共有 760 多家私营种子企业。大多数私营种子企业是从代理蔬菜种子销售起步的，也有一些企业是由省级种子公司的种植合作者或有商业头脑的农民创立。近 10 年，轧花厂、农产品出口商和农化公司等种业关联企业也相继成立了种子企业，其中奥瑞佳化学公司、四兄弟公司开发种子业务非常成功。同时，外资企业对杂交种引进发挥了重要作用。孟山都、先锋种业是引进玉米和高粱杂交种的核心企业，卜内门公司主要引进了油菜杂交种，先锋种业在小麦种子贸易上取得巨大成功，中国企业引进杂交水稻并实现大面积推广应用。

（5）非正式渠道。巴基斯坦未经认证种子的销售量约占巴基斯坦市场总量的 80%，这些种子往往是由非正规渠道提供的，包括农民之间非商业目的的种子交换、农民之间少量种子销售、农民自留种、用棕色袋包装的种子销售。前两种方式比较常见，但数量很少，后两种方式是非正规渠道销售的主体。由于《种子法》执行力弱，种子企业广泛采用非正规方式销售，通常以棕色袋包装种子销售。农户、农资经销商、轧花厂和糖厂等，也以棕色袋包装销售种子。这些供应者均未获得官方认证，有时甚至违反了明文禁令。

4.2.1.3 巴基斯坦种业相关法律

（1）《种子及果实植物条例》。1965 年颁布的《种子及果实植物条例》是巴基斯坦第一部种子法规，也是一部非常基础的法律文书，设定了农作物新品种引进与注册规程，规定通过认证的种子由政府优先采购，政府采购剩余的种子才能在公开市场出售。但该条例没有禁止未经认证种子的生产和销售。

（2）《种子法》。1976 年颁布的《种子法》规定了种子生产和新品种登记流程，界定了违法行为及罚则，设立了三个行业管理机构：国家种子理事会、省种子委员会、联邦种子认证登记局。该法案对已公告品种的种子销售等活动实施管理，但对未公告品种的种子生产、储存或销售没有限制措施。此外，品种认证登记后，不授予育种者任何特殊权利，也不限制或者规范农民自留种以及非商业性的种子交换。

（3）《种子法》配套法规。1987年发布的《种子登记规则》设立了联邦种子登记委员会，由农业部秘书长担任主席，成员由来自公益研究机构的各级官员组成，委员会根据品种登记标准评估候选品种。1991年发布的《种子商标真实性规则》规定，在巴基斯坦销售或出口的种子必须在零售包装物上贴标签，显示包装内种子的基本信息。1998年发布的《巴基斯坦果树栽培认证规则》规定了植物苗圃登记、果树植物认证和经认证的砧木标记程序等。（4）《生物安全规则和指南》。2005年发布的《生物安全规则和指南》主要用于规范转基因生物的进出口、制造、试验和销售，它设立了联邦生物安全委员会、联邦生物技术咨询委员会、分子生物学技术安全委员会。尽管联邦生物安全委员会批准了一系列转基因作物的小范围试验，包括耐旱小麦、抗除草剂和抗虫玉米等，但迄今为止只批准了转基因棉花的商业化应用。

4.2.1.4 巴基斯坦品种管理制度

巴基斯坦《种子法》规定所有作物种子均需在巴基斯坦注册以后才能销售。《种子登记规则》规定，只有来自巴基斯坦国内科研院所及其他品种研发公共机构和在巴基斯坦注册从事种子生产及销售的私营部门的品种有权申请品种注册。品种注册需满足新颖性、一致性、稳定性，以及相比已存在的品种有优势。品种注册需要通过至少两季DUS测试。注册有效期10年，到期可申请延期5年。对果树品种可再申请另一个5年延期。《种子法》规定：进口用于一般种植使用的品种，需经过至少2季多点试验，才能通过引种注册。联邦种子认证登记局下设品种评价委员会对申请注册、引种的品种进行评价，联邦种子认证登记局决定对通过注册申请的品种发放注册证书，将通过注册和引种的品种列入国家品种注册名录中。

（1）品种注册程序。具体品种注册程序见表4-3。

表4-3 品种注册程序

步 骤	所需材料/费用	时 限	备 注
1. 申请核查	申请表；品种生物特性描述；种子样品：冬季作物截至9月15日，夏季作物截至5月15日；转基因品种提供国家生物安全委员会的商业化试验许可；费用10000卢比/品种	收到申请3个工作日之内	下列情况申请将被退回：申请表不完整或者格式不对；种子样品破损或无法播种；无国家生物安全委员会的许可
2. 样品编码提交		收到种子样品7个工作日之内	如种子不发芽或者在存储或转运过程中毁坏，需重新递交样品
3. 联邦种子认证登记局进行2季DUS测试		两个作物季节	DUS测试中，将通知申请人品种特性变化情况；如有大量的品种特性变化将拒绝申请；通知申请人DUS测试完成
4. 联邦种子注册委员会注册品种	转基因品种需提交如下资料：保证没有使用终止子技术相关基因或基因片段；国家生物安全委员会的证明，证明该转基因对环境、土壤、人类或动物及植物健康和生命无害；相关组织两年的表现数据	DUS测试完成3个月内	如品种不符合联邦种子认证登记局注册要求，将会立即通知申请人
5. 联邦种子认证登记局批准的品种在官方公报进行公告		联邦种子认证登记局批准后30个工作日内	抄送公告给申请人和相关单位

续表

步　骤	所需材料/费用	时　限	备　注
6. 签发注册证书		官方公告后 15 个工作日内	发送注册证书给申请人/育种者
7. 将注册和公告品种纳入作物品种国家登记册		官方公告后 10 个工作日内	

（2）品种引种程序。具体品种引种程序见表4-4。

表 4-4　　　　　　　　　　　　　　**品种引种程序**

步　骤	所需材料/费用	时　限	备　注
1. 递交引种委员会之前的申请核查	引种申请；出口公司/育种者授权书；引种品种的特征特性；品种提供公司正式的追溯性文件或目录；巴基斯坦 2 个季节适应性试验的数据；品种评价委员会或者其次级委员会的引种推荐；引种品种的已认证的种子样品；引种费 10000 卢比/品种	收到申请 7 个工作日之内	如资料不完整将退回
2. 品种评价委员会或者其次级委员会批准引种		收到申请 90 个工作日内	
3. 将引种品种纳入作物品种国家引种登记册		引种决定作出后 7 个工作日内	
4. 引种品种清单发行	委员会引种会议后 15 个工作日内		

4.2.1.5　巴基斯坦植物新品种保护制度

（1）管理机构。根据《种子法》，巴基斯坦政府在粮食、农业与畜牧业部设立了国家种子委员会（简称NSC）。NSC下设有国家种子注册局（NSRD）和联邦种子审定局（FSCD）。1997年这两个局合并为联邦种子审定与注册局（FSC&RD），其总部位于伊斯兰堡，并在全国设有27个站点。联邦种子审定与注册局是被授权依据《种子法》以及相关制度法规管理作物种子的第三方机构，同时也是国家种子委员会的执行机构。联邦种子审定与注册局主要负责品种审定、注册、种子质量监管等工作。

（2）申请授权流程。巴基斯坦政府制定《植物育种者权法》（2016）为植物品种的注册限定了条件。凡是要注册成为受保护品种的植物品种必须满足以下条件：

①新颖性：从申请人申请授权之日起，该品种繁殖材料经育种者许可在巴基斯坦境内出售或者销售未超过1年。若该品种是藤本植物、林木，经育种者许可出售或者销售未超过6年，其他植物品种则是不超过4年。

②特异性：自申请之日起，如果一个品种有一个或者多个不同的可识别形态、生理特征或者其他不同的常识特点则认为该品种具有特异性。特别是申请授予植物品种权给该品种的另一品种或者申请人申请使另一品种也登记在册时，特异性便尤为重要。并且自申请之日起，如果植物育种者权注册局发现申请品种与任一国家登记在册的品种有类似的共同属性，则视情况决定是否授予植物品种权证书。

③一致性：一致性是指一个植物品种的特性除可预期的自然变异外，群体内个体间相关的特征或者特性表现一致。

④稳定性：稳定性是指申请品种权的植物新品种经过反复繁殖后或者在特定繁殖周期结束时，其相关的特征或者特性保持相对不变。

⑤适当命名：对于相关品种的命名需要达到可以辨认该品种是什么，不能对他人造成误导，不能对植物新品种的特征、特性或者育种者的身份等产生误解，同时对植物品种的命名还不能违背法律、公共秩序和社会公德。

作物育种者从广泛的测试中选择其认为具有足够价值的品种，根据1987年《种子注册规则》提交申请品种的注册申请和植物学描述（规定格式）并缴纳一定费用。然后将种子样品提交给联邦种子审定注册处以确定其DUS三性来建立品种描述和注册，同时还将种子样品提供给巴基斯坦农业研究委员会（PARC）

的品种评估委员会来进行 VCU 评估。对于棉花种子，样品将提交巴基斯坦中央棉花委员会。然后，经过对申请书进行审查、品种测试以及品种权认定的推荐与再议等程序，对符合《种子法》中规定的满足 VCU 和 DUS 要求的品种进行注册和公布，即公布的品种是指经国家或省种子委员会批准的具有农业价值的已注册品种。

在省一级，已注册品种由各省种子委员会（PSC）发布和推荐用于一般栽培。省政府负责为农业社区安排足够数量的已公布品种的优质种子的生产、加工和分配；在联邦政府一级，育种者和农业专家代表组成的专家小组委员会收到育种者提交的申请品种的提议，该委员会依据联邦种子认证注册处关于 DUS 特性和帕洛阿尔托研究中心涉及农艺价值、适应性和抗病性的报告来评估育种者的这些数据。经过仔细审查，专家小组委员会将认为适合种植的这些品种的情况提交联邦种子委员会批准。在每个省，由育种者、种子生产者、质量控制机构和优秀的种植者代表组成的省种子委员会对申请品种进行评审，并根据专家小组委员会的建议批准和发布品种。所有完成注册手续的品种均获得联邦种子注册委员会FSRC 的注册。联邦政府发布批准和注册的作物品种，在批准的种植区域内生产。

（3）维权管理措施。根据《植物育种者权法 2016》第 38 条第 2 款 b 的规定：与受本法保护的品种有关的任何权利，应在具有审判权的地方法院所属的任何法庭中提起诉讼。第 39 条第 3 款规定：具有管辖权的法院裁定对证书的拥有人有利，应判令采取适当的补救措施。在任何情况下，法院都可以判给权利所有人至少等于所遭受的损失的损害赔偿或法院认为适当的任何其他救济。第 40 条第 1 款规定：在任何被指控的侵权事件发生 3 年后，不得就证书的侵权提起诉讼。申请品种在未正式公布之前，不会对被告的侵权行为评估损害赔偿；可以通过在受保护品种上做标记或通过其他任何适当可见的指示来表明该品种受到保护。

巴基斯坦政府设立了知识产权组织和相关管理机构，对知识产权的保护和运用进行综合管理；同时设立知识产权法庭受理侵权诉讼案件，知识产权司法保护与行政保护并重。2015 年 10 月 1 日，巴基斯坦知识产权组织确认通过了巴基斯坦联邦政府任命的由《巴基斯坦知识产权组织法案》（2012 年）授权成立的三家知识产权法院的首席官员。在知识产权保护的过程中，申请与授权实行"先到先得"的原则，注重新颖性、创造性和工业应用性。根据《巴基斯坦知识产权组织法案》（2012 年），所有的诉讼或者其他民事案件，凡涉及侵犯知识产权法的，都应在知识产权法庭提起诉讼和审判；在审判任何违反知识产权法案的犯罪行为时，知识产权法庭还应该拥有独立的司法管辖权，而且应根据知识产权法案进行审判。

根据《巴基斯坦知识产权组织法案》（2012 年）的规定，所有涉及知识产权法律的案件和尚未裁决的诉讼，都将被移交给知识产权法庭进行听证和裁决。除知识产权法庭外，其他法庭不拥有或者不能行使《巴基斯坦知识产权组织法案》（2012 年）赋予知识产权法庭对于相关案件所扩展的司法管辖权。任何人对知识产权法庭根据《巴基斯坦知识产权组织法案》（2012 年）所做出的最终判决或命令不满，可以在最终判决或命令下达后 30 天内向拥有对知识产权法庭管辖权的高等法院提出上诉。

同时要注意，知识产权法庭不能审理的内容：

①扩展到部落区的法律。《巴基斯坦知识产权组织法案》（2012 年）并没有将扩展到部落地区的法律纳入知识产权法中。

②与《商标法》（1940 年）相关的民事索赔。依据《部落地区规定（准则申请）》（1965 年），《商标法》（1940 年）已经被扩展到了联邦直辖部落地区以及省级直辖部落地区。

4.2.2 中巴种子贸易潜力

作为人口和农业大国，中国将种子产业确立为国家战略性、基础性的核心产业。进入 21 世纪以来，以分子生物学技术为代表的育种创新取得重大突破，种子产业链不断延伸，国际市场渗透力越来越强，全球种子贸易额持续上升，市场细分更加多样化、竞争更加激烈，全球化已然成为种业发展的定势。伴随着技术进步和市场融合，跨国企业在中国种子市场的影响力与日俱增；同时，受国内农业生产资料、劳动力价格上涨等因素的影响，以及耕地面积和资源环境的约束，中国种业自身也面临着发展不足与结构性过剩的困境。尽管世界各国种业准入门槛不断提高，"走出去"的难度越来越大、成本越来越高，但中国种业只有主动参与国际竞争与合作，在全球范围内开发和整合种业资源，实现从封闭型向开放型发展模式的转变，才能化解"内忧外患"，逐步从"种业大国"迈向"种业强国"。双边外交关系稳固、农业资源丰富的巴基斯坦是中国种业"走出去"重要的目标市场。"一带一路"倡议和中巴经济走廊建设更为种业"走出去"提供了难得的发展契机。

关于两国贸易关系的研究，国内外学术界多着眼于贸易的竞争性和互补性分析。对中国与巴基斯坦种子贸易的研究亦遵循该范式，本书运用五种实证测度指标对中国与巴基斯坦种子贸易的互补性、竞争性以及发展潜力进行全面分析。首先采用贸易互补性指数和产业内贸易指数来分析中国与巴基斯坦种子贸易结构的匹配程度；然后采用 Lafay 指数和出口相似度指数来分析中国与巴基斯坦在世界种子市场的贸易竞争关系；最后采用贸易强度指数来测度中国与巴基斯坦种子贸易发展潜力。本书使用的种子贸易数据来源于 UN Comtrade 数据库，该库涵盖了全球 90% 以上的商品交易，具有 HS（海关编码）和 SITC（联合国国际贸易标准分类）两套分类方法。其中，HS 分类编码体系更易于系统细致地进行国际种子贸易商品分类研究。本书根据农产品对外贸易口径，参考韩洁（2015）、陈龙江（2013）、王磊（2012）的研究，划定了农作物种子的产品范围，包括种用玉米（100510）、种用稻谷（100610）、种用小麦（100190）、种用低芥子酸油菜籽（120510）、其他种用油菜籽（120590）、种用葵花子（120600）、种用棉子（120720）、紫苜蓿子（120921）、三叶草子（120922）、羊茅子（120923）、草地早熟禾子（120924）、黑麦草种子（120925）、蔬菜种子（120991）、未列名种植用种子（120999）、草本花卉植物种子（120930）、种用百合（060110）等 30 个HS 编码。另外，2000 年到 2004 年中巴种子贸易额都很小，且品类结构变化大，稳定性弱，代表性不强，故只选取 2005 年到 2016 年的数据进行分析。

4.2.2.1 贸易互补性分析

（1）贸易互补性指数。贸易互补性是指两国间一国出口产品与另一国进口产品的匹配程度。如果两国贸易具有互补性，那么发展贸易关系可以给贸易双方带来较大利益。该指数计算公式如下：

$$C_{ij} = RCA_{xi}^k \times RCA_{mj}^k \qquad (4-1)$$

式（4-1）中，X 表示出口，M 表示进口，k 表示产品分类；C_{ij} 表示 i 国出口与 j 国进口在k类产品上的贸易互补性指数；$\mathrm{RCA}_{xi}^{k}=(X_i^k/X_i)/(X_w^k/X_w)$，表示$i$国$k$类产品对外贸易的显示性比较优势，$X_i^k$表示$i$国$k$类产品的出口总额，$X_i$表示$i$国的出口总额，$X_w^k$表示$k$类产品的世界出口总额，$X_w$表示所有产品的世界出口总额；$\mathrm{RCA}_{mj}^{k}=(M_j^k/M_j)/(M_w^k/M_w)$表示$j$国$k$类产品的贸易比较劣势，$M_j^k$表示$j$国$k$类产品的进口总额，$M_j$表示$j$国的进口总额，w表示世界，$M_w^k$表示$k$类产品的世界进口总额，$M_w$表示所有产品的世界进口总额。$C_{ij}$在0～1之间，表示两国贸易互补性较弱；$C_{ij}>1$，表明两国贸易互补性较强，且指数越大，两国贸易互补程度越高。表4-5和表4-6是中国与巴基斯坦种子贸易互补性指数计算结果。

表4-5　　　　　　2005—2018年中国与巴基斯坦种子贸易互补性指数

年份	水稻	玉米	油菜	蔬菜	紫苜蓿	草本花卉	综合
2005	0.000	0.008	0.017	0.184	0.384	0.014	0.524
2006	0.001	0.008	0.010	0.173	0.967	0.018	0.610
2007	0.000	0.011	0.024	0.216	2.656	0.017	0.884
2008	0.000	0.007	0.003	0.007	1.287	0.885	0.282
2009	1.856	0.016	0.012	0.043	0.286	0.001	0.277
2010	2.470	0.004	0.003	0.250	0.334	0.009	0.358
2011	9.937	0.010	0.006	0.368	1.106	0.173	0.717
2012	10.539	0.006	0.005	0.432	0.231	0.033	1.098
2013	5.718	0.015	0.001	0.364	0.103	0.006	1.103
2014	6.308	0.010	0.002	0.756	0.066	0.013	1.694
2015	4.967	0.027	0.005	0.605	0.090	0.016	1.479
2016	9.411	0.029	0.013	0.543	0.090	0.057	1.712
2017	8.751	0.026	0.011	0.612	0.095	0.053	1.685
2018	10.216	0.017	0.010	0.584	0.092	0.067	1.914

如表4-5所示，从综合贸易互补性指数来看，中国对巴基斯坦种子贸易的综合互补性指数整体呈上升趋势，从2005年的0.524上升到2018年的1.914。其中，2005—2011年贸易互补性指数小于1，互补性较弱；2012年以后贸易互补性

指数均大于 1，贸易互补性较强。从产品结构来看，在水稻种子贸易方面，中国出口与巴基斯坦进口具有很强的互补性。尤其 2011—2012 年水稻种子贸易互补性指数超过了 9.5，2013—2015 年虽然有所回落，但都保持在高位，并且 2018 年又回升至 10.216，互补性十分显著。这充分反映了中国杂交水稻种子的国际比较优势，值得持续深入开发巴基斯坦及其他市场。在玉米、油菜、蔬菜、草本花卉等种子贸易方面，中国出口与巴基斯坦进口的贸易互补性较弱，但整体仍然呈上升趋势，说明这些领域需要加强品种针对性调整与配套技术推广，才能不断拓展市场发展空间。

如表 4-6 所示，巴基斯坦对中国种子贸易综合互补性较弱。在 2005—2018 年，巴基斯坦出口与中国进口的综合贸易互补性指数一直低于 0.5，并且有明显减弱的趋势。从产品结构来看，在紫苜蓿种子贸易方面，巴基斯坦出口与中国进口具有较强的互补性，特别是 2013 年之后互补性显著增强；在草本花卉种子贸易方面，巴基斯坦出口与中国进口互补性较弱，但互补性指数呈明显上升趋势，贸易匹配度逐渐增强；在其他品类的种子贸易方面，巴基斯坦出口与中国进口的互补性极小，且不稳定。测算结果表明，目前巴基斯坦紫苜蓿种子在中国市场已占据一席之地。值得注意的是，中国紫苜蓿种子市场需求量较大，并且主要依赖于进口，巴基斯坦若能提高品质，还会赢得更大的出口空间。

表 4-6　　　　**2005—2018 年巴基斯坦与中国种子贸易互补性指数**

年份	水稻	玉米	油菜	蔬菜	紫苜蓿	草本花卉	综合
2005	0.000	0.000	0.013	0.015	0.029	0.039	0.244
2006	0.000	0.003	0.000	0.021	0.163	0.011	0.038
2007	0.000	0.002	0.013	0.003	0.020	0.058	0.021
2008	0.001	0.005	0.005	0.005	0.125	0.170	0.052
2009	0.000	0.052	0.015	0.015	0.212	0.005	0.094
2010	0.001	0.010	0.051	0.017	0.264	0.099	0.071
2011	0.000	0.011	0.026	0.008	0.337	0.105	0.259
2012	0.050	0.075	0.137	0.007	0.807	0.244	0.340
2013	0.111	0.010	0.588	0.011	1.056	0.144	0.206

续表

年份	水稻	玉米	油菜	蔬菜	紫苜蓿	草本花卉	综合
2014	0.023	0.003	0.063	0.015	1.756	0.255	0.100
2015	0.010	0.002	0.017	0.036	1.410	0.385	0.104
2016	0.022	0.004	0.009	0.008	1.715	0.811	0.107
2017	0.027	0.002	0.012	0.011	1.633	0.716	0.106
2018	0.035	0.003	0.010	0.007	1.781	0.862	0.109

（2）产业内贸易指数

产业内贸易也称为双向贸易，是指一个国家在出口的同时又进口某种同类产品的现象。本书使用 G-L 指数来分析中国与巴基斯坦种子产业内贸易状况，具体计算公式如下：

$$GL_i = 1 - |X_i - M_i|/(X_i + M_i) \tag{4-2}$$

式（4-2）中，X_i 为 i 类商品的出口额，M_i 为 i 类商品的进口额。G-L 指数越接近 1 表示两国贸易模式越倾向于产业内贸易，越接近 0 则表示越倾向于产业间贸易。$GL_i > 0.5$ 表示产业内贸易占优势，$GL_i < 0.5$ 表示产业间贸易占优势。中国和巴基斯坦产业内贸易 G-L 指数测算结果见图 4-1。

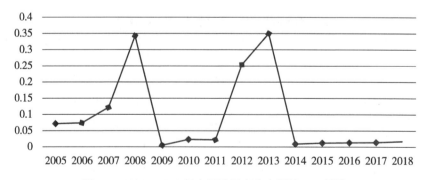

图 4-1 2005—2018 年中巴种子产业内贸易 G-L 指数

根据李嘉图原理以及 H-O 理论，经济体的比较优势将引发产业间分工与专业化，以此为基础的国际贸易将是产业间贸易；根据新贸易理论，产业规模经济将引发产业内分工和专业化，以此为基础的国际贸易将是产业内贸易。如图 4-2 所示，2005—2018 年中国与巴基斯坦种子产业内贸易 G-L 指数均低于 0.5，且大多数年度接近零，这意味着中国与巴基斯坦种子贸易以产业间贸易为主，说明中国与巴基斯坦种子双边贸易互补性较强，同时也从侧面印证了中国与巴基斯坦种子贸易还存在很大的发展潜力。

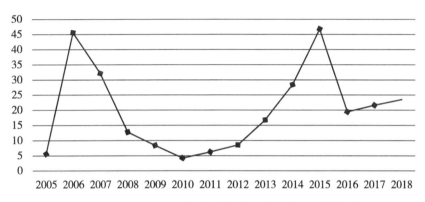

图 4-2　2005—2018 年中巴种子出口相似度 ESI 指数

4.2.2.2　贸易竞争性分析

为了进一步探究中国与巴基斯坦种子贸易的竞争关系，采用 Lafay 指数和出口相似度指数（ESI）等实证测度指标，对中国与巴基斯坦种子贸易国际竞争力的变化趋势及在世界市场上的竞争情况展开相关研究。

（1）Lafay 指数分析。与显示性比较优势指数（RCA）相比，Lafay 指数既包括进口数据，也包括出口数据，因此不仅能显示出一国各品类种子贸易的比较优势水平，还可以显示出其产业内贸易程度。该指数的计算公式如下：

$$\text{LFI}_i = \left\{ \left[\frac{X_i - M_i}{X_i + M_i} - \frac{\sum_{i=1}^{n} (X_i - M_i)}{\sum_{i=1}^{n} (X_i + M_i)} \right] \left[\frac{X_i + M_i}{\sum_{i=1}^{n} X_i + M_i} \right] \right\} \times 100 \qquad (4\text{-}3)$$

式（4-3）中，X_i 代表中国第 i 类种子的世界出口值，M_i 是第 i 类种子的世界进口值，n 是种子贸易总类别的数目。Lafay 指数大于零，表明该国该类种子具有专业化优势，且指数越高其专业化程度就越高；Lafay 指数小于零，则意味着该国该类种子更依赖于进口。同时，若 Lafay 指数越趋近零值，说明该国该类种子的产业内贸易程度越高；Lafay 指数越远离零值（无论正负），则说明该国该类种子产业内贸易程度越低。

表4-7测算了2005—2018年中国的水稻、玉米、油菜、蔬菜等农作物种子的 Lafay 指数。结果显示，中国的水稻、草本花卉、蔬菜种子贸易的 Lafay 指数均为正，尤其是水稻、蔬菜种子贸易的 Lafay 指数很高，说明中国在该类种子贸易方面存在显示性比较优势，并且这两类种子在中国种子贸易中的地位十分重要。玉米和紫苜蓿种子贸易的 Lafay 指数一直在零值上下波动，不具备比较优势。值得注意的是，中国在油菜种子贸易方面处于比较劣势，其 Lafay 指数值负向远离零值，说明其更依赖进口，对外依存度越来越高。中国对巴基斯坦种子贸易的比较优势与劣势是中国在全球种子贸易中的竞争状况的典型反映。

表4-7　　**2005—2018 年中国主要农作物种子的 Lafay 指数变动状况**

年份	水稻	玉米	油菜	蔬菜	紫苜蓿	草本花卉
2005	2.148	−0.012	−5.673	7.106	0.741	0.518
2009	3.619	0.015	−0.046	11.130	0.074	0.647
2010	4.589	−0.129	−24.472	10.704	0.104	0.999
2011	4.776	−0.041	−19.906	17.738	0.282	0.731
2012	3.444	−0.046	−24.006	16.648	−0.046	0.548
2013	2.356	−0.016	−24.170	16.303	−0.056	0.459
2014	2.361	−0.027	−26.110	24.724	−0.088	0.256
2015	2.582	0.741	−27.681	16.762	−0.149	0.313
2016	3.767	0.013	−30.849	16.511	−0.098	0.474
2017	3.674	0.012	−30.513	16.831	−0.139	0.327
2018	3.815	0.010	−30.476	16.637	−0.115	0.573

注：2006 年、2007 年、2008 年数据有缺失，因此表中不体现。

表4-8 的测算结果显示，巴基斯坦在紫苜蓿和草本花卉种子贸易方面具备一定比较优势，但整体而言，巴基斯坦各品类种子贸易的 Lafay 指数都很低，部分

品类种子的 Lafay 指数甚至接近零值，这说明巴基斯坦种子贸易的国际竞争力比较弱。中国与巴基斯坦在种子贸易品种结构及比较优势方面存在较大差异，加强双边贸易关系既可以实现互利共赢，同时也有利于两国种业及农业产业结构调整与升级。

表 4-8   **2005—2018 年巴基斯坦主要农作物种子的 Lafay 指数变动状况**

年份	水稻	玉米	油菜	蔬菜	紫苜蓿	草本花卉
2005	−0.000	−0.819	−14.090	−0.506	0.038	0.014
2009	−0.086	4.667	−3.688	0.165	0.337	0.003
2010	−0.012	0.399	−1.181	0.299	0.296	0.036
2011	−0.493	0.468	−8.368	−0.373	0.268	0.023
2012	−0.210	4.542	−4.726	−0.205	0.202	0.053
2013	0.654	0.574	−0.903	0.042	0.417	0.054
2014	0.068	0.182	−0.717	0.176	0.368	0.067
2015	0.043	0.009	−0.986	0.466	0.538	0.073
2016	0.070	0.150	−1.007	0.002	0.887	0.966
2017	0.072	0.113	−0.991	0.017	0.871	0.924
2018	0.075	0.135	−1.003	0.009	0.944	0.971

注：2006 年、2007 年、2008 年数据有缺失，因此表中不体现。

（2）出口相似度分析。出口相似度指数（ESI）用于衡量任意两个或两组国家在第三国市场或世界市场上的出口产品的相似程度。该指数的计算公式为：

$$\text{ESI}_{ij} = \left\{ \sum_{m=0}^{n} \left[\left(\frac{X_{iw}^{m} / X_{iw} + X_{jw}^{m} / X_{jw}}{2} \right) \left(1 - \left| \frac{X_{iw}^{m} / X_{iw} - X_{jw}^{m} / X_{jw}}{X_{iw}^{m} / X_{iw} + X_{jw}^{m} / X_{jw}} \right| \right) \right] \right\} \times 100$$

(4-4)

式（4-4）中，i，j 分别指代 i 国、j 国，w 代表世界市场，X_{iw}^{m} / X_{iw} 和 X_{jw}^{m} / X_{jw} 分别代表 i 国和 j 国出口到世界市场的第 m 种商品总额占该国对世界市场出口总额的比重。出口相似度指数的取值范围为 0～100，取值越大表明两国出口到世界市场的种子商品结构越相似，竞争程度越激烈。

由于中国与巴基斯坦种子出口的目标市场重叠较少，因此本书仅从世界市场考察两国出口产品的相似程度。图 4-2 显示，在世界市场中，中国与巴基斯坦种子出口相似度指数 ESI 值呈现两大特点：一是 ESI 值较小。2005—2018 年，ESI 值介于 5.616~46.740 之间，除了 2006 年、2007 年和 2015 年外，其他年份均低于 30。这说明两国在世界市场的竞争程度较低。二是 ESI 值呈波动上升趋势。除去个别年份的波动，2005—2018 年的 ESI 值总体呈上升趋势，这说明随着种子出口市场的拓展，出口规模不断扩大，两国在世界种子市场的产品出口相似度逐渐上升，出口竞争性在不断增强。

4.2.2.3　贸易发展潜力分析

本书选用贸易强度指数（TII）分析中国与巴基斯坦种子贸易的发展潜力。贸易强度指数指一国对某贸易伙伴国的出口额占该国出口总额的比重，与该贸易伙伴国进口总额占世界进口总额的比例，常被用于衡量两国贸易联系的紧密程度或贸易发展潜力。该指标计算公式为：

$$TII_{ij} = (X_{ij} / X_i) / (M_j / M_w) \tag{4-5}$$

式（4-5）中，i、j、w 表示 i、j 两国及世界市场，TII_{ij} 表示 i、j 两国的贸易结合度，X_{ij} 表示 i 国对 j 国的出口额，X_i 表示 i 国的出口总额，M_j 表示 j 国进口总额，M_w 表示世界进口总额。当 $TII_{ij} > 1$ 时，表明 i、j 两国贸易联系紧密；当 $TII_{ij} < 1$ 时，则表明 i、j 两国的贸易联系松散。中国与巴基斯坦种子贸易强度度指数测算结果见表 4-9。

表 4-9　　中国与巴基斯坦双边种子贸易强度指数（TII 指数）

年份	中国对巴基斯坦的贸易强度	巴基斯坦对中国的贸易强度
2005	0.252	0.070
2006	0.307	0.621
2007	0.436	3.282
2008	1.399	3.244

续表

年份	中国对巴基斯坦的贸易强度	巴基斯坦对中国的贸易强度
2009	3.055	0.060
2010	3.544	0.364
2011	1.683	0.098
2012	2.984	2.832
2013	2.589	5.054
2014	1.617	0.285
2015	1.495	0.353
2016	1.679	0.523
2017	1.613	0.647
2018	1.826	0.712

结果显示，2005 年中国对巴基斯坦的种子贸易强度指数仅为 0.252，随后两年缓慢上升但均小于 0.5，到 2008 年则跃升至 1.399，之后均大于 1，最高的时候达到 3.544，这说明中国对巴基斯坦种子贸易联系非常紧密，也很稳定；巴基斯坦对中国的种子贸易强度起伏很大，TII 指数最高达到 5.054，最低仅 0.060，并且只有 4 个年度指数值超过 1，其他年份都很低。这一差异说明，相比于中国对巴基斯坦，巴基斯坦对中国的种子贸易存在更大的发展潜力。

4.2.2.4 结论与建议

（1）基本结论

第一，从贸易互补性指数看，中国的水稻种子出口与巴基斯坦进口，巴基斯坦的紫苜蓿种子出口与中国进口存在很强的互补性；中国的蔬菜种子出口与巴基斯坦进口，巴基斯坦的草本花卉种子出口与中国进口互补性较弱，但贸易匹配度逐渐增强。两国在某些种子品类上互补性强，而在另一些种子品类上互补性弱，这种差异性和互补性可以充分保障中巴种子贸易的需求弹性和发展潜力。从产业内贸易指数来看，中国与巴基斯坦种子贸易呈现出产业间贸易的特征，表现出较强的贸易互补性。相对而言，中国对巴基斯坦种子市场优势更大、更稳定，中国企业需要进一步巩固和扩大优势利用。

第二，从 Lafay 指数来看，中国与巴基斯坦农作物种子国际竞争优势存在较大差异，中国在水稻、蔬菜种子贸易方面具有明显的竞争优势，巴基斯坦则在紫苜蓿和草本花卉种子贸易方面具有一定的比较优势。两国的优势品类没有重叠，并且各品类种子的市场优势差距较大，竞争性较弱。从出口相似度指数看，尽管中国与巴基斯坦在世界种子市场的出口相似度指数整体呈上升趋势，但贸易竞争程度仍然较低。因此，两国之间种子贸易机会远大于竞争，未来仍有较长期合作的价值。

第三，从贸易强度指数看，中国对巴基斯坦种子贸易的联系要高于巴基斯坦对中国的种子贸易联系，并且巴基斯坦与中国的贸易强度指数呈现出上升的趋势，这说明中国与巴基斯坦双边种子贸易还存在着进一步开发的潜力空间，但是需要解决巴基斯坦对中国种子出口的市场稳定性问题。

（2）建议

巴基斯坦是中国种业"走出去"最成功、最重要的市场之一，深入挖掘双边种子贸易潜力，可以清晰界定后续战略方向，并以此为范例，逐步向其他国家拓展。针对上述研究结论，结合中巴种业实际情况以及国际种业发展形势，中巴种子贸易发展需要注意以下几个问题。

第一，注重优势互补与综合利用。巴基斯坦具有特异种质资源和土地等自然优势，而中国具备生物技术、农作物育种、农业装备等科技优势。将巴基斯坦特异种质资源与中国优势品种资源组配，可以培育出适合两国应用的优质、高产、多抗农作物新品种。通过优势互补与资源综合利用，中巴双方都能大幅提高种业国际竞争力，还能带动和提高中国在农药、化肥、农业机械等相关产品的出口，产业协作价值更加巨大。

第二，探索转口贸易或间接贸易，协同开发国际市场。中巴之间在种子品类上的互补性和出口市场上的差异性，不仅有利于两国之间的贸易关系，还可以通过转口贸易和间接贸易，开发其他国家种子市场。这将可以在既定资源不变的情况下，实现市场份额的扩张。比如，巴基斯坦企业在中东伊斯兰国家市场拥有稳定的市场资源，中国杂交水稻种子却很难打开中东市场，中国企业可以将种子出口到巴基斯坦，再由巴基斯坦企业出口到中东地区；或者，巴基斯坦企业与中东企业签订种子贸易合同，但从中国发货，各自分开结算。这类国际贸易模式在纺织品等领域进出口贸易中经常使用，在种子行业还有待突破。

4.2.3 巴基斯坦种业投资潜力分析

4.2.3.1 巴基斯坦种植业发展潜力

巴基斯坦政府历来重视农业发展，持续制订各种政策措施用于改善种植业发展条件，包括加强农业科研工作、大力兴修水利、完善农田灌溉网、逐步推广农业机械化、坚持为农业提供大量信贷和补贴、实行农产品优惠收购价格政策等，鼓励农民种植积极性。同时，政府还扶持开发土地潜力、提高单位面积产量、发展多种经营等。经过几十年的发展，巴基斯坦的种植业及种业发展取得了一定的进步，但发展潜力尚未得到有效的开发。

巴基斯坦人口约 1.94 亿，是世界第六人口大国。农村人口占总人口的60.3%左右。劳动人口中有 66.5% 从事种植业生产活动。2018 年国家 GDP 为3125 亿美元，其中农业占比为 20.7%。巴基斯坦国内市场规模为 2536.9 亿美元，其中农产品市场规模为 642 亿美元，占比 25.31%。巴种植业主要以水稻、小麦、玉米、棉花、甘蔗等劳动密集型和土地密集型农产品为主，其中棉花、水稻等农产品的生产和出口在世界市场占有重要地位。巴基斯坦主要农作物种植面积及产量如表 4-10 所示。

表 4-10 　　　　　　　　　　巴基斯坦主要农作物种植情况 　　　　单位：万公顷，万吨

年份	棉花		水稻		小麦		玉米	
	种植面积	产量	种植面积	产量	种植面积	产量	种植面积	产量
2010—2011	258	187	257	616	913	2331	97	371
2011—2012	317	231	231	554	890	2521	109	434
2012—2013	281	208	279	680	865	2347	106	422
2013—2014	296	231	276	673	866	2421	117	494
2014—2015	265	154	284	679	920	2598	114	494

年份	棉花		水稻		小麦		玉米	
	种植面积	产量	种植面积	产量	种植面积	产量	种植面积	产量
2015—2016	250	166	289	701	910	2550	119	527
2016—2017	257	177	295	742	902	2538	116	523
2017—2018	243	169	306	775	894	2522	113	511

资料来源：FAO 统计数据库，巴基斯坦水稻研究所，国际棉花咨询委员会。

　　水稻、小麦、棉花、玉米是巴基斯坦种植面积最大的农作物，也是最重要的农产品，关系着巴基斯坦粮食安全与社会稳定。与中国相比，巴基斯坦的水稻、小麦、棉花、玉米等主要农作物单产均有较大增长空间。如图 4-3 所示，除了棉花的单产略高于世界平均水平之外，巴基斯坦的小麦、水稻、玉米单产都低于中国及世界平均水平。巴基斯坦水稻、小麦、棉花、玉米每公顷的产量与中国的差距分别为 2.83 万吨、2.28 万吨、2.06 万吨、1.68 万吨，相对增产潜力分别为 70.22%、83.82%、89.18%、39.25%。

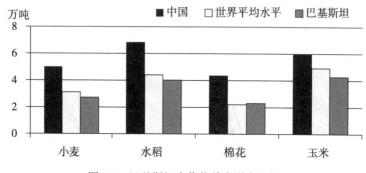

图 4-3　巴基斯坦农作物单产增产空间

　　根据企业在巴基斯坦开展的农作物种植调查分析，导致单产低的因素主要包括：种植方式原始粗放，农业机械化水平低，手工或者较低层次机械化手段较为普遍，生产加工效率很低；种子质量较差，尤其缺乏优质良种及与之配套的栽培技术，棉花、水稻、玉米、小麦等主要农作物种子的商品化认证率均不到 50%，远低于中国种子市场化水平；肥料施用品种单一，数量不足，结构性缺肥严重。根据中国企业在巴基斯坦开展的品种测试对比数据，同样的田块，采用中国提供的农作物种子，辅之以配套的打药施肥及栽培技术，产量比巴基斯坦当地品种可以增产 30%~50%。

4.2.3.2　中巴种子技术与市场融合度分析

中巴两国在杂交水稻、杂交玉米和杂交棉花等农作物新品种繁育与推广方面开展了一系列合作，基础扎实，进展明显。但相对于巴基斯坦的农业发展潜力而言，仍有很大的发展空间。

（1）水稻。水稻是巴基斯坦第二大主要食物，也是主要的出口农产品，水稻总产值占农业 GDP 的 6.4%。巴基斯坦自 2002 年开始进口中国杂交水稻种子，进口种子数量由最初的 25 吨，增加至 2020 年的 8890 吨，占中国杂交水稻种子出口总量的比例由 0.76% 上升至 38.65%，出口总额占比由 1.34% 上升至 43.52%。近 5 年巴基斯坦水稻种植面积约为 290 万公顷，杂交水稻种植面积只占 20.7% 左右，以一般年度杂交水稻种子市场零售价格每公顷 160 美元计算，巴基斯坦水稻种子的市场规模约为 4.5 亿美元。由于杂交稻的种植效益更好，未来市场拓展空间巨大。

（2）小麦。巴基斯坦是小麦种植大国，小麦是巴基斯坦第一大农作物。巴基斯坦小麦种植面积约为 910 万公顷，以一般年度小麦种子市场零售价格每公顷 115 美元计算，巴基斯坦小麦种子的市场规模约为 10.4 亿美元。中国两系法杂交小麦技术全球领先，目前在巴基斯坦开展的品种试验示范成效显著，增产幅度为 30% 到 50%。大面积示范推广效果也得到了巴基斯坦政府及种植户的普遍认可，部分优势组合已进入巴基斯坦政府农作物品种审定程序，应用前景广阔。

（3）棉花。棉花是巴基斯坦最主要的经济作物，其一般年度总产量占世界棉花总产量的 8.4%，为世界第四大产棉国，棉纺织品和原棉出口合计占巴全部出口总值的 65%。棉花的稳产、增产对于巴基斯坦种植业、纺织业乃至整个国民经济的运行发展尤为重要。巴棉花种植面积约为 275 万公顷，产值占农业 GDP 的 10%。以一般年度棉花种子市场零售价格每公顷 85 美元计算，巴基斯坦棉花种子的市场规模约为 2.34 亿美元。中国自 20 世纪 80 年代开始，大规模引进并开展杂交棉花新品种的选育与应用，逐步由单一抗病育种发展为抗病、抗虫育种，迅速将杂交优势应用在大田，成效十分显著。在抗虫转基因棉花品种的选育上，中国已培育出品质优、抗逆性广（如抗除草剂、抗盐碱、抗干旱、抗多种病害虫）的杂交棉花新品种。2009—2010 年，巴农业研究委员会（PARC）从中国进口的 5 个 Bt 棉品种被特许不经 PCCC、NBC、FSC&RD 审查而直接进行大田试验。近 5 年来，由于劳动力、土地等农业生产成本大幅上升，中国杂交棉花品种种植面积迅猛下降，相关技术及成果库存众多，其中很多成果在国内基本失去应用市场。巴基斯坦农业劳动力和土地资源丰富，生产成本较低，可以有效吸纳中国杂交棉花技术和品种。

（4）其他作物。除了上述作物以外，巴基斯坦主要农作物还有玉米，种植面积约为 115 万公顷；此外，还有 800 万公顷小麦和水稻冬闲田可种植油菜。每年玉米和油菜种子的潜在市场规模约为 4.84 亿美元。中国选育的杂交玉米和杂交油菜种子在巴基斯坦有一定的推广价值，但由于中国杂交制种成本太高，种子出口巴基斯坦难以获得经济价值。只有将中国品种亲本出口到巴制种，降本增效，才能维持其经济价值。因此，这两类作物的合作，需从生产环节着手，带动市场及技术合作。

4.2.3.3　种业投资领域筛选

种子贸易只是中巴种业合作的初级形式，随着合作深入以及种业发展的内在需要，中巴双方还会不断延伸合作领域，全面挖掘种业发展潜力。

（1）种质资源。种质资源是种业科技创新的基础。中国农业生产上每一次重大革新都是由种质革新引发，也都是直接或间接成功应用国外特异种质资源的结果。巴基斯坦不仅拥有中国稀缺的农业资源和互补的种子市场，其独特的自然环境也孕育出了大量优异的种质资源。例如，巴基斯坦水稻与中国水稻血缘相近，但又是具有不同特质、极易利用的种质资源。在种质资源领域开展投资合作，可以有效丰富中国水稻种质资源，有力促进中国水稻科技创新再上新台阶。

（2）育种研发。中巴通过育种合作，可以在更大规模、更高起点、更深层次上集聚中国和巴基斯坦作物优异种质资源，创制出数量更多、性状更优、遗传背景更丰富的育种骨干材料，培育出针对性更强、适应性更广、竞争力明显提升的农作物新品种，并开展配套技术研制集成与示范推广，建立科技创新合作交流平台，在促进巴基斯坦农作物品种改良换代和稻作科技提升的同时，拓宽中国农作物种质资源战略储备，丰富中国农作物品种遗传背景，促进解决中国生产应用的农作物品种遗传背景狭窄、品种同质化日益凸显的问题，推动中国农作物品种改良和稻作科技持续提高。

（3）国际市场开发。中巴两国拥有不同品类的优势农作物种子，各自出口的市场区域也大不相同，双方通过转口贸易、间接贸易等方式共享国际市场资源，能够以最低的成本实现市场区域的扩张。比如，巴基斯坦企业在中东等伊斯兰国家市场拥有稳定的客户资源，但中国一直未能有效打开其水稻种子市场。中国企业可以在巴基斯坦设立独资或合资企业，再由巴基斯坦出口到中东地区。

4.2.4 种业"走出去"目标国风险识别与评价：以巴基斯坦为例

4.2.4.1 风险分类

（1）政治法律风险

①政局风险。国家政局是否稳定是影响种业"走出去"的首要因素。政局变化既会影响种子进出口，也会影响民众的种植积极性，甚至抵制杂交水稻等新技术应用，直接影响农作物种子在当地的推广和销售。

②产业政策风险。种子因在农业生产中的特殊地位而被赋予一定的政治属性，各国政府对种业高度关注，纷纷担心种业被他国控制从而威胁国家安全。因此，种子进口国政府针对性制定了较严格的限制性政策。

③知识产权与法律风险。种子的应用主要在"露天工厂"完成，品种信息、育种材料与技术等知识产权极易泄露。一旦知识产权保护不力，企业不仅很难再独享知识产权赋予的独特竞争优势，而且已有的国际市场份额也可能受到威胁，甚至丧失。此外，由于全球种业资源跨国流动加速，倒逼各国政府不断完善和制定相应的法律法规。法律法规的废改立会打破原有的运行规则，企业将面临更多

的不确定性风险，甚至会直接冲击企业当期的经济利益。

（2）市场风险

①跨国种业巨头冲击。近十年来，跨国种业巨头对世界各主要农业国种子市场的渗透力越来越强。它们利用技术和资金优势，在巴基斯坦进行本土化制种，以价格为手段冲击国际水稻种子市场，导致中国杂交水稻种子在国际市场的影响力有所下降。

②国内同行的过度竞争。长期以来，中国大部分企业以价格为种子出口的主要竞争手段，特别是在国内种子市场供过于求时，企业竞相采取低价倾销的方式来开发国际市场，相互挤占对方的市场空间，在国际种子市场形成恶性竞争。

③市场变化。中国种业"走出去"往往一哄而上，缺乏长远布局，更没有注意保持对技术梯度的适度控制。一旦巴基斯坦掌握了制种技术，本地化生产量能够满足市场需求，就意味着中国企业将逐步退出该国种子市场。

（3）财务风险

①汇率风险。汇率风险又称外汇风险，指企业在持有或运用外汇开展的经济活动中，因外汇汇率的变动而蒙受损失的可能性。中国种子出口多以美元来计价和结算，人民币升值将直接减少种子企业的出口收汇，相当于种子出口的结算价格降低，企业的盈利能力大幅下降。

②应收款风险。近年来，为了拓展市场，部分种子企业开始采用商业信用（即赊销）来满足客户需求。虽然种子出口数量增加了，但长达数月甚至一年的收款期使得企业应收款风险大增。即使客户的信用等级高，没有发生坏账损失，但资金占用毕竟增加了企业的资金成本和管理成本，同时对企业的现金流也造成不利影响。

③税收风险。由于各国的税收制度不同，种子企业"走出去"会遇到各种类型的税收风险。比如在纳税申报截止时间方面，中国境内为每年年终，巴基斯坦为每年的6月底。种子生产销售的季节性非常强，不同国家的季节周期不同，企业必须准确把握经营与纳税申报时间，否则就会因申报遗漏而造成不必

要的损失。

（4）技术及管理风险

①技术风险。优良品种的遗传功能必须与配套的栽培技术相结合，才能转化为优良的生产力。如果综合配套技术服务措施不到位，优良品种的种植表现甚至会不如当地常规品种。

②跨国管理风险。跨国经营对企业的管理水平有着更高的要求。跨国管理既要克服地域和时差的障碍，也要掌握好如何授权以及授权的范围。授权不足，管理效率低下；授权过度，风险就会大增。比如，企业对于"走出去"的核心业务必须始终具备完全控制能力，一旦控制不力就会导致运营风险的发生与恶化。

③人力资源风险。中国种子企业普遍对国外的市场情况、种业政策以及相关农业法律法规不够了解，缺乏精通外语、有国际企业管理经验的人才，常常在投资方案设计、营销策略、运营管理等方面准备不足，严重影响种业合作深度。

（5）自然风险

种子的生产和应用与自然气象环境密不可分。近年来，全球变暖，极端天气频繁出现，并且其变化具有很强的不确定性，企业很难有预见性的应对能力。种子是有活力的生命体，不同品种具有不同的生物学特性，对异常气候的适应性差异很大。对于常规农作物来说，气候变化主要是种植应用风险，但对于杂交农作物来说，则兼有种植应用风险和种子生产质量风险。一旦遭遇极端天气，企业往往会蒙受巨大损失。

4.2.4.2 风险评价

（1）第一步：风险评价指标及权重设计

①风险评价指标体系设计。种业"走出去"面临的风险影响因素众多，经过查阅、分析相关风险预警文献并对种业"走出去"企业进行调研，本研究在选取风险评价指标时，从系统性、可操作性角度出发，归纳出两级22个风险影响因素，其中一级指标5个，二级指标17个，具体风险评价指标体系的递进层次结构如表4-11所示。

表4-11 目标国种业风险评价指标体系

目 标 层	主 准 则 层	分 准 则 层
	风险评价主因素	风险评价子因素
目标国种业风险评价	政治法律风险 U_1	政局风险 u_{11}
		产业政策风险 u_{12}
		知识产权风险 u_{13}
		法律变更风险 u_{14}
	市场风险 U_2	跨国巨头冲击风险 u_{21}
		国内同行过度竞争风险 u_{22}
		市场变化风险 u_{23}
	财务风险 U_3	汇率风险 u_{31}
		应收款风险 u_{32}
		税务风险 u_{33}
	技术及管理风险 U_4	技术风险 u_{41}
		跨国管理风险 u_{42}
		人力资源风险 u_{43}
	自然风险 U_5	异常气候风险 u_{51}
		洪涝风险 u_{52}
		干旱风险 u_{53}
		病虫害风险 u_{54}

②确定风险评价因素集。建立由种业"走出去"风险因素所组成的集合，记为 U，并将因素集 U 作为风险评价的主因素集。假设影响种业"走出去"风险因素有 m 个，则主因素集 U 由 m 个子因素集 U_i 组成，可表示为 $U = \{U_1, U_2, \cdots, U_m\}$。又假设每个子因素集 U_i 由 n 个风险因素构成，则子因素集可表示为 $U_i = \{U_{i1}, U_{i2}, \cdots, U_{in}\}$，$u_{ij}(i = 1, 2, \cdots, m; j = 1, 2, \cdots, n)$ 代表第 i 类子因素集的第 j 个因素。

③确定风险因素权重。本研究采用层次分析法（Analytic Hierarchy Process，简称 AHP）确定各风险因素权重，具体方法如下。

1）构造 AHP 判断矩阵。本研究将种业 "走出去" 风险分解为若干个组成因素，并将这些组成因素按照一定的支配关系进行递阶分层，然后将处于同一层次上的因素按照重要性程度进行两两比较，在此基础上依据特定的评判标准将两两对比的结果进行数量化处理，从而构造出 $n \times n$ 的风险决策判断矩阵 A，形式见表 4-12。

表 4-12 两两风险因素的判断矩阵

U_1	u_{11}	u_{12}	$\cdots$	u_{1j}	$\cdots$	u_{1n}
u_{11}	a_{11}	a_{12}	$\cdots$	a_{1j}	$\cdots$	a_{1n}
u_{12}	a_{21}	a_{22}	$\cdots$	a_{2j}	$\cdots$	a_{2n}
$\vdots$	$\vdots$	$\vdots$	$\vdots$	$\vdots$	$\vdots$	$\vdots$
u_{1j}	a_{i1}	a_{i2}	$\cdots$	a_{ij}	$\cdots$	a_{in}
$\vdots$	$\vdots$	$\vdots$	$\vdots$	$\vdots$	$\vdots$	$\vdots$
u_{1n}	a_{n1}	a_{n2}	$\cdots$	a_{nj}	$\cdots$	a_{nn}

其中 a_{ij}（$i = 1$，2，$\cdots$，n；$j = 1$，2，$\cdots$，n）表示以 U_1 为判断准则，风险子因素 u_{1i} 对 u_{1j} 的相对重要性进行比较的数值化结果，通常采取 $1 \sim 9$ 标度法来表示，各级标度含义见表 4-13。

表 4-13 各风险因素两两比较结果

标度	含 义
1	同样重要
3	稍微重要
5	明显重要
7	强烈重要
9	极为重要
2，4，6，8	两个风险因素相比较的中值
倒数	两个风险因素 i 与 j 相对比得到判断 b_{ij}，反过来 j 与 i 相比较可得判断 $b_{ji} = 1/b_{ij}$

显然，对于判断矩阵 A 有：

$$a_{ij} > 0 \; ; \; a_{ij} = \frac{1}{a_{ji}} \; ; \; a_{ii} = 1(i, j = 1, 2, \cdots, n)$$

2）对判断矩阵进行规范化处理，计算各个风险因素权重。具体步骤为：第一，将判断矩阵 A 进行规范化处理，即计算 $\overline{a_{ij}} = \dfrac{a_{ij}}{\sum\limits_{i=1}^{n} a_{ij}}(i, j = 1, 2, \cdots, n)$，可得矩阵 $\overline{A}$。第二，把 $\overline{A}$ 按行相加得到向量 $\overline{W}$，即计算 $\overline{w_i} = \sum\limits_{j=1}^{n} \overline{a_{ij}}(i = 1, 2, \cdots, n)$。第三，对向量 $\overline{W}$ 进行归一化，即计算 $w_i = \dfrac{\overline{w_i}}{\sum\limits_{j=1}^{n} \overline{w_j}}(i = 1, 2, \cdots, n)$，所得到的 $W = (w_1, w_2, \cdots, w_n)^{\mathrm{T}}$ 为特征向量近似值，W 中的每个元素 w_i 则反映的是其所对应的各风险因素相对重要程度的权重，且有 $\lambda_{\max} = \sum\limits_{i=1}^{n} \dfrac{(AW)_i}{nw_i}$，其中 $(AW)_i$ 表示向量 AW 的第 i 个元素。第四，判断矩阵的一致性检验。判断矩阵的一致性用 CI 表示：$\mathrm{CI} = \dfrac{\lambda_{\max} - n}{n - 1}$，（$n$ 为判断矩阵的阶数）；随机一致性检验的比率值用 CR 表示：$\mathrm{CR} = \dfrac{\mathrm{CI}}{\mathrm{RI}}$，其中 RI 表示平均随机一致性指标，该指标数值可通过查表得到，见表4-14。通常情况下，若一致性检验的比率值 CR < 0.1，则该判断矩阵具有一致性，否则就需要对判断矩阵重新进行调整。通过一致性检验后，可依次确定各个子因素集 $U_i = \{U_{i1}, U_{i2}, \cdots, U_{in}\}$ 中风险因素 u_{ij} 对 U_i 的权重 $A_i = \{a_{i1}, a_{i2}, \cdots, a_{in}\}$，以及主因素集 $U = \{U_1, U_2, \cdots, U_m\}$ 中每一类风险因素 U_i 对的 U 权重 $A = \{a_1, a_2, \cdots, a_m\}$。

表4-14 　　　　　　　　　　　　　　　**常用 RI 值对应表**

标度	1	2	3	4	5	6	7	8	9	10
RI 值	0.00	0.00	0.58	0.9	1.12	1.24	1.32	1.41	1.45	1.49

资料来源：沈建明 . 项目风险管理 . 北京：机械工业出版社，2003：113.

（2）第二步：风险模糊综合评价模型构建

模糊数学由美国控制论专家 L. A. 查德教授 1965 年所创立，现已被广泛应用于经济学、社会学和管理科学等研究领域。模糊评价就是模糊数学理论在实际工作中的一种应用方式，它是为解决现实中存在的大量具有模糊特征的经济现象而提出的一种评价方法。由于种业"走出去"面临的风险具有一定的随机性和模糊特征，因此本研究构建模糊综合评价模型对种业"走出去"风险进行评价，具体方法如下。

①建立风险模糊评价集。评价集是用来反映评价者对可能存在的各个风险因素的评价，不同的评价者可能得出不同的评价结果，不同评价结果所组成的集合称为风险模糊评价集，用 $V = \{v_1, v_2, \cdots, v_j\}$ 来表示，其中 $v_j(j = 1, 2, \cdots, n)$ 反映的是第 j 个评价者的评价结果。根据种业"走出去"的实际情况及风险评价目标要求，我们将风险划分为 5 个级别，分别为"低风险""较低风险""中等风险""较高风险"和"高风险"，并建立种业"走出去"风险模糊评价集，用 $V = \{v_1, v_2, v_3, v_4, v_5\}$ 来表示。

②子因素集模糊综合评判。运用德尔菲法（Delphi）可以得到 $u_{ij}(i = 1, 2, \cdots, m)$ 对风险等级 $v_t(t = 1, 2, 3, 4, 5)$ 的隶属度 p_{ijt}，$p_{ijt} = k_{ijt}/k$（k 表示风险评估专家总人数，k_{ijt} 表示专家中认为风险因素 u_{ij} 属于 v_t 等级的人数），进而可以计算出子因素集 U_i 的风险模糊评价隶属矩阵：

$$R_i = \begin{bmatrix} p_{i11} & p_{i12} & p_{i13} & p_{i14} & p_{i15} \\ p_{i21} & p_{i22} & p_{i23} & p_{i24} & p_{i25} \\ \cdots & \cdots & \cdots & \cdots & \cdots \\ p_{in1} & p_{in2} & p_{in3} & p_{in4} & p_{in5} \end{bmatrix}, \quad i = 1, 2, \cdots, m$$

其中，$p_{ijt} \geqslant 0$，$\sum_{t=1}^{5} p_{ijt} = 1$；$j = 1, 2, \cdots, n$；$n$ 表示 U_i 中子风险因素的个数。于是，可以得到子因素集模糊综合评价结果：

$$B_i = A_i \cdot R_i = (a_{i1}, a_{i2}, \cdots, a_{in}) \cdot \begin{bmatrix} p_{i11} & p_{i12} & p_{i13} & p_{i14} & p_{i15} \\ p_{i21} & p_{i22} & p_{i23} & p_{i24} & p_{i25} \\ \cdots & \cdots & \cdots & \cdots & \cdots \\ p_{in1} & p_{in2} & p_{in3} & p_{in4} & p_{in5} \end{bmatrix}$$

$$= (b_{i1}, b_{i2}, b_{i4}, b_{i5})$$

其中，$b_{it} = \sum_{j=1}^{n} a_{in} \cdot p_{ijt}$，$(t = 1, 2, 3, 4, 5)$。

③主因素集模糊综合评判。将子因素 U_i 作为一个单独的风险因素，用 B_i 代表子因素 U_i 的单因素评价，从而可以得出主因素 U 的风险模糊评价隶属矩阵，用 $R = (B_1, B_2, \cdots, B_m)^T$ 表示，U_i 对 U 的权重为 $A = (a_1, a_2, \cdots, a_m)$，于是可以得到主因素集模糊综合评价结果：

$$B = A \cdot R = (a_1, a_2, \cdots, a_m) \cdot (B_1, B_2, \cdots, B_m)^T = (b_1, b_2, \cdots, b_m)$$

B 代表种业"走出去"风险最终评价结果，其元素 $b_t(t = 1, 2, 3, 4, 5)$ 称为模糊综合评价指标，含义为将种业"走出去"面临的所有风险因素的可能影响纳入考虑范围时，风险评价集中第 t 个风险评价等级的隶属度。

④模糊综合评价结果的处理。种业"走出去"风险评价结果可按两种方法进行处理：一是模糊分布法。这种方法直接把种业"走出去"风险评价指标作为最终评价结果。二是最大隶属度法。该方法仅考虑最大评价指标的贡献，即取最大的模糊综合评价指标 $\max\{b_t\}$ 相对应的评价元素作为种业"走出去"的风险等级。

（3）第三步：实证分析及结果

由于技术进步和市场融合，跨国种子企业纷纷利用技术和资本优势抢占中国市场；同时，受国内农业生产资料、劳动力等投入品价格持续上涨，以及耕地面积和资源环境的约束，中国种业发展亟须挖掘比较优势，主动参与国际分工、合作和竞争，利用全球资源来化解内部困境。双边外交关系稳固、农业资源丰富的巴基斯坦是中国种业"走出去"重要的目标市场，中巴经济走廊建设更为双边种业合作提供了难得的发展契机。因此，本研究对企业赴巴基斯坦开展种业投资的风险进行评价。

①建立风险评价因素集。依据表4-13，可以得到种业"走出去"风险评价主因素集 $U = \{U_1, U_2, \cdots, U_5\}$，$U_1 =$ 政治法律风险；$U_2 =$ 市场风险；$U_3 =$ 财务风险；$U_4 =$ 技术及管理风险；$U_5 =$ 自然风险。子因素集为：$U_1 = \{U_{11}, U_{12}, U_{13}, U_{14}\}$，$U_2 = \{U_{21}, U_{22}, U_{23}\}$，$U_3 = \{U_{31}, U_{32}, U_{33}\}$，$U_4 = \{U_{41}, U_{42}, U_{43}\}$，$U_5 = \{U_{51}, U_{52}, U_{53}, U_{54}\}$。

②建立风险模糊评价集。按照风险发生的概率和危害程度，本研究将巴基斯坦种业投资风险划分为 5 个等级：$V = \{v_1, v_2, v_3, v_4, v_5\}$，即 $V = \{$低风险，较低风险，中风险，较高风险，高风险$\}$，其具体含义见表4-15。

表 4-15 风险等级分类

危害 概率	高	中	低
高	高风险	较高风险	中等风险
中	较高风险	中等风险	较低风险
低	中等风险	较低风险	低风险

③确立各风险因素权重。为保证风险评价的可靠性和科学性，必须科学设置各风险因素的权重。本研究采用"德尔菲法+层次分析法"确定风险因素权重。根据评价工作需要，设置学历、职称、工作经历、职业道德素养、社会影响等筛选条件，从农业对外经济合作、种业国际合作企业、农业经济、国际贸易、农业政策法规等领域聘请专家，组建评估小组。根据专家对表 1 的评价结果，构建主因素判断矩阵如下：

$$H = \begin{bmatrix} 1 & 3 & 6 & 5 & 4 \\ 1/3 & 1 & 4 & 3 & 2 \\ 1/6 & 1/4 & 1 & 1/2 & 1/3 \\ 1/5 & 1/3 & 2 & 1 & 1/2 \\ 1/4 & 1/2 & 3 & 2 & 1 \end{bmatrix}$$

求得主因素权重：$A = (0.4904, 0.2264, 0.0558, 0.0867, 0.1407)$。

利用 HA 计算其最大特征值，求得结果为 $\lambda_{max} = 5.0988$，$CI = 0.0247$，$RI = 1.12$，因此，随机一致性比率 $CR = 0.0221 < 0.10$，则可以认为判断矩阵具有可以接受的一致性。

同理，可计算出各子因素集权重：政治法律风险各子因素风险集权重 $A_1 = (0.4673, 0.2772, 0.1601, 0.0954)$；市场风险各子因素风险集权重 $A_2 = (0.2857, 0.1429, 0.5714)$；财务风险各子因素风险集权重 $A_3 = (0.1220,$

0.6483，0.2297）；技术及管理风险各子因素风险集权重 A_4 =（0.5396，0.1634，0.2970）；自然风险各子因素风险集权重 A_5 =（0.5495，0.2389，0.1466，0.0650）。

④风险因素的模糊综合评价。根据专家对指标体系中每一种风险因素的各个评价指标的评价结果，得出各指标对应各风险评价等级隶属度，具体评价结果见表 4-16。

表 4-16　　　　　　　　　专家对风险因素的模糊综合评价结果

因素 \ 等级		V_1		V_2		V_3		V_4		V_5	
		人数	比例	人数	比例	人数	比例	人数	比例	人数	比例
U_1	u_{11}	0	0	4	0.4	5	0.5	1	0.1	0	0
	u_{12}	0	0	6	0.6	4	0.4	0	0	0	0
	u_{13}	0	0	2	0.2	4	0.4	4	0.4	0	0
	u_{14}	0	0	6	0.6	3	0.3	1	0.1	0	0
U_2	u_{21}	0	0	0	0	5	0.5	4	0.4	1	0.1
	u_{22}	0	0	0	0	0	0	7	0.7	3	0.3
	u_{23}	0	0	0	0	6	0.6	3	0.3	1	0.1
U_3	u_{31}	0	0	4	0.4	5	0.5	1	0.1	0	0
	u_{32}	0	0	1	0.1	3	0.3	5	0.5	1	0.1
	u_{33}	0	0	2	0.2	5	0.5	3	0.3	0	0
U_4	u_{41}	1	0.1	4	0.4	4	0.4	1	0.1	0	0
	u_{42}	0	0	3	0.3	5	0.5	2	0.2	0	0
	u_{43}	0	0	1	0.1	6	0.6	3	0.3	0	0
U_5	u_{51}	0	0	7	0.7	2	0.2	1	0.1	0	0
	u_{52}	0	0	6	0.6	3	0.3	1	0.1	0	0
	u_{53}	0	0	0	0	2	0.2	5	0.5	3	0.3
	u_{54}	0	0	5	0.5	4	0.4	1	0.1	0	0

根据表 4-16，得出各指标对应的风险评价等级隶属矩阵：

$$R_1 = \begin{bmatrix} 0 & 0.4 & 0.5 & 0.1 & 0 \\ 0 & 0.6 & 0.4 & 0 & 0 \\ 0 & 0.2 & 0.4 & 0.4 & 0 \\ 0 & 0.6 & 0.3 & 0.1 & 0 \end{bmatrix}, \qquad R_2 = \begin{bmatrix} 0 & 0 & 0.5 & 0.4 & 0.1 \\ 0 & 0 & 0 & 0.7 & 0.3 \\ 0 & 0 & 0.6 & 0.3 & 0.1 \end{bmatrix},$$

$$R_3 = \begin{bmatrix} 0 & 0.4 & 0.5 & 0.1 & 0 \\ 0 & 0.1 & 0.3 & 0.5 & 0.1 \\ 0 & 0.2 & 0.5 & 0.3 & 0 \end{bmatrix}, \qquad R_4 = \begin{bmatrix} 0.1 & 0.4 & 0.4 & 0.1 & 0 \\ 0 & 0.3 & 0.5 & 0.2 & 0 \\ 0 & 0.1 & 0.6 & 0.3 & 0 \end{bmatrix},$$

$$R_5 = \begin{bmatrix} 0 & 0.7 & 0.2 & 0.1 & 0 \\ 0 & 0.6 & 0.3 & 0.1 & 0 \\ 0 & 0 & 0.2 & 0.5 & 0.3 \\ 0 & 0.5 & 0.4 & 0.1 & 0 \end{bmatrix}$$

利用公式 $B_i = A_i \cdot R_i (i = 1, 2, 3, 4, 5)$ 构建以下模糊评价：

政治法律风险的模糊综合评价结果：

$$B_1 = A_1 \cdot R_1 = (0.4673, 0.2772, 0.1601, 0.0954) \cdot \begin{bmatrix} 0 & 0.4 & 0.5 & 0.1 & 0 \\ 0 & 0.6 & 0.4 & 0 & 0 \\ 0 & 0.2 & 0.4 & 0.4 & 0 \\ 0 & 0.6 & 0.3 & 0.1 & 0 \end{bmatrix}$$

$$= (0, 0.4425, 0.4372, 0.1203, 0)$$

同理，可计算得出市场风险、财务风险、技术及管理风险和自然风险的模糊综合评价结果，分别为：$B_2 = (0, 0, 0.4857, 0.3857, 0.1286)$；$B_3 = (0, 0.1596, 0.3703, 0.4053, 0.0648)$；$B_4 = (0.0540, 0.2946, 0.4757, 0.1757, 0)$；$B_5 = (0, 0.5605, 0.2369, 0.1586, 0.0440)$。

接下来，利用公式 $B = A \cdot R$ 构建二级模糊综合评价矩阵，其中 A 为主因素权重，$R = (B_1, B_2, B_3, B_4, B_5)^\mathrm{T}$。于是，通过计算可得出巴基斯坦种业投资风险的模糊综合评价结果：

$$B = (0.4904, 0.2264, 0.0558, 0.0867, 0.1407) \cdot \begin{bmatrix} 0 & 0.4425 & 0.4372 & 0.1203 & 0 \\ 0 & 0 & 0.4857 & 0.3857 & 0.1286 \\ 0 & 0.1596 & 0.3703 & 0.4053 & 0.0648 \\ 0.0540 & 0.2946 & 0.4757 & 0.1757 & 0 \\ 0 & 0.5605 & 0.2369 & 0.1586 & 0.0440 \end{bmatrix}$$

= （0.0047，0.3303，0.4196，0.2065，0.0389）

依据前文对种业"走出去"风险等级的划分，可得到如表 4-17 所示的评价结果。

表 4-17　　　　　　　　　　　　　风险评价结果

风险程度	低风险	较低风险	中等风险	较高风险	高风险
隶属度	0.0047	0.3303	0.4196	0.2065	0.0389

⑤风险评价结果分析。依据上述风险模糊综合评价结果，从最大隶属度原则来看，巴基斯坦种业投资从整体上来看存在中等风险的可能。从模糊分布来看，有大约 75.46%的专家认为该国投资风险不大（其中，0.47%的专家认为风险很低，33.03%的专家认为风险较低，41.96%的专家认为存在中等风险），而大约 24.54%的专家认为该国种业投资存在重大风险（其中，20.65%的专家认为风险较高，3.89%的专家认为风险很高）。从上述模糊评价结果来看，中国企业在巴基斯坦开展种业投资的综合风险不大，企业可从提高国际竞争力、加强内部管理以及人才培养等方面，将风险控制在可承受范围之内。

得出上述结论，除了本研究具有一定的主观性和局限性之外，可能还存在以下几方面的原因：第一，中巴传统友谊稳固。中巴政治外交友好关系稳定，几乎未曾发生政治法律风险。中国企业到巴基斯坦开展种业投资，政治法律方面的风险显然比其他区域要低。第二，中巴经济走廊建设为双边产业合作奠定了重要基础，也为种业投资创造了较好的经济环境，增强了投资者的信心和动力。第三，中巴种业发展的互补性强。中国与巴基斯坦在种业技术和市场上互为补充、相得益彰，中国对巴基斯坦种业具有长期投资价值和潜力。

4.3　种业"走出去"典型区域：东盟

中国与东盟地缘相近、人文相通，是区域合作和睦邻友好的典范。2021 年11 月，在中国-东盟建立对话关系 30 周年纪念峰会上，双方领导人共同宣布中国-东盟由"战略伙伴关系"升级为"全面战略伙伴关系"，这是双方关系史上新的里程碑。30年来，中国与东盟经贸合作日益密切，贸易规模不断扩大，相互投资蓬勃发展。1991年双方贸易额为79.6亿美元，2021年达到8782亿美元，扩大了109倍多。中国自2009年起连续13年成为东盟第一大贸易伙伴，2020年东盟跃升至中国第一大贸易伙伴，至此形成了中国与东盟互为第一大贸易伙伴的良好局面。

中国是传统的农业大国，东盟大多数国家也将农业视为立国之本。种子是农业赖以延续和发展的基础，也是农业技术进步的重要载体，对稳定农业生产和保障粮食安全具有决定性作用。种子贸易是中国与东盟农业合作的重要组成部分，为双方粮食安全发挥着不可替代的支撑作用。由于人口增长、气候变化和耕地减少，全球粮食安全形势日趋严峻。新冠疫情引发部分国家或地区采取限制粮食出口等措施，俄乌冲突导致全球农作物播种总面积减少、粮食供给受阻，或将引爆全球粮食危机。因此，中国与东盟加强种业合作，不仅可以共同提高粮食安全保障水平，还可以推动区域内种业及农业资源的优化配置与农产品市场融合，带动经贸合作再上新台阶，也有利于把全面战略伙伴关系落到实处，构建更加紧密的中国-东盟命运共同体。

4.3.1 中国与东盟种子贸易概况

2010年中国-东盟自贸区正式全面启动，双边种子贸易也得以快速发展。如图4-4所示，从2010年到2020年，中国与东盟种子贸易额由14496.80万美元增长到66069.52万美元，年均增长率为14.78%；中国与东盟种子贸易额占中国种子进出口总额的比率从0.52%上升到13.20%，占东盟种子进出口总额的比率从15.23%上升到31.76%；中国对东盟种子出口额占中国种子出口总额的比率从8.99%上升到12.67%，东盟对中国种子出口额占东盟种子出口总额的比率从27.17%上升到55.27%。中国与东盟种子贸易规模持续增长，相互依存度越来越高。

从种子出口品类来看，中国主要出口蘑菇菌丝、蔬菜种子、种用稻谷等，而东盟则主要出口蔬菜种子、种用玉米、脱荚干豆、蘑菇菌丝等。从出口市场分布来看，中国种子出口主要集中在东亚、东南亚、东欧以及美国和非洲部分国家，

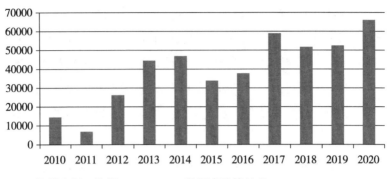

资料来源：依据 UN Comtrade 数据库计算整理。

图 4-4 2010—2020 年中国与东盟双边种子贸易额（单位：万美元）

东盟种子出口主要流向东亚、南亚、西亚以及美国、荷兰等地（表 4-18）。中国和东盟的种子出口类别、市场分布既有相似性也有差异性，为双方深化种业合作、挖掘种子贸易潜力提供了基础和空间。

表 4-18 **2020 年中国与东盟种子主要出口市场分布**

中　　　国		东　　　盟	
品类	主要市场分布	品类	主要市场分布
蘑菇菌丝	韩国、美国、荷兰、越南、日本	蔬菜种子	中国、荷兰、巴基斯坦、印度、美国
蔬菜种子	荷兰、韩国、美国、日本、意大利	种用玉米	印度、巴基斯坦、中国、厄瓜多尔、斯里兰卡
种用稻谷	巴基斯坦、菲律宾、越南、马达加斯加、尼日利亚	脱荚干豆	印度、阿拉伯、尼泊尔、美国、澳大利亚
草本花卉	荷兰、美国、日本、泰国、韩国	蘑菇菌丝	荷兰、美国、日本、阿拉伯、韩国
脱荚干豆	荷兰、日本、意大利、马来西亚、波兰	草本花卉	印度、荷兰、日本、中国、美国
种用玉米	越南、安哥拉、泰国、巴基斯坦	种用稻谷	中国、孟加拉国、法国、韩国、阿拉伯

4.3.2 中国与东盟种子贸易潜力

4.3.2.1 贸易竞争性分析

（1）Lafay指数。Lafay指数由于既包含出口数据，又包含进口数据，可以测算一个国家某类商品贸易的比较优势水平，同时也可表明其产业内贸易程度。Lafay指数的一般表达式如下：

$$LFI_i = \left\{ \left[\frac{X_i - M_i}{X_i + M_i} - \frac{\sum\limits_{i=1}^{n}(X_i - M_i)}{\sum\limits_{i=1}^{n}(X_i + M_i)} \right] \left[\frac{(X_i + M_i)}{\sum\limits_{i=1}^{n}(X_i + M_i)} \right] \right\} \times 100$$

其中，X_i、M_i分别为一国i种子的世界出口额、进口额，n为种子贸易总类别数。若LFI_i值为正，说明该国的i种子具备比较优势，且指数大小与其专业化程度成正比；若LFI_i值为负，则意味着该国的i种子不具备比较优势，专业化程度低。此外，当LFI_i值接近零值时，表示该国i种子以产业内贸易为主；若LFI_i值偏离零值，则该国i种子产业内贸易不占主导地位。

表4-19是2010—2020年中国出口种子的Lafay测算值。从中可知，蘑菇菌丝的Lafay指数明显高于其他类别，2020年达到最大值6.8258，且总体处于上升趋势，表明中国在蘑菇菌丝贸易中不仅存在显示性比较优势，且贸易量较大；蔬菜种子的Lafay指数在2012年达到高位值，之后逐渐下降，但尚未出现小于0的情况，表明其显示性比较优势在减弱，但仍有比较优势；种用稻谷的Lafay指数反复震荡，但整体均为正值，表明一直具备专业化优势，但贸易数量的稳定性较差；草本花卉种子的Lafay指数尽管一直为正，但数值不大，表明其比较优势不显著；脱荚干豆、种用玉米的Lafay指数有个别年份为负值，其他年份均为正值且趋近于0，表明这两类种子的产业内贸易程度较高，专业化优势较弱。

表4-19 **2010—2020年中国出口种子Lafay指数变动状况**

年份	蘑菇菌丝	蔬菜种子	种用稻谷	草本花卉	脱荚干豆	种用玉米
2010	0.6767	0.5118	0.4044	0.1043	0.0355	0.0016

续表

年份	蘑菇菌丝	蔬菜种子	种用稻谷	草本花卉	脱荚干豆	种用玉米
2011	0.5577	0.6217	0.4517	0.0908	0.0237	0.0038
2012	3.4747	4.9397	2.6624	0.4137	-2.1905	-1.7407
2013	3.8519	3.8139	1.7779	0.3439	-1.3916	-0.0137
2014	6.7482	3.8556	1.7032	0.1875	-0.3292	-0.0178
2015	3.9217	3.6334	1.8170	0.2449	-0.1509	0.0093
2016	4.7685	2.0081	2.6617	0.3780	0.0808	0.0194
2017	4.4756	1.9239	1.6801	0.1050	0.1603	0.0434
2018	4.6797	1.4662	1.8750	0.1314	0.0117	0.0331
2019	6.1401	0.8701	1.7755	0.0584	-0.6034	0.0307
2020	6.8258	0.7008	2.2482	0.2022	0.1438	0.0727

表 4-20 是 2010—2020 年东盟出口种子的 Lafay 指数测算值。其中，蔬菜种子和脱荚干豆的 Lafay 指数值较高，尤其是脱荚干豆在 2010—2012 年、2015—2016 年的 Lafay 指数均大于 10，表明东盟在这两类种子贸易上具备明显的专业化优势，产业内贸易程度较低；蘑菇菌丝的 Lafay 指数表现出持续下滑趋势，2020 年甚至为负值，表明专业化优势持续减弱，甚至可能逆转为劣势；种用稻谷的 Lafay 指数为负值，种用玉米的 Lafay 指数除 2017 年外均为负值，从指标含义看东盟在这两类作物种子贸易方面处于比较劣势，专业化程度不高，长期依赖进口，且用玉米的对外依存度更高；草本花卉的 Lafay 指数数值很小，但均为正值，表明其比较优势不显著，产业内贸易程度较高。

表 4-20　　2010—2020 年东盟出口种子的 Lafay 指数变动状况

年份	蘑菇菌丝	蔬菜种子	种用稻谷	草本花卉	脱荚干豆	种用玉米
2010	3.3644	3.3875	-5.0058	0.1002	13.6293	-26.4017
2011	3.6143	5.1201	-4.7358	0.3435	17.1730	-23.7298
2012	2.8318	3.9129	-2.3359	0.4542	10.0506	-15.4870
2013	2.5107	2.5982	-1.2513	0.3114	7.3552	-15.4479

年份	蘑菇菌丝	蔬菜种子	种用稻谷	草本花卉	脱荚干豆	种用玉米
2014	2.7611	3.8273	−2.0742	0.2343	8.7218	−17.0852
2015	1.6181	4.7869	−1.9486	0.1406	15.0502	−11.3275
2016	0.7422	1.7655	−3.2753	0.0265	14.5400	−10.9534
2017	0.3199	2.5120	−3.0623	0.0888	3.6861	5.6617
2018	0.8566	4.5209	−0.9572	0.1882	2.9966	−2.1667
2019	0.6389	3.4104	−1.9270	0.3840	5.7750	−8.6940
2020	−0.5893	2.9867	−3.6033	0.4200	3.9315	−10.5261

（2）出口相似度指数。出口相似度指数（ESI）适用于测算在国际市场上两个或是两组国家产品的出口相似性程度，并反映两国间出口贸易的竞争程度，其计算公式为：

$$\mathrm{ESI}_{ij} = \left\{ \sum_{k=0}^{n} \left[\left(\frac{X_{iw}^k / X_{iw} + X_{jw}^k / X_{jw}}{2} \right) \left(1 - \left| \frac{X_{iw}^k / X_{iw} - X_{jw}^k / X_{jw}}{X_{iw}^k / X_{iw} + X_{jw}^k / X_{jw}} \right| \right) \right] \right\} \times 100$$

其中，w 代表世界，n 为种子贸易种类数，X_{iw}^k / X_{iw}、X_{jw}^k / X_{jw} 分别是 i、j 两国的 k 类产品出口到国际市场的产品总额占该国对国际市场出口总额的比值。ESI_{ij} 取值范围为 0 ~ 100，ESI_{ij} 越大，则两国在国际市场的种子出口结构越一致，竞争程度越明显；反之，取值越小则竞争程度越弱。

通过表 4-21 可知，整体来看，中国与东盟种子出口相似度指数取值很低，均接近 0，表明中国与东盟种子出口结构差异较大，相互竞争程度较弱。从 2010 年到 2020 年，中国与东盟种子出口相似度指数从 0.0166 增长到 0.0460，表现出缓慢上升的趋势。这虽然表明竞争性有所加强，但从 ESI 指标本身的含义来看，这种增长非常微小。因此，中国与东盟种子贸易的竞争性较弱。

表 4-21　　　　　　　　中国与东盟种子出口相似度指数（一）

年份	2010	2011	2012	2013	2014	2015
ESI	0.0166	0.0173	0.0195	0.0197	0.0208	0.0190

年份	2016	2017	2018	2019	2020
ESI	0.0179	0.0177	0.0205	0.0187	0.0460

4.3.2.2　贸易互补性分析

（1）贸易互补性指数。贸易互补性指数（C_{ij}）常用来测算国家间同类产品贸易的互补水平，并评价其贸易关系的密切程度。该指数基于显示性比较优势指数得出，但又有所修正，其计算公式为：

$$C_{ij} = \mathrm{RCA}_{xi}^{k} \times \mathrm{RCA}_{mj}^{k}$$

$$\mathrm{RCA}_{xi}^{k} = (X_i^k / X_i) / (X_w^k / X_w)$$

$$\mathrm{RCA}_{mj}^{k} = (M_j^k / M_j) / (M_w^k / M_w)$$

其中，X 代表 i 国出口，M 代表 j 国进口，w 代表世界，C_{ij} 为 i、j 两国 k 类商品的贸易互补性指数。RCA_{xi}^{k} 为 i 国 k 类商品的显示性比较优势，X_i^k 为 i 国 k 类商品的出口总额，X_i 为 i 国的出口总额，X_w^k 为 k 类商品的世界出口总额，X_w 为所有商品的世界出口总额。RCA_{mj}^{k} 为 j 国 k 类商品的贸易比较劣势，M_j^k 为 j 国 k 类商品的进口总额，M_j 为 j 国的进口总额，M_w^k 为 k 类商品的世界进口总额，M_w 为所有商品的世界进口总额。通常以 1 为标准，当 $0 < C_{ij} < 1$ 时，表示 i、j 两国进出口商品类别的吻合度较低，贸易互补性较弱；当 $C_{ij} > 1$ 时，表示 i、j 间的贸易关系比较密切，贸易互补性较高。表 4-22 和表 4-23 分别是以中国和东盟为出口方计算的结果。

表 4-22　　**2010—2020 年中国出口与东盟进口的种子贸易互补性指数**

年份	蘑菇菌丝	蔬菜种子	种用稻谷	草本花卉	脱荚干豆	种用玉米	综合
2010	0.0095	0.0577	0.8550	0.0692	0.0765	0.0037	0.0313
2011	0.0091	0.0647	1.4004	0.0215	0.0989	0.0054	0.0282
2012	0.0078	0.0927	0.8608	0.0207	0.0606	0.0029	0.0829
2013	0.0100	0.0756	0.4080	0.0146	0.2177	0.0041	0.0904

续表

年份	蘑菇菌丝	蔬菜种子	种用稻谷	草本花卉	脱荚干豆	种用玉米	综合
2014	0.0208	0.0897	0.5390	0.0207	0.2016	0.0034	0.0955
2015	0.0180	0.0803	0.8124	0.0456	0.2138	0.0084	0.1213
2016	0.0217	0.0541	1.0031	0.0776	0.1048	0.0097	0.0924
2017	0.0248	0.0604	0.8195	0.0535	0.1863	0.0076	0.0850
2018	0.0265	0.0479	0.5924	0.0620	0.2874	0.0141	0.0952
2019	0.0272	0.0481	0.6936	0.0479	0.1490	0.0167	0.1082
2020	0.0126	0.0438	0.7632	0.0506	0.1459	0.0183	0.0973

表 4-23　　　**2010—2020 年东盟出口与中国进口种子贸易互补性指数**

年份	蘑菇菌丝	蔬菜种子	种用稻谷	草本花卉	脱荚干豆	种用玉米	综合
2010	0.0055	0.1088	0.0006	0.0412	5.5167	0.0013	0.7892
2011	0.0064	0.1166	0.0008	0.0693	13.2243	0.0010	0.6063
2012	0.0087	0.1218	0.0109	0.1789	42.6341	0.0025	0.1678
2013	0.0138	0.1154	0.0066	0.1233	33.0616	0.0016	0.2397
2014	0.0122	0.1480	0.0026	0.0828	14.7452	0.0015	0.2606
2015	0.0167	0.2196	0.0081	0.1365	18.0758	0.0017	0.3341
2016	0.0126	0.1377	0.0013	0.0855	6.3068	0.0054	0.2866
2017	0.0147	0.1791	0.0028	0.2307	4.5442	0.0122	0.2912
2018	0.0131	0.1801	0.0221	0.2657	8.8571	0.0173	0.2450
2019	0.0095	0.1693	0.0013	0.3545	15.5764	0.0108	0.2370
2020	0.0075	0.1477	0.0007	0.2907	3.8138	0.0043	0.2034

由表 4-22 可知，中国对东盟种子贸易的综合互补性指数较低，表明中国出口与东盟进口吻合度较低，种子贸易互补性较弱。种用稻谷在 2011 年、2016 年的贸易互补性指数大于 1，其余年份的互补性指数虽小于 1，但仍然较高，表明中国在用稻谷出口上还是具备一定的比较优势。从种子类别来看，除种用稻谷以外，其他类别种子在各个年份的贸易互补性指数均小于 1，特别是种用玉米的

贸易互补性指数在一些年份甚至接近 0，也表明在这些类别上中国出口与东盟进口种子的贸易互补性较弱。另外，随着时间推移，蘑菇菌丝、脱荚干豆和种用玉米的贸易互补性指数在缓慢上升，草本花卉、蔬菜种子和种用稻谷基本保持稳定，表明中国出口与东盟进口的种子贸易互补性也是稳中有升。

如表 4-23 所示，东盟对中国种子贸易的综合贸易互补性指数互补性较低，且有缓慢下降趋势。从脱荚干豆来看，贸易互补性指数均大于临界值 1，甚至在 2011—2015 年连续 5 年都超过 10，表明东盟出口与中国进口有很强的互补性，东盟的脱荚干豆符合中国进口需求，在中国占有较大市场份额；从草本花卉和蔬菜种子来看，东盟与中国的互补性指数呈持续缓慢升高态势，表明贸易匹配度在增强，但互补性仍然较弱；其他类别的种子贸易，尤其是种用稻谷、种用玉米的贸易互补性指数一直接近 0，表明贸易吻合度极低，互补性极小。

（2）产业内贸易指数。国际贸易理论中将一国既出口又进口同种商品描述为产业内贸易，而产业内贸易指数可用于测算中国与东盟种子贸易的产业内贸易状况，具体公式如下：

$$GL_i = 1 - |X_i - M_i| / (X_i + M_i)$$

其中，X_i、M_i 分别表示 i 类产品的出口额、进口额。GL_i 取值范围为 0 至 1，当 $0 < GL_i < 0.5$ 时，代表两国贸易以产业间贸易为主；当 $0.5 < GL_i < 1$ 时，则代表两国贸易以产业内贸易为主。从 2010 年到 2020 年，中国与东盟种子产业内贸易指数呈波动上升态势（图 4-5）。从产业内贸易指数数值来看，2010 年、2011 年基本接近 0，自 2012 年起显著上升，2019 突破临界值 0.5，在 2020 年达到最高值 0.57。总体而言，中国与东盟种子贸易已经由产业间贸易转型为产业内贸易，表明双方种子产业分工与专业化合作水平不断提升，供需匹配度较高。

4.3.2.3 贸易增长潜力分析

（1）贸易强度指数。贸易强度指数常用来测算两国之间贸易联系的密切程度。本书用以测算中国与东盟种子贸易的密切程度，并基于此评价中国与东盟种子贸易的增长潜力。其计算公式如下：

$$TII_{ij} = \frac{X_{ij} / X_{iw}}{M_{jw} / (M_{ww} - M_{iw})}$$

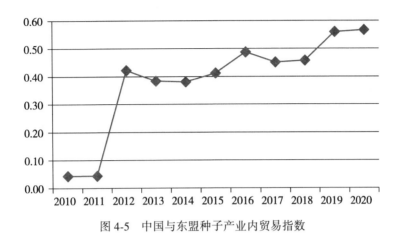

图 4-5 中国与东盟种子产业内贸易指数

其中，M_{jw}、M_{ww} 和 M_{iw} 分别代表 j 国、世界和 i 国种子贸易的进口额，TII_{ij} 表示 i 国对 j 国的种子贸易强度；X_{ij} / X_{iw} 表示 i 国种子对 j 国出口额占 i 国种子对世界出口总额的比例。当 $TII_{ij} < 1$ 时，表明两国的种子贸易联系较弱；当 $TII_{ij} > 1$，则表明两国的种子贸易联系较强。

从表 4-24 可以看出，2010 年、2011 年东盟对中国的 强度 指数小于 1；在其他年份，无论是中国对东盟的贸易强度指数，还是东盟对中国的贸易强度指数，均超过临界值 1，表明中国与东盟种子贸易联系强度很高。此外，自 2010 年以来，中国对东盟的种子贸易强度指数呈波动下降之势。东盟对中国的种子贸易强度呈上升趋势，且除 2010 年、2011 年以外，强度 指数都较高，并在 2020 年达到最高值 6.6915。这表明东盟对中国种子出口的增长潜力较大。

表 4-24 　　　　　　　　　**中国与东盟双边种子贸易强度指数**

年份	中国对东盟种子贸易强度	东盟对中国种子贸易强度
2010	7.2064	0.7650
2011	5.8890	0.1393
2012	2.5507	5.4278
2013	1.6602	6.6287

续表

年份	中国对东盟种子贸易强度	东盟对中国种子贸易强度
2014	7. 6518	3. 4668
2015	3. 0290	3. 0666
2016	2. 8888	4. 7717
2017	2. 7792	6. 6790
2018	3. 6269	5. 6961
2019	3. 2783	5. 8876
2020	4. 2990	6. 6915

（2）修正贸易潜力估计指数。基于进一步研究中国与东盟种子贸易潜力的目的，采用修正贸易潜力估计指数，对 2010—2020 年中国与东盟种子贸易潜力进行估计。其公式如下：

$$TP_{ij} = [\min(X_i, M_j) - X_{ij}]$$

其中，TP_{ij} 代表中国与东盟种子贸易潜力，X_i 表示中国种子出口总额，M_j 表示东盟种子进口总额，X_{ij} 表示中国对东盟种子出口额。

从表 4-25 可知，不管是中国对东盟的种子贸易潜力，还是东盟对中国的种子贸易潜力，整体上都表现出增长趋势。从 2010 年到 2020 年，中国对东盟种子贸易潜力增长了 89.59%，东盟对中国种子贸易潜力也增长了 57.14%，双边种子贸易潜力增长很快。

表 4-25 **2010—2020 年中国与东盟种子贸易潜力**

年份	中国对东盟种子贸易潜力	东盟对中国种子贸易潜力
2010	5. 4336	2. 4470
2011	6. 5802	3. 2936
2012	8. 1315	3. 1821
2013	9. 0123	3. 3128
2014	8. 7887	3. 7433
2015	9. 3592	4. 5221

年份	中国对东盟种子贸易潜力	东盟对中国种子贸易潜力
2016	9.0119	4.6874
2017	9.0606	3.2590
2018	9.5147	3.1087
2019	9.8469	3.8936
2020	10.3016	3.8924

4.3.2.4 结论与建议

(1) 研究结论

第一,中国与东盟种子贸易竞争性较弱。从 Lafay 指数来看,中国在蔬菜种子、蘑菇菌丝、种用稻谷等领域具有贸易优势,东盟在种用脱荚干豆、蔬菜种子等领域具有贸易优势。虽然在蔬菜种子优势上有所重叠,但中国与东盟蔬菜种子的市场分布各有侧重,并不会形成直接竞争关系。依据出口相似度指数,中国和东盟在世界种子市场 ESI 值都不超过 0.04,双方种子贸易的竞争性也较弱。

第二,中国与东盟种子贸易互补性逐步增强。由贸易互补性指数可知,中国出口种子与东盟进口种子的吻合度较低,但总体上处于缓慢上升状态,互补性缓慢上升;东盟出口种子与中国进口种子的互补性较低,且有缓慢下降的趋势,但贸易匹配度却在增加。中国与东盟在种子贸易类别上各有强弱,从而形成结构性优势差异,彼此之间互为需求。从产业内贸易指数来看,种子贸易从产业间贸易转型为产业内贸易,表明双方种子贸易合作关系日趋成熟,产业分工和资源配置合更加合理,种子贸易互补合作还有较大发展空间。

第三,中国与东盟种子贸易增长潜力较大。从贸易强度指数看,中国与东盟种子贸易联系非常紧密,尤其东盟对中国种子出口增长潜力较大。从修正贸易潜力估计指数来看,中国与东盟种子贸易增长潜力整体上也处于上升趋势,也表明中国与东盟种子贸易仍有较大增长潜力。中国与东盟种子贸易的竞争性较弱、互补性逐步增强,意味着双方种子贸易增长潜力更大。

(2) 发展建议

第一，挖掘种子贸易新潜力。种子在某种程度上属于季节性商品，种子贸易具有显著的阶段性特征。为了实现种子贸易的可持续发展，中国与东盟可以延伸种子产业链，探索"种子+"贸易模式。比如，中国高产型杂交水稻种植需要配套的农业机械，东盟进口中国种子可以采用"种子+农业机械"贸易模式。"种子+"贸易模式可以带动农机、农资等种业关联产业走出去，为中国与东盟种子贸易发现新机遇、探索新路径、挖掘新潜力。

第二，细分种子贸易领域。中国与东盟农业资源环境差异很大，对作物品类特征特性的要求也不尽相同。为了提高种业"走出去"效率，通过对比中国与东盟主要作物的种植面积、单位面积产量、总产量等数据，分析同类作物的产量差异及增产潜力，可以选定适合种业"走出去"的作物类型及配套技术领域，从而针对性开展新品种试验示范，依据作物类别、种子销售量、市场规模等指标制定切实可行的种业"走出去"目标，并细分种子贸易发展领域。

第三，构建"走出去"长效合作机制。针对中国与东盟种子贸易发展现状，结合双方种业及农业发展需求，将共同利益观、可持续发展观、国际权力观、全球治理观等人类命运共同体理念，运用到种质资源收集、新品种选育、品种审定测试、市场化运营等种业研发流程，建立种质资源共享机制、联合育种机制、品种认证认可机制和知识产权协调机制，构建权益对等、标准统一、交互认证、双边协调的长效合作机制。

4.3.3 种业对外投资风险识别与评价——以 HS 公司东盟投资项目为例

HS 公司自 2007 年完成改制后，积极实施农业"走出去"战略，先后在东南亚和非洲部分国家建立了国际种子试验基地。公司注重科研技术投入，拥有 30 余名技术人员常年在国外开展新品种的选育、试验、示范，进行交叉、巡回育种。公司已培育出享有自主知识产权的品种 28 个，拥有独家开发权的品种 37 个，拥有海外注册品种 15 个，正在国外参加国家试验的品种 20 多个。公司注重品种海外市场拓展，种子出口量连续多年名列国内同行业出口前列。

HS 公司在国家农业"走出去"战略的背景下，根据企业发展战略需要，为进一步开拓国际市场，拟到东盟 X 国进行种业投资，利用 X 国农业资源开展新品种的选育、试验和示范活动，从而进一步提高企业在东南亚各国的市场竞争力。为保障投资项目的顺利进行，公司聘请了 10 位农业投资相关领域的专家学者，对公司到 X 国开展种业投资活动可能面临的各类风险进行综合考察和分析。这一部分，仍将采用模糊层次分析方法（F-AHP）对 HS 公司前往 X 国开展种业投资活动进行风险评价。

（1）构建风险评价指标体系。HS 公司前往 X 国开展种业投资活动面临的风险影响因素众多，本研究在选取类别时从系统性、可操作性出发，经过查阅、学习相关风险预警文献，总结了两级 21 个风险影响因素，其中一级指标 5 个，二级指标 16 个，具体风险评价指标体系的递进层次结构如表 4-26 所示。

表 4-26 东盟种业投资风险评价指标体系

评价目标层	主 准 则 层	分 准 则 层
	风险评价主因素	风险评价子因素
东盟农业投资风险	政治风险 U_1	政局变动风险 u_{11}
		东道国农业保护主义风险 u_{12}
		战争风险 u_{13}
	经济风险 U_2	金融危机风险 u_{21}
		融资风险 u_{22}
		农业政策风险 u_{23}
	人力风险 U_3	农业技术风险 u_{31}
		农业人才风险 u_{32}
		农业劳动力风险 u_{33}
	自然风险 U_4	洪涝风险 u_{41}
		干旱风险 u_{42}
		病虫害风险 u_{43}
		森林火灾风险 u_{44}
	决策风险 U_5	社会文化差异风险 u_{51}
		市场竞争风险 u_{52}
		成本变化风险 u_{53}

对该公司投资东盟种业风险评价而言，风险评价主因素集 $U = \{U_1,$ $U_2, \cdots, U_5\}$，$U_1 =$ 政治风险；$U_2 =$ 经济风险；$U_3 =$ 人力风险；$U_4 =$ 自然风险；$U_5 =$ 决策风险。

子因素集为：

$$U_1 = \{U_{11}, U_{12}, U_{13}\} \qquad\qquad U_2 = \{U_{21}, U_{22}, U_{23}\}$$

$$U_3 = \{U_{31}, U_{32}, U_{33}\} \qquad\qquad U_4 = \{U_{41}, U_{42}, U_{43}, U_{44}\}$$

$$U_5 = \{U_{51}, U_{52}, U_{53}\}$$

（2）建立风险模糊评价集。根据东盟种业投资风险实际情况及风险评价的要求，将风险程度划分为5个等级：$V = \{v_1, v_2, v_3, v_4, v_5\}$，即 $V = \{$无风险，轻风险，中风险，重风险，高风险$\}$，风险变动范围为[0 1]，对应的各等级风险区间为 $[0, 0.2]$、$(0.2, 0.4]$、$(0.4, 0.6]$、$(0.6, 0.8]$ 和$(0.8, 1]$，同时借鉴中国经济预警方式分别选取绿、蓝、黄、橙、红作为风险等级 $v_1 \sim v_5$ 的预警指示。

（3）确立各风险因素权值。专家们对上述递进层级化风险因素指标体系进行评价。

首先，主因素判断矩阵可构建如下：

$$主因素判断矩阵，H = \begin{bmatrix} 1 & 3 & 5 & 7 & 4 \\ 1/3 & 1 & 4 & 5 & 2 \\ 1/5 & 1/4 & 1 & 5 & 1/3 \\ 1/7 & 1/5 & 1/5 & 1 & 1/5 \\ 1/4 & 1/2 & 3 & 5 & 1 \end{bmatrix}$$

其次，运用和积法处理判断矩阵 H，求得主因素权重为：

$$A = (0.471, 0.233, 0.099, 0.038, 0.159)$$

最后，利用 HA 计算其最大特征值，求得结果为 $\lambda_{max} = 5.395$，CI $= 0.099$，RI $= 1.12$，因此，随机一致性比率 CR $= 0.08 < 0.10$，则可以认为判断矩阵具有可以接受的一致性。

同理，可计算出各子因素集权重：

政治风险各子因素风险集权重：$A_1 = (0.524, 0.283, 0.193)$

经济风险各子因素风险集权重：$A_2 = (0.275, 0.173, 0.157)$

人力风险各子因素风险集权重：$A_3 = (0.355, 0.317, 0.227)$

自然风险各子因素风险集权重：$A_4 = (0.213, 0.147, 0.317, 0.323)$

决策风险各子因素风险集权重：$A_5 = (0.254, 0.148, 0.306)$

（4）风险因素的模糊综合评价。10 位专家学者对该投资项目中每一风险因素的各个评价指标进行评价，得出各指标对应各风险评价等级隶属度，具体评价结果汇总见表 4-27。

表 4-27　　　　　　　　　　专家对风险因素的模糊综合评价结果

等级 因素		V_1		V_2		V_3		V_4		V_5	
		人数	比例	人数	比例	人数	比例	人数	比例	人数	比例
U_1	u_{11}	0	0	0	0	1	0.1	4	0.4	5	0.5
	u_{12}	0	0	2	0.2	6	0.6	2	0.2	0	0
	u_{13}	0	0	0	0	3	0.3	5	0.5	2	0.2
U_2	u_{21}	0	0	2	0.2	5	0.5	3	0.3	0	0
	u_{22}	1	0.1	6	0.6	2	0.2	1	0.1	0	0
	u_{23}	2	0.2	4	0.4	4	0.4	0	0	0	0
U_3	u_{31}	0	0	1	0.1	3	0.3	5	0.5	1	0.1
	u_{32}	0	0	2	0.2	6	0.6	2	0.2	0	0
	u_{33}	0	0	1	0.1	7	0.7	2	0.2	0	0
U_4	u_{41}	0	0	7	0.7	2	0.2	1	0.1	0	0
	u_{42}	1	0.1	5	0.5	1	0.1	2	0.2	1	0.1
	u_{43}	0	0	1	0.1	4	0.4	5	0.5	0	0
	u_{44}	0	0	1	0.1	3	0.3	4	0.4	2	0.2
U_5	u_{51}	0	0	1	0.1	2	0.2	5	0.5	2	0.2
	u_{52}	0	0	2	0.2	4	0.4	3	0.3	1	0.1
	u_{53}	0	0	0	0	2	0.2	4	0.4	4	0.4

根据表 4-27，得到模糊矩阵：

$$R_1 = \begin{bmatrix} 0 & 0 & 0.1 & 0.4 & 0.5 \\ 0 & 0.2 & 0.6 & 0.2 & 0 \\ 0 & 0 & 0.3 & 0.5 & 0.2 \end{bmatrix} \qquad R_2 = \begin{bmatrix} 0 & 0.2 & 0.5 & 0.3 & 0 \\ 0.1 & 0.6 & 0.2 & 0.1 & 0 \\ 0.2 & 0.4 & 0.4 & 0 & 0 \end{bmatrix}$$

$$R_3 = \begin{bmatrix} 0 & 0.1 & 0.3 & 0.5 & 0.1 \\ 0 & 0.2 & 0.6 & 0.2 & 0 \\ 0 & 0.1 & 0.7 & 0.2 & 0 \end{bmatrix} \qquad R_4 = \begin{bmatrix} 0 & 0.7 & 0.2 & 0.1 & 0 \\ 0.1 & 0.5 & 0.1 & 0.2 & 0.1 \\ 0 & 0.1 & 0.4 & 0.5 & 0 \\ 0 & 0.1 & 0.3 & 0.4 & 0.2 \end{bmatrix}$$

$$R_5 = \begin{bmatrix} 0 & 0.1 & 0.2 & 0.5 & 0.2 \\ 0 & 0.2 & 0.4 & 0.3 & 0.1 \\ 0 & 0 & 0.2 & 0.4 & 0.4 \end{bmatrix}$$

于是，利用公式 $B_i = A_i \cdot R_i (i = 1, 2, 3, 4, 5)$ 构建以下模糊评价。

政治风险的模糊综合评价结果：

$$B_1 = A_1 \cdot R_1 = (0.524, 0.283, 0.193) \cdot \begin{bmatrix} 0 & 0 & 0.1 & 0.4 & 0.5 \\ 0 & 0.2 & 0.6 & 0.2 & 0 \\ 0 & 0 & 0.3 & 0.5 & 0.2 \end{bmatrix}$$

$$= (0, 0.057, 0.28, 0.363, 0.301)$$

同理，可计算得出经济风险、人力风险、自然风险和决策风险的模糊综合评价结果，分别是：

$$B_2 = (0.115, 0.501, 0.287, 0.097, 0)$$

$$B_3 = (0, 0.135, 0.61, 0.241, 0.014)$$

$$B_4 = (0.015, 0.287, 0.281, 0.338, 0.079)$$

$$B_5 = (0, 0.131, 0.282, 0.407, 0.18)$$

接下来，利用公式 $B = A \cdot R$ 构建二级模糊综合评价矩阵，其中 A 为主因素权重，$R = (B_1, B_2, B_3, B_4, B_5)^{\mathrm{T}}$

于是，通过计算可得到 HS 公司前往东盟 X 国开展种业投资活动的风险模糊综合评价结果：

$$B = (0.471, 0.233, 0.099, 0.038, 0.159) \cdot \begin{bmatrix} 0 & 0.057 & 0.28 & 0.363 & 0.301 \\ 0.115 & 0.501 & 0.287 & 0.097 & 0 \\ 0 & 0.135 & 0.61 & 0.241 & 0.014 \\ 0.015 & 0.287 & 0.281 & 0.338 & 0.079 \\ 0 & 0.131 & 0.282 & 0.407 & 0.18 \end{bmatrix}$$

$$= (0.027, 0.189, 0.315, 0.295, 0.175)$$

风险评价结果依据前文对风险的划分得到如下判断，具体结果见表4-28。

表4-28   **风险评价结果**

风险程度	无风险	轻风险	中风险	重风险	高风险
隶属度	0.027	0.189	0.315	0.295	0.175
预警指示	绿灯	蓝灯	黄灯	橙灯	红灯

（5）风险评价结果分析。依据上述风险模糊综合评价结果，从最大隶属度原则看，聘请的相关专家学者认为HS公司前往东盟X国开展种业投资存在中等和重大风险的可能。从模糊分布来看，有大约21.6%的专家学者认为该东盟种业投资项目风险不大（其中2.7%的专家学者认为无风险，18.9%的专家学者认为存在轻微风险），而大约80%专家学者认为东盟种业投资项目存在较大风险（其中，中风险31.5%，重风险29.5%，高风险17.5%）。从上述模糊评价结果来看，HS公司前往东盟X国开展种业投资存在较大风险。

得出上述结果，除了本研究具有一定主观性和局限性外，可能还存在下面几个方面的原因：

其一，中国与东盟个别国家对部分领土主权存在分歧，影响两国国际关系，进而波及中国企业在当地的经营环境。同时，东盟部分国家国内政局本身也不稳定，这些都会对东盟种业投资风险评价产生影响。然而，国际形势是在不断发展的，国际秩序也是在不断改善的。在中国与东盟全面经济合作框架下，中国高层领导多次走访东盟国家，与东盟国家合作关系不断改善，特别是在农产品贸易方面。所以，本研究对政治风险重要性估计可能略高。

其二，农产品特别是粮食作物品种生产种植存在一定地域局限性。企业投资东盟种业的过程中，除面临干旱、洪涝、病虫等传统自然风险外，还面临因国内培育的品种可能在东道国水土不服带来的风险，这不仅增大企业投资东盟种业的风险，同时可能限制种业"走出去"的步伐，进而影响国家层面上农业"走出去"战略的顺利实施。

5 种业"走出去"知识产权风险管理

5.1 问 题 梳 理

农作物种业是粮食产业的源头，是促进农业长期稳定发展、保障国家粮食安全的根本。中国种业发展为提高农业综合产能、保障农产品供给和促进农民增收做出了重要贡献，但整体发展水平与发达国家相比仍然存在较大差距。做大做强种业还面临诸多挑战，尤其是缺乏现代种业的研发体制和有效的知识产权保护措施。中国至今仍是未加入 1991 年文本的少数几个 UPOV 成员国之一，种业知识产权保护标准较低，致使种业侵权纠纷多、知识产权维权难、自主创新风险大，并对种业"走出去"和中国种业振兴形成严重掣肘。2022 年"中央一号"文件提出，要强化种业知识产权保护、全面实施种业振兴行动方案。

农作物种子的选育、生产和销售分别具有各自独特的地域适应性要求及成本差异，没有一个国家能够拥有一切所需的种源。为了提高运营效率和经济收益，各国种业依据比较优势参与国际分工，共同构成相互联系、相互依存的种业国际合作体系。育种创新需要引进全球种质资源，种子生产需要满足特定气候条件，育种成果需要开发全球种子市场，国际化发展是中国种业振兴必由之路。当前，中国种业在附加值较高的新兴领域处于全球产业链末端、价值链低端，种子进口量大、种源自给率低，并逐步形成进口依赖，从而产生种源"卡脖子"风险。因此，中国种业既要强化种源"卡脖子"技术攻关，优化以内循环为主体的创新链、产业链和价值链，也要遵循国际种业发展规律，主动融入全球种业大循环，构筑国际国内双循环相互促进的种业发展新格局。然而,知识产权制度是影响种子企业国际贸易和跨国投资的重要因素,一国国内的知识产权保护水平与外国投资之间存在正相关关系,特别是发展中国家法律、法规的颁布实施,为跨国种业公司在当地研发的植物新品种寻求知识产权保护提供了法律保障,使得跨国投资具有无限吸引力。只有运用和保护好知识产权,使之与种业创新良性互动,才能源源不断为种业发展提供驱动力。种业跨国企业一般都会围绕目标国知识产权保护水平选择市场和技术进入方式,并将知识产权当作种源"卡脖子"的主要工具。由于缺乏实质性派生品种保护制度,中国种业知识产权保护水平较低,既阻碍国外优势种源的及时引进,导致国内育种研发的急功近利和低水平重复,也限制国内优势种源"走出去",种业知识产权国际布局一直处于"低端锁定"状态。陈超认为应跟踪国际植物新品种保护联盟的发展和竞争动向,有选择性地实施品种权"走出去"战略。陈红等认为应加强植物新品种保护国际双边和多边合作,制定合理有效的交流政策。张琴认为种业"走出去"企业应做好风险防控,加强境外知识产权保护。

显然,知识产权已成为种业"走出去"无法回避的问题。种业国际竞争很大程度上是种业知识产权的竞争,种业"走出去"必将面临更多、更复杂的知识产权风险。如何管理种业"走出去"知识产权风险,成为中国种业振兴亟待破解的重要命题。

5.2 种业"走出去"知识产权风险的影响因素

农作物种业具有政治敏感度高、自然风险与技术风险叠加、供求弹性差异大等特殊属性。种业"走出去"既要受到本国育种创新能力和知识产权保护制度的约束,也要接受国外种业发展环境和知识产权保护制度的限制,还要遵循国际种业知识产权保护公约,必然面临全方位、多层次的种业知识产权风险。因此,识别风险影响因素是开展种业"走出去"知识产权风险研究的前提和基础。通过梳理相关文献,并结合专家组意见,本章对种业"走出去"知识产权风险的影响因素进行总结、概括和分类,并提取风险表征指标(表 5-1)。

表 5-1   种业"走出去"知识产权风险的主要影响因素及其表征指标

影响因素	表 征 指 标	指标选取来源
环境风险	知识产权制度差异	文海漓（2021）；方琳瑜等（2016）
	知识产权保护标准差异	刘介明、陈旭（2017）
	执法力度	刘介明、陈旭（2017）
	知识产权壁垒	方琳瑜等（2016）；文海漓（2021）
知识特性风险	知识产权地域性	辜凌云（2018）；易继明（2021）
	知识产权溢出性	陈燕娟等（2013）；王莲峰等（2016）
服务风险	知识产权海外信息平台	董新凯（2017）；辜凌云（2018）
	知识产权海外维权机制	董新凯（2017）；陆彩丽（2017）
运营风险	知识产权布局	亏道远等（2017）；刘微等（2021）
	知识产权交易经验	刘微等（2021）
	知识产权定价风险	方琳瑜等（2016）；刘微等（2021）
管理风险	知识产权海外保护意识	方琳瑜等（2016）；张婷等（2017）
	知识产权海外组织体系	张婷等（2017）；亏道远等（2017）
	知识产权海外运作监管	亏道远等（2017）；文海漓（2021）
	海外风险应对长效机制	方琳瑜等（2016）；张婷等（2017）
创新能力风险	知识产权基础实力	武伟（2016）；张婷等（2017）
	知识产权创新能力	徐慧（2015）；刘微等（2021）

5.3 研究模型构建

5.3.1 模型的适用性分析

通过仿真模拟，系统动力学方法能够解析非线性、多层次、多反馈、复杂多变的系统问题，适用于种业"走出去"知识产权风险研究。

其一，种业"走出去"知识产权风险是一个复杂的动态系统，系统内部各类影响因素交互作用，从而形成多个复杂的动态子系统，并表现出整体相关性、动态性、非线性和过程性等特征。系统动力学方法作为描述和理解此类复杂非线性系统的基本工具，是分析复杂系统的有效方法，可用于分析各类影响因素之间及其对于整体风险的作用关系。

其二，系统动力学模型蕴含因果关系、系统反馈、动态演变等特征，可以比较全面、准确地刻画种业"走出去"知识产权风险各类影响因素之间的作用机理，并为风险前因分析及动态演变提供良好的实验手段。因此，通过风险变量调整，可以观察整体风险在不同条件下的反应与变化，从而识别整体风险的敏感影响因素。

其三，系统动力学模型属于结构模型，注重研究系统结构及其动态行为，对研究数据具有一定的包容性，精度要求相对较低。对种业"走出去"知识产权风险开展量化分析，往往难以搜集到比较详尽的精确数据，运用系统动力学方法则可以较好地解决这一问题。

其四，系统动力学研究对象的行为特征主要取决于内部动态结构与反馈机制，种业"走出去"知识产权风险系统的动态性可以预期且具有一定的规律性，符合系统动力学的建模条件。

5.3.2 系统边界与模型假设

（1）系统边界。系统边界的确定主要取决于研究对象的变量及其时间跨度。本章的研究对象是种业"走出去"知识产权风险（简称"整体风险"），主要研究目的是分析各类风险影响因素之间及其对于整体风险的作用关系。系统时间边界限定为 2021—2031 年（以 2021 年为基准年），仿真步长设定为 1 个季度。采用周衍平等系统边界点估值方法，邀请 7 位行业专家对种业"走出去"知识产权风险的影响因素进行评价和赋值。边界点的估值范围在 0~1 之间，其中，0 表示该风险因素发生的可能性极小，几乎不造成损失；1 表示该风险因素发生的可能性极大，会造成严重损失。先用公式 $x_i = (a + 4m + b)/6$ 计算每位专家的评分值（其中 a、m、b 分别表示影响整体风险的最小值、最可能值和最大值），再计算专家评分值的平均值，从而得到系统边界点估值（表5-2）。

表 5-2   种业"走出去"知识产权风险的系统边界点估值

表 征 指 标	估值	表 征 指 标	估值
知识产权制度差异	0.58	知识产权海外保护意识	0.62
知识产权保护标准差异	0.54	知识产权海外组织体系	0.70
执法力度	0.41	知识产权海外运作监管	0.65
知识产权壁垒	0.30	海外风险应对机制	0.68
知识产权地域性	0.43	知识产权海外信息平台	0.57
知识产权溢出性	0.62	知识产权海外维权机制	0.59
知识产权布局	0.67	知识产权基础实力	0.53
知识产权交易经验	0.48	知识产权创新能力	0.57
知识产权定价风险	0.44		

（2）模型基本假设。种业"走出去"知识产权风险是连续、渐进的行为过程，属于一个不断循环的封闭系统；种业"走出去"知识产权风险的影响因素主要由环境风险、知识产权特性风险、服务风险、运营风险、管理风险和创新能力风险构成；研究模型只考察系统内部因素的影响，不考虑所在国经济、文化环境等系统外部因素的影响。

5.3.3　因果关联图和主要反馈

每项影响因素都是一类风险子系统，整体风险包含环境风险、知识产权特性风险、服务风险、运营风险、管理风险、创新能力风险等 6 类子系统风险。各类子系统风险都有其内在的运行规律，子系统风险之间也存在相互促进或牵制关系，单因素变动对其他因素以及整体风险都会产生直接或间接影响。

根据风险表征指标、风险系统结构和风险因素关系，本章运用 VENSIM 软件创建种业"走出去"知识产权风险及其影响因素的因果关联图（图 5-1）。系统包含的主要反馈回路如下（"+"代表正反馈，"−"代表负反馈）。

（1）知识产权特性风险—（+）运营风险—（−）知识产权海外运作监管—

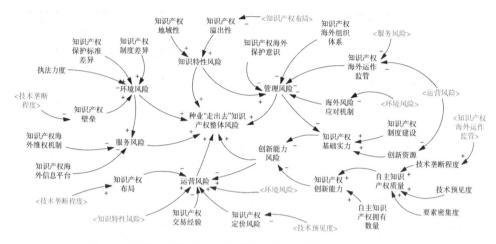

图 5-1　种业"走出去"知识产权风险及其影响因素因果关联图

（-）技术垄断程度—（-）知识产权布局—（+）知识产权溢出性（正）。

（2）环境风险—（+）服务风险—（-）知识产权海外运作监管—（-）技术垄断程度—（+）知识产权壁垒（正）。

（3）管理风险—（-）知识产权基础实力—（+）创新能力风险—（+）运营风险—（-）知识产权海外运作监管（正）。

（4）创新能力风险—（+）运营风险—（-）知识产权海外运作监管—（-）技术垄断程度—（-）自主知识产权质量—（-）知识产权创新能力（正）。

（5）服务风险—（-）知识产权海外运作监管—（-）技术垄断程度—（+）知识产权壁垒—（+）环境风险（正）。

（6）运营风险—（-）知识产权海外运作监管—（-）技术垄断程度—（-）自主知识产权质量—（-）知识产权创新能力—（+）创新能力风险（正）。

（7）运营风险—（-）知识产权海外运作监管—（-）技术垄断程度—（+）知识产权壁垒—（+）环境风险—（-）海外风险应对机制—（+）管理风险—（-）知识产权基础实力—（+）创新能力风险（正）。

（8）运营风险—（-）知识产权海外运作监管—（-）技术垄断程度—（+）知识产权壁垒—（+）环境风险（正）。

（9）知识产权特性风险—（+）管理风险—（-）知识产权基础实力—（+）创新能力风险—（+）运营风险—（-）知识产权海外运作监管—（-）技术垄断程度—（-）知识产权布局—（+）知识产权溢出性（正）。

（10）创新能力风险—（+）运营风险—（-）创新资源—（-）知识产权基础实力（正）。

5.3.4 系统流量存量图与主要方程

（1）系统流量存量图。根据因果关联图建立种业走出去知识产权风险系统动力学模型，可以得到系统流量存量图（图5-2）。

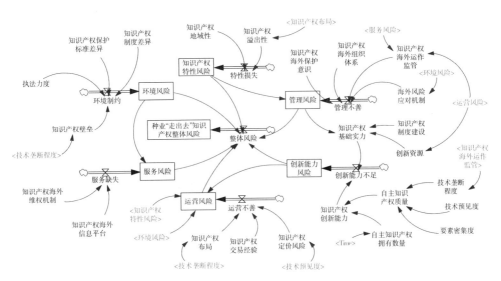

图5-2 种业"走出去"知识产权风险系统流量存量图

（2）主要方程。运用系统动力学方法构建风险模型进行仿真模拟，各项表征指标的权重确定是关键和核心问题。本书采用专家评分法确定主观权重，采用熵值法确定客观权重，将主观权重和客观权重各占50%进行集成，再对各项指标进行赋权。以环境风险子系统为例，据此计算各项表征指标的主观权重、客观权重和集成权重，详见表5-3、表5-4和表5-5。

表 5-3　　　　　　　环境风险子系统各项表征指标的主观权重

表征指标	知识产权制度差异	知识产权保护标准差异	执法力度	知识产权壁垒
权重	0.262	0.206	0.275	0.257

表 5-4　　　　　　　环境风险子系统各项表征指标的客观权重

表征指标	熵值	差异性系数	权重
知识产权制度差异	0.9856	0.0144	0.244
知识产权保护标准差异	0.9900	0.0100	0.168
执法力度	0.9811	0.0189	0.317
知识产权壁垒	0.9839	0.0161	0.271

表 5-5　　　　　　　环境风险子系统各项表征指标的集成权重

表征指标	知识产权制度差异	知识产权保护标准差异	执法力度	知识产权壁垒
权重	0.253	0.187	0.296	0.264

根据风险模型中各个变量之间的因果关系与作用原理，可以建立变量间计算方程，再将各项指标的权重带入计算方程式，得到各个子系统的方程式。6个子系统的方程式如下：

方程式1：环境风险系统

环境制约 = 0.253×知识产权制度差异 + 0.187×知识产权保护标准差异 + 0.296×执法力度 + 0.264×知识产权壁垒

方程式2：知识产权特性风险系统

特性损失 = 0.529×知识产权地域性 + 0.471×知识产权溢出性

方程式3：服务风险系统

服务缺失 = 0.562×知识产权海外信息平台 + 0.438×知识产权海外维权机制

方程式4：运营风险系统

运营不善 = 0.385×知识产权布局 + 0.270×知识产权交易经验 + 0.345×知识产权定价风险

方程式 5：管理风险系统

管理不善＝0.275×知识产权海外保护意识+0.241×知识产权海外组织体系+0.216×知识产权海外运作监管+0.268×海外风险应对机制

方程式 6：创新能力风险系统

创新能力不足＝0.463×知识产权基础实力+0.537×知识产权创新能力

5.4　仿真模拟与敏感性分析

5.4.1　模型有效性检验

为了验证模型的适用性和准确性，对模型进行以下检验：

（1）结构检验。构建系统动力学仿真模型时，对整体风险的系统边界与结构进行比较分析，选取环境风险、知识产权特性风险、服务风险、运营风险、管理风险和创新能力风险 6 类子系统风险的关键表征指标建立结构模型，所建模型的系统功能及运行状态符合实际情况。

（2）运行检验。模型通过了系统运行检测，并且通过模型仿真也可以发现，本章构建的因果关联图、反馈回路和系统流程图均较为合理。

5.4.2　仿真模拟

（1）整体风险评估。利用 Vensim PLE 软件对模型进行仿真，可以清晰展示整体风险及其运行状态，分析并寻找尚未表现但存在隐患的知识产权风险。设置仿真时间为 10 年，仿真步长为 1 个季度。从整体风险变化曲线（图 5-3）可以看出，运行 6 个季度后，整体风险呈指数级增长趋势，风险累积效应比较显著。

（2）子系统风险评估。本章对环境风险、知识产权特性风险、服务风险、运营风险、管理风险和创新能力风险 6 类子系统风险分别进行仿真模拟，从而得到子系统风险变化曲线（图 5-4）。对比子系统风险变化曲线可以看出，随着时间的推移，知识产权运营风险的上升幅度最大，创新能力风险、管理风险次之，服务风险的上升幅度不大，知识产权特性风险和环境风险的上升幅度比较小；各类子系统风险交织共振，致使整体风险的规模和危害远大于子系统风险之和。

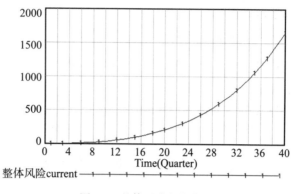

图 5-3　整体风险变化曲线

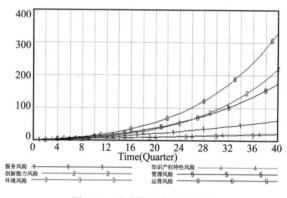

图 5-4　子系统风险变化曲线

5.4.3　敏感性分析

敏感性分析是从定量分析的角度研究参数变化对模型运行结果的影响。一般情况下，VENSIM 模型不会因参数变化而改变系统动态。只要模型参数或图表函数设计正确，模型对参数和图表函数的变动并不敏感。因此，通过敏感性分析，可以检查模型选取的变量是否正确、是否能正确反映真实系统的决策过程。若参数过于敏感或不敏感，均需检查变量是否正确。不敏感因素应予剔除，敏感因素则要进一步识别其是否为引起系统整体变化的关键因子。

在保持初始值和其他因素不变的情况下，将环境风险中的执法力度、知识产权特性风险中的知识产权地域性、服务风险中的知识产权海外维权机制、运营风险中的知识产权交易经验、管理风险中的知识产权海外组织体系、创新能力风险中的知识产权基础实力等表征指标的数值分别提高 30% 和降低 30%（current 代表初始情况，current1 代表降低 30% 的情况，current2 代表提高 30% 的情况），各类子系统风险变化趋势如图 5-5 所示，整体风险变化趋势如图 5-6 所示。表征指标取值改变后，各类子系统风险和整体风险的走势没有改变，且均与表征指标变化正相关，但知识产权特性风险和环境风险的变化幅度较大，并对整体风险变化的影响比较明显。

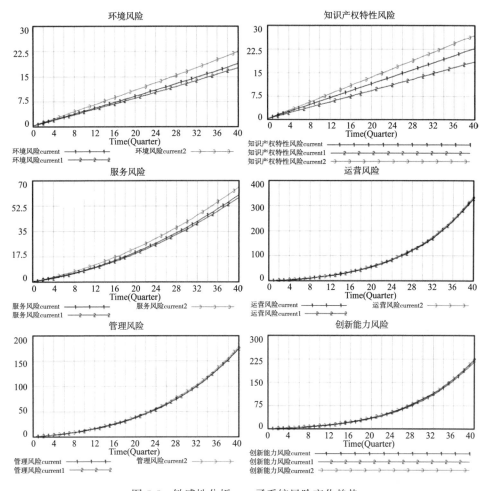

图 5-5　敏感性分析——子系统风险变化趋势

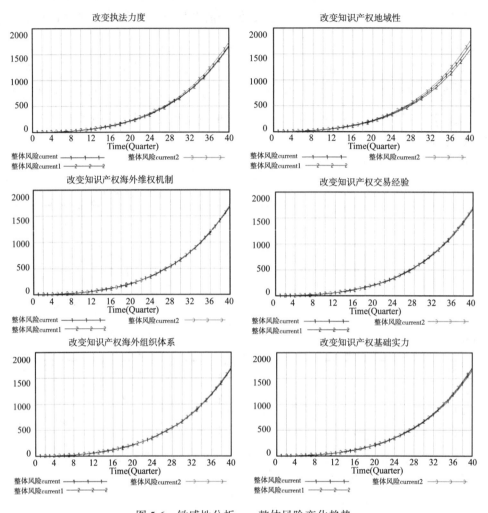

图 5-6 敏感性分析——整体风险变化趋势

5.5 研究结论与启示

5.5.1 研究结论

(1) 种业"走出去"知识产权风险是一个复杂的动态系统，整体风险存在显著的累积效应。种业"走出去"前期的知识产权风险对后期风险及整体风险影响很大且不可逆。为了避免或减少种业"走出去"知识产权风险累积,种业"走出去"前期的知识产权风险管理尤为关键。

(2)知识产权运营风险对整体风险的影响最大也最突出,各类子系统风险交织共振导致整体风险叠加扩大。种业"走出去"知识产权风险管理既要重点控制知识产权运营等上升幅度较大的子系统风险,也要防止各类子系统风险交织、叠加和共振。

(3)各类子系统风险均与整体风险变化正相关,整体风险对知识产权特性风险和环境风险变化更加敏感。知识产权特性风险、环境风险对知识产权运营风险和创新能力风险影响比较大,并通过知识产权溢出性和知识产权壁垒影响整体风险变化。种业"走出去"知识产权风险管理必须高度关注知识产权特性风险和环境风险两个敏感因素。

5.5.2 启示

为了有效管理种业"走出去"知识产权风险,中国种业应采取如下风险管理措施。

(1)强化风险预警和前馈控制。种业知识产权登记或授权后,潜在的缺陷和风险就会固化,有些种业知识产权隐患在遇到气候变化时才会爆发。新品种扩散越快,应用范围越广,推广时间越长,种业"走出去"知识产权风险就会越大。因此,强化风险预警和前馈控制非常重要。首先,建立制度化、常态化工作机制,全面收集、及时整理、科学分析种业合作目标国知识产权发展现状,准确研判各国种业知识产权保护形势,开展种业"走出去"知识产权风险预测;其次,建立风险信息数据库,对种业"走出去"知识产权风险进行分类和分级,根据环境变化和知识产权特性测算相关风险的发生概率,定期发布风险预警信息;其三,对种业"走出去"可能出现的知识产权风险进行综合评估,并针对种业合作目标国法律法规和知识产权执法力度,做好风险前馈控制,尽可能将风险消除在萌芽状态,避免风险累积或叠加。

（2）夯实知识产权运营能力。知识产权运营能力在种业"走出去"知识产权风险管理中具有不可替代的重要作用。《中华人民共和国种子法》（2021年修订）扩大了植物新品种权保护范围，扩展了品种保护环节，建立了实质性派生品种制度，将会强化侵权损害赔偿责任、加大植物新品种权保护力度，并将构建从种质资源保护到品种选育、市场推广的全链条知识产权保护，从而对种业知识产权运营能力提出了更高要求。其中，国内运营能力是种业知识产权风险管理的基础，种业知识产权的高质量创造和有效保护是夯实知识产权运营能力的前提；海外运营能力是种业"走出去"的基本保障，种业知识产权国际布局是知识产权海外运营和风险管理的关键所在。在现有种业发展格局下，为了提高知识产权国际布局的速度、力度和广度，种子企业必须与科研院所紧密合作，占有更多的知识产权，才能夯实知识产权运营能力，降低种业"走出去"知识产权风险。

（3）提高企业自主创新水平。自主创新水平与知识产权特性风险联合作用，对种业"走出去"知识产权风险的影响极为敏感。只有从产业环境、育种体系和资源配置等各方面同步改进，建立有利于基础研究和原始创新的体制机制，中国种业自主创新能力和国际竞争力才能得到稳定、持续提升。首先，应以改善和保护种业发展环境为中心，建立优胜劣汰的市场竞争机制，支持和促进企业提高自主创新能力；其次，继续深化种业科研体制改革，加强产学研合作，改革品种管理制度，从全球化视野构建商业化育种体系；其三，鼓励和推动种业科研要素逐步向企业流动，提高育种创新效率，推动龙头型种子企业逐步成为种业创新的主体，并持续提高种业集中度，强化企业在种业资源配置中的核心作用，切实提高企业自主创新水平。

（4）实施区域差异化风险管理。中国种业"走出去"目标市场既有知识产权保护水平较高的发达国家，也有知识产权保护水平较低的发展中国家。对于不同类型的市场区域，需要针对各国环境风险的具体表现形式，采取差异化的种业知识产权布局和风险管理策略。中国种业既要缩小与发达国家的知识产权保护水平差距，也要帮助发展中国家建立和完善知识产权保护制度，才能全面降低并有效管控知识产权环境风险。同时，还要持续提高对知识产权管理风险、服务风险和特性风险的综合管控能力。具体举措上，一是强化知识产权海外保护意识，建立知识产权海外组织体系和运作监管及风险应对长效机制；二是建立种业国际知识产权联盟，协同开展数据分享、风险预警、知识产权维权等活动；三是管控种业知识产权创新的地域性、外溢性与"搭便车"等问题，降低知识产权特性风险。

6 种业知识产权国际布局

6.1 全球种业知识产权国际布局

6.1.1 全球植物新品种权国际布局

（1）UPOV 联盟发展现状。UPOV 公约作为植物新品种保护法律领域核心的国际公约，构建了植物新品种保护的法律制度框架和基本内容。UPOV 公约的使命是"鼓励培育植物新品种，为植物新品种保护提供有效的制度，造福社会"。UPOV 公约旨在确认各缔约方保护植物新品种育种者的权利，其核心内容是授予育种者对其植物新品种享有排他的独占权，他人未经品种权人的许可，不得生产和销售植物新品种，或需向育种者交纳一定的费用。UPOV 公约的保护范围是对符合 DUS 测试要求的植物新品种，授予并保护其"育种者权利"。植物新品种只有在通过审查测试，证明其符合保护要求时才能给予保护，尤其要证明它具有特异性、一致性、稳定性（DUS）。UPOV 公约经 1972 年、1978 年和 1991 年 3 次修改，形成了 1961/1972 年文本、1978 年文本和 1991 年文本三大文本形式。

UPOV 联盟由 1961 年的 20 个成员，发展到 78 个成员（截至 2021 年年底）。其中，1961/1972 文本成员 1 位：比利时（作为欧盟成员，实际执行 1991 年文本）；1978 年文本成员 17 位：玻利维亚、阿根廷、巴西、智利、中国、哥伦比亚、厄瓜多尔、意大利、墨西哥、新西兰、尼加拉瓜、挪威、巴拉圭、葡萄牙、南非、特立尼达和多巴哥、乌拉圭；1991 年文本成员 56 位：肯尼亚、非洲知识产权组织、阿尔巴尼亚、澳大利亚、奥地利、阿塞拜疆、白俄罗斯、保加利亚、

加拿大、哥斯达黎加、克罗地亚、捷克、丹麦、多米尼加、爱沙尼亚、欧洲联盟
（以下简称"欧盟"）、芬兰、法国、格鲁吉亚、德国、匈牙利、冰岛、爱尔兰、
以色列、日本、约旦、吉尔吉斯斯坦、拉脱维亚、立陶宛、黑山、摩洛哥、荷
兰、阿曼、巴拿马、秘鲁、波兰、韩国、摩尔多瓦、罗马尼亚、俄罗斯、塞尔维
亚、新加坡、斯洛伐克、斯洛文尼亚、西班牙、瑞典、瑞士、马其顿、突尼斯、
土耳其、乌克兰、英国、坦桑尼亚、美国、乌兹别克斯坦、越南、吉尔吉斯斯
坦、埃及、加纳、圣文森特和格林纳丁斯。

与 UPOV 公约 1978 年文本相比，UPOV 公约 1991 年文本最根本的区别表现
为保护领域、保护范围、实质性派生品种、农民自留种、保护期限等 5 个方面，
具体如表 6-1 所示。

表 6-1　　　　　　　　**公约 1991 年文本与 1978 年文本的关键区别**

	公约 1978 文本	公约 1991 文本	实 质 意 义
1	先保护 5 个属或种，8 年内至少保护 24 个属或种	（1）新成员：至少 15 个植物属和种，10 年所有植物属和种（2）老成员：5 年后全部植物	受保护植物品种范围扩大
2	商业性生产或销售受保护植物品种的繁殖材料，以及为另一品种的商业生产重复使用受保护品种的繁殖材料	（1）生产、繁殖、处理、销售、许诺销售、出口、进口和存储等行为（2）繁殖材料—收获材料—直接加工产品	品种权保护范的拓展
3	所有授予的品种权是平等和独立的	实质性派生品种（EDV）可以申请品种权保护，但商业化开发必须经过原始品种人的许可并支付相应的许可费。	促进育种原始创新
4	一般植物保护期限不少于 15 年；藤本、果树及其根茎，林木和观赏树木最少为 18 年	一般植物保护期限不少于 20 年，树木和藤本植物不少于 25 年	品种权保护期限的延长
5	农民自留种权利强制性例外	农民自留种权利非强制性例外	规范农民自留种权

　　（2）UPOV 联盟成员品种权国际布局概况。如图 6-1 所示，自 1999—2019
年，UPOV 联盟成员品种权海外申请量由 3312 件增至 5614 件，整体呈现波动上
升势态，海外申请比重约在 26.41%~37.17%上下波动。

图 6-1　UPOV 联盟成员品种权国际布局情况

　　2019 年，UPOV 联盟成员海外品种权申请 5614 件，获海外授权 4753 件。如
表 6-2 所示，UPOV 联盟成员有效力品种权拥有量前 10 强同时也是品种权海外申
请的主力军。美国、以色列、澳大利亚等国兼顾品种权的国内申请与海外申请，
而荷兰、法国、德国、瑞士、英国、西班牙等国则将品种权申请的工作重心倾向
海外市场。近年来，日本品种权海外申请比重有所下降，但绝对数量变化不大，
授权排名比较靠前。此外，丹麦、意大利、加拿大、新西兰、阿根廷和比利时也
积极推动了品种权的海外申请。

表 6-2　　　　　　　**2019 年 UPOV 成员前 10 强国家品种权国际布局情况**

国家	国内申请量 （件）	国外申请量 （件）	申请量 合计（件）	国外申请量 占比	国外授权量 （件）	国外授权量 排名
荷兰	618	1374	1992	68.98%	1202	1
美国	901	1413	2314	61.06%	1136	2
法国	101	458	559	81.93%	426	3

续表

国家	国内申请量（件）	国外申请量（件）	申请量合计（件）	国外申请量占比	国外授权量（件）	国外授权量排名
德国	49	507	556	91.19%	416	4
瑞士	7	396	403	98.26%	327	5
日本	559	182	741	24.56%	181	6
澳大利亚	146	179	325	55.08%	143	7
以色列	95	123	218	56.42%	122	8
英国	28	118	146	80.82%	116	9
西班牙	50	163	213	76.53%	96	10

数据来源：根据国际植物新品种保护联盟统计数据整理。

2001—2019 年，UPOV 联盟成员在中国申请植物新品种权累计 3048 件，获得授权累计 1148 件，植物新品种权申请量与中国种子进口量增长趋势一致（图 6-2）。受种业投资负面清单影响，UPOV 联盟成员在中国申请植物新品种权的类型以蔬菜和花卉为主。

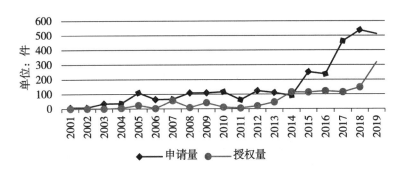

数据来源：国际植物新品种保护联盟。

图 6-2 2001—2019 年 UPOV 联盟成员在中国申请和授权植物新品种权数量

在中国申请新品种权的 UPOV 联盟成员主要来自种业知识产权强国。荷兰、美国、法国、德国、日本、智利、丹麦等 7 国合计占境外主体在华申请总量的 82.74%、授权总量的 88.57%（表 6-3）。境外主体国别与中国种子进口来源地分布一致。

表 6-3　种子进口来源国在中国申请和授权植物新品种权情况（截至 2019 年）

| 国外主体 | 荷兰 | | 美国 | | 法国 | | 德国 | | 日本 | | 智利 | | 丹麦 | | 占比合计（%） |
	数量（件）	占比（%）	数量（件）	占比（%）	数量（件）	占比（%）	数量（件）	占比（%）	数量（件）	占比（%）	数量（件）	占比（%）	数量（件）	占比（%）	
申请	960	31.53	759	24.93	314	10.32	217	7.13	146	4.79	75	2.46	50	1.6	82.74
授权	425	37.02	290	25.26	103	8.97	97	8.45	54	4.70	10	0.87	23	2	88.57

数据来源：根据国际植物新品种保护联盟统计数据整理。

6.1.2　全球种业技术专利国际布局

崔遵康等（2021）利用 Innography 国际高端专利数据库作为数据来源，对全球玉米、水稻、小麦、大豆等育种技术专利数据进行检索和统计分析。检索时间为 2020 年 12 月 30 日，专利数据范围为 2000 年以来公开的全球专利文献。经过检索筛选，得到技术专利共 102069 件，并将专利强度阈值设置为"5"，筛选得到核心专利 12221 件（全部为发明专利），专利同族 9461 项。其中专利授权量为 8187 件，专利授权率为 67.0%，授权且目前有效量为 7355 件，占专利申请总量的 60.2%。

2000 年以来，全球玉米、水稻、小麦、大豆等领域育种技术专利申请不断增多，美国、中国、德国、法国和英国是全球育种技术核心专利拥有量最多的 5 个国家。2000—2007 年，美国育种技术研发处于高潮，核心专利申请数量远高于世界其他国家，2008 年开始波动下降。2011 年开始，中国在育种技术上的核心专利申请迅速增多，并在 2014 年后超过美国成为育种技术核心专利申请最多的国家。但从专利强度来看，在高水平育种技术方面，美国的实力大幅领先于世界其他国家。对比中美两国的育种技术专利情况，专利强度在 5 以上的技术专利美国拥有 6123 件，中国拥有 3469 件，中国拥有的专利数量为美国的 56.7%。并且随着专利强度的升高，中国与美国在核心育种专利拥有量上的差距快速拉大，中国专利强度在 6 以上的专利数量为美国的 54.6%，专利强度 7 以上的为美国的

30.2%，专利强度 8 以上的为美国的 14.6%，专利强度 9 以上的仅为美国的 13.8%。由此可见，中国在育种技术领域的整体水平与美国还有相当大的差距，而且越是高价值的专利差距越大。

6.2 中国种业知识产权国际布局

6.2.1 中国植物新品种权国际布局

1999—2019 年，中国植物新品种权申请量以年均 25.77%的速度增长，累计申请 33803 件、授权 13595 件（图 6-3）。2019 年品种权申请量 7032 件，居 UPOV 成员国首位。其中，中国境内主体申请 6635 件，占比 94.4%；境外主体申请 397 件，占比 5.6%。从作物分布来看，主要农作物占主导地位，申请量为 4963 件，占比 70.58%，蔬菜和花卉分别占比 14.11%和 8.62%。主要农作物又以玉米、水稻为主，品种权申请量占比分别为 47.67%和 32.24%。与申请量相比，中国种业植物新品种权授权量较低，2019 年授权量为 2288 件，其中境内主体授权量占比 89.5%，境外主体授权量占比 10.5%。

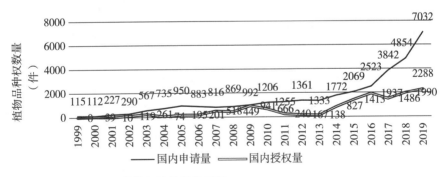

数据来源：国际植物新品种保护联盟。

图 6-3 1999—2019 年中国植物新品种权申请量和授权量

如图 6-4 所示，近年来，随着知识产权保护意识的提高，中国在海外的品种权申请量有所上升。2002 年中国在国外的品种权申请量为 1 件，获得他国授权的品种权 0 件；2003~2015 年，中国在国外的品种权申请和授权量均不高且波动较大；2016 年以后，中国在国外的品种权申请和授权量较为稳定且呈现总体上升的趋势。但中国品种权海外申请量占比依然较小，其中 2019 年国外申请量仅占申请总量的 0.54%。中国还需进一步重视种业知识产权输出，积极谋划种业知识产权海外布局。

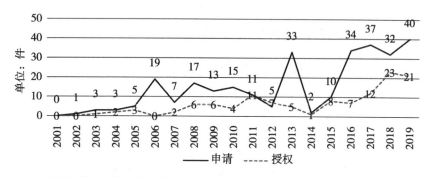

数据来源：国际植物新品种保护联盟。

图 6-4　2001—2019 年中国种业植物新品种权国际申请量和授权量

如表 6-4 所示，目前中国品种权国外申请主要分布于欧盟、越南、美国、日本、荷兰、澳大利亚、智利、阿根廷、新西兰、乌拉圭等 20 多个国家。其中，欧盟、美国、日本、荷兰、澳大利亚均为当前品种权拥有量居世界前 10 名的国家，美国、荷兰、欧盟则是种子出口额居世界前 3 位的国家。尽管中国种业知识产权布局的国家大都是世界种业知识产权大国和种子贸易大国，但由于中国是世界上重要的种质资源、种子选育和种子生产国，并且在以水稻为代表的大田作物育种技术上具有世界领先优势，因此在国外的种业知识产权申请量呈稳定上升的趋势。

表 6-4　　　**2001—2019 年中国品种权海外布局前 10 名国家或地区**　　　单位：件

分布情况	欧盟	越南	美国	日本	荷兰	澳大利亚	智利	阿根廷	新西兰	乌拉圭
申请	52	37	35	28	12	11	8	8	4	3
授权	18	19	16	1	2	3	4	2	2	3

资料来源：国际植物新品种保护联盟（UPOV）。

尽管如此，但总体来看，中国在海外申请品种权的数量仍然太少，与发达国家相比还存在着较大差距。同时，这种现状与中国品种权申请总量世界排名第一的地位很不相称。2019 年中国国内品种权申请量为 7032 件，授权量为 2288 件。而同年的海外申请量仅 40 件，不及国内申请量的 1%。显然，国内大量的优势品种并没有走出国门，在国际市场上发挥其应有的功效。

2019 年植物新品种权国际布局排名前 4 的国家是荷兰、美国、德国、法国，四国种子出口额排名全球前 4 位，种业知识产权国际布局排名与种子出口额排名一致（见表 6-5）。同时，国际布局排名前 4 的国家均以国外申请为主，各国国外植物新品种权申请量占本国申请总量之比平均为 71.71%。中国植物新品种权国外授权量全球占比也不足 1%。植物新品种权国际布局排名前 4 的国家（美国、荷兰、法国、德国）新品种权国外申请量全球占比合计 65.46%。由此可见，中国种业知识产权布局主要集中在国内，发达国家种业知识产权布局主要面向国外。知识产权国际布局呈现出向种业发达国家高度集中的发展态势，这与各国种业国际地位变化趋势一致。

表 6-5 **2019 年国际布局排名前 4 的国家种子进出口情况**

国家	国内申请量（件）	国外申请量（件）	国外申请量占比	国际布局全球占比	出口额（百万美元）	出口额全球占比	进口额（百万美元）	进出口差额（百万美元）
荷兰	618	1374	68.96%	24.47%	2828	20.47%	1196	1632
法国	901	1413	81.93%	8.16%	1973	14.28%	828	1145
美国	49	430	61.06%	25.17%	1921	13.91%	1085	836
德国	101	458	89.77%	7.66%	933	6.75%	751	182
中国	7323	40	0.54%	0.71%	211	1.51%	374	−166

数据来源：根据 UOPV 数据计算。

6.2.2 中国种业技术专利国际布局

中国自 1993 年起公开种业技术专利，专利年申请量全球占比已由最初的

0.91%上升到2017年的41.38%（任静，等，2019）。近几年，中国种业专利申请量突飞猛进，年均增长率达到20.03%。2019年种业专利申请总量为11143件，其中发明专利申请7343件，实用新型专利申请3800件，发明专利申请量是实用新型专利申请量的两倍。2019年授权种业专利5735件，其中发明专利授权1935件，实用新型专利授权3800件，实用新型专利授权量是发明专利授权量的两倍。发明专利申请量和授权量在传统育种、现代育种、种业加工三个技术领域的分布差异较大（图6-5）。从发明专利申请量来看，传统育种专利和现代育种专利分别为1729件、1491件，同比增加2.21%和14.96%；从发明专利授权数量来看，传统育种发明专利和现代育种发明专利分别为518件、835件，同比增加72.66%和45.47%。

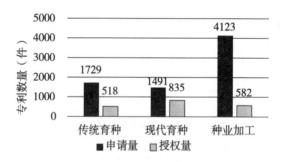

数据来源：2020年中国农作物种业发展报告。

图6-5　2019年发明专利技术领域分布情况

2019年的种业发明专利申请中，教学科研单位申请量占比52.19%，企业申请量占比34.45%；在获得授权的种业发明专利中，教学科研单位授权量占比71.63%，企业授权量占比23.72%（图6-6）。显然，中国种业技术创新的主体是教学科研单位，而发达国家有效发明专利中，企业授权量占比高达91.73%。从专利类型对比可以看出，创新价值更高的发明专利申请量较大，但授权量较少；从专利技术领域分布可以看出，现代育种专利比传统育种专利申请量较少，但授权量较多。显然，中国种业比较重视发明专利申请，但对育种发明尤其是现代育种发明专利的技术储备明显不足。

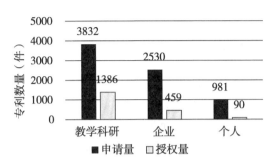

数据来源：2020 年中国农作物种业发展报告。

图 6-6　2019 年发明专利主体分布情况

在种业专利国际布局方面，美国、日本和欧盟合计占有全球 42.75% 的种业专利申请量，掌控全球 64.68% 的 DNA 重组技术专利，是全球育种技术研发的主导者和垄断者。同时，跨国企业是全球核心种业技术专利的拥有者，其育种专利申请量约占全球育种专利申请量的 14%，掌握全球 81% 以上的农作物转化体（任静，等，2019）。近年来，中国也成为种业技术研发的主要国家之一。2019 年中国申请人通过专利合作条约和巴黎公约两种方式获得国际发明专利 139 件。

6.3　种业知识产权国际布局的影响因素

2016 年以来，跨国种业公司发起大规模兼并重组，导致行业集中度快速提升，进一步强化了国际种业寡头垄断格局。整合知识产权是跨国种业公司兼并重组的主要目的，也是其保持和扩大市场竞争优势的利器。世界各国根据本国国情制定了种业知识产权制度，并参加不同类别和层次的国际知识产权条约。制度差别、技术创新、市场竞争等联合作用和交互作用，既是种业国际化发展的重要机遇，也是企业经营可能遇到的主要风险。

知识产权布局是种业国际化发展的前提和保障。及时、有效的种业知识产权布局不仅可以规避贸易投资壁垒，降低知识产权风险，还能提高市场拓展能力，攫取技术垄断收益。因此，深入分析种业知识产权国际布局的影响因素，探究种业强国高水平知识产权布局的必要条件及其作用关系，有助于中国种业正确选择知识产权国际布局的驱动路径，快速实现国际化发展的突破与超越。

6.3.1　文献回顾与分析框架

高技术属性决定了知识产权在种业发展中的特殊作用和地位。《知识产权协议》（TRIPS）的签署使得知识产权的保护范围从国内扩大到全球，知识产权保护成为种业国际化发展必须面对的关键问题，由此引发业界和理论界的重视与关注。①关于知识产权保护与种业发展。知识产权是种业发展的生命线，规范的产权保护机制是种业公司发展的保障（华树春，2018）。运用和保护好知识产权，使之与种业创新实现良性互动，是中国种业发展的当务之急（宋敏，2014）。植物新品种是种业知识产权的核心，保护植物新品种对鼓励育种创新、促进种业发展、提高国际竞争力起着至关重要的作用（温雯，等，2019）。②关于种业创新与国际化发展。技术创新是跨国种业公司发展壮大的内在核心（华树春，2018）。在种业"走出去"的过程中，创新能力占据最重要的位置（陈超，2016）。企业的创新能力越强，越有利于种业"走出去"（韩瑞玺，唐浩，2018）。③关于知识产权保护与种业国际竞争。跨国种业公司一直谋求构建市场竞争优势、实施知识产权布局和技术转移内部化等知识转移策略（李婷婷，李艳军，2014）。国际种业市场的竞争很大程度上是种业知识产权的竞争（邢瑞淼，等，2020）。知识产权保护是跨国种业公司兼并重组的最大动力之一。通过跨国种业并购，实现知识产权整合，可以控制和垄断商业化种子市场（任静，等，2019）。

综上所述，已有研究主要聚焦于知识产权保护对种业国际化发展的影响，很少关注到种业国际化发展中知识产权布局的影响因素及其之间的作用关系。为此，本章拟在已有研究成果的基础上，结合国际种业发展现状，提出种业知识产权国际布局影响因素的整合性分析框架（如图 6-7 所示），并引入清晰集定性比较分析（cs/QCA）方法，探究种业创新、市场竞争、国际化发展等因素影响种业知识产权国际布局的作用规律。

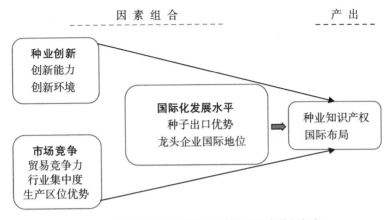

图 6-7　种业知识产权国际布局影响因素分析框架

6.3.2　研究方法

6.3.2.1　研究设计

（1）定性比较分析方法。定性比较分析方法（简称 QCA）是一种以案例研究为导向的理论集合研究方法（万筠，王佃利，2019）。QCA 将每个案例都视为一系列属性构成的复杂组合，通过对这些组合进行对比分析，可以找到产生同一结果的多重等效组合方案，从而为企业的战略决策提供更多的路径选择。随着 QCA 分析方法的不断发展，目前已经形成了包括清晰集（cs/QCA）、模糊集（fs/QCA）和多值集定性比较分析（mv/QCA）在内的三种操作方法。本章采用清晰集定性比较分析方法进行分析。

（2）案例选择。QCA 强调通过实证资料与相关理论的不断对话，从小样本数据中构建出研究议题的因果关系（毛湛文，2016）。本章选择荷兰、美国、法国、德国、瑞士、日本、意大利、加拿大、匈牙利、丹麦、智利、奥地利、罗马尼亚、阿根廷、比利时、西班牙、中国等全球 17 个主要的种业国作为研究案例，样本数量适中，是定性比较分析方法适合的研究对象。

6.3.2.2 变量赋值

在 cs/QCA 中，每个条件变量和结果变量均视为一个集合，每一个案例在集合中均有隶属分数（即 0 或 1；其中，1 为完全隶属，0 为完全不隶属）。根据已有的理论知识、案例情境和专家评分结果，可将原始数据转换成二分数据表。具体的二分阈值设定标准及数据来源见表 6-6。

表 6-6　　　　　　　　　结果变量和条件变量的设定

变量类型	变量名称		变量赋值	数据来源
结果变量		知识产权国际布局水平	大于 750 为 1，否为 0	国际植物新品种保护联盟（UOPV）
条件变量	市场竞争	生产区位优势	具备优势为 1，否为 0	笔者整理
		行业集中度	大于 0.5 为 1，否为 0	笔者整理
		贸易竞争力	大于 0 为 1，否为 0	根据 ISF 数据计算
	种业国际化发展水平	种子出口优势	大于 2.5% 为 1，否为 0	根据国际种子联盟（ISF）数据计算
		龙头企业国际地位	大于 2% 为 1，否为 0	笔者整理
	创业创新	创新能力	大于 900 为 1，否为 0	国际植物新品种保护联盟（UOPV）
		创新环境优势	大于 58 为 1，否为 0	世界知识产权组织（WIPO）

6.3.3　实证分析

6.3.3.1　必要条件分析

通过 fsQCA3.0 软件进行运算，得到各个变量条件的必要性分析结果（见表 6-7）。在进行高国际布局水平的必要条件分析时，高行业集中度、高创新能力、高创新环境优势的一致性均高于 0.9，说明这三个条件可能是解释高国际布局水平的必要条件。对低国际布局水平的必要条件分析时，低行业集中度、低创新能力、低龙头企业国际地位的一致性均高于0.9，说明这三个条件可能是解释低国际布局水平的必要条件。

表 6-7 必要条件分析

前因条件 解释力度	高国际布局水平		低国际布局水平	
	一致性	覆盖度	一致性	覆盖度
高生产区位优势	0.714	0.500	0.500	0.500
低生产区位优势	0.286	0.286	0.500	0.714
高行业集中度	1.000	1.000	0.000	0.000
低行业集中度	0.000	0.000	1.000	1.000
高贸易竞争力	0.714	0.455	0.600	0.545
低贸易竞争力	0.286	0.333	0.400	0.667
高种子出口优势	0.714	0.714	0.200	0.286
低种子出口优势	0.286	0.200	0.800	0.800
高龙头企业国际地位	0.857	1.000	0.000	0.000
低龙头企业国际地位	0.143	0.091	1.000	0.909
高创新能力	1.000	1.000	0.000	0.000
低创新能力	0.000	0.000	1.000	1.000
高创新环境优势	1.000	0.538	0.600	0.462
低创新环境优势	0.000	0.000	0.400	1.000

6.3.3.2 条件组态分析

通过表 6-8 可以看出，解释高知识产权国际布局水平的驱动路径有三种类型，分别对应一类条件组合。总体一致率为1，说明满足此三类条件组合的国家都呈现出高国际布局水平。总体覆盖率为1，说明此三类条件组合可以解释所有的高国际布局水平案例。总体一致率和总体覆盖率高于临界值，说明实证分析结果有效。基于不同组态条件，可以识别出生产区位优势、行业集中度等变量条件对驱动种业知识产权国际布局的差异化适配关系。

表6-8 高知识产权国际布局水平的组态分析

条件组态	1		2
驱动路径	1-A："投资-出口"驱动型	1-B："出口"驱动型	"投资"驱动型
生产区位优势	●	●	○
行业集中度	●	●	●
贸易竞争力	●	●	○
种子出口优势	●	●	○
龙头企业国际地位	*		●
创新能力	●	●	●
创新环境优势	●	●	●
典型案例（国家）	荷兰、美国、法国、德国	丹麦	瑞士、日本
一致率	1		1
原始覆盖率	0.571	0.143	0.286
唯一覆盖率	0.571	0.143	0.286
总体一致率	1		
总体覆盖率	1		

注：●或 • 表示原因条件出现，○或○表示原因条件不出现；●或○表示核心条件， • 或○表示辅助条件；空白表示原因条件对结果特征而言无关紧要；*表示该条件具备，但该条件对结果而言无关紧要。

（1）条件组态1：创新环境优势 * 创新能力 * 种子出口优势 * 行业集中度 * 贸易竞争力 * 生产区位优势 （*表示"和"；~表示"非"。下同）。满足此项组合条件的案例为荷兰、美国、法国、德国、丹麦。在该条件组态下，"龙头企业国际地位"的取值不影响种业知识产权国际布局的结果，但该变量条件可以反映跨国投资水平。因此，按照是否具备该条件，可以将条件组态1进一步细分为"1-A"和"1-B"两类。

①组合"1-A"：反映历史悠久、综合实力雄厚的种业强国，种子生产条件好，资本和技术优势大，种业创新能力强，创新环境好，种业国际化发展水平

高，无论是种子出口还是跨国投资，都是全球种业的领导者。此类国家非常重视知识产权保护，是全球种业知识产权国际布局的主导者，包括荷兰、美国、法国和德国。该路径可以命名为"投资-出口"驱动型，能够解释约57.1%的高知识产权国际布局水平案例。

②组合"1-B"，反映具备独特种子生产区位优势的国家，有较高的知识产权创新能力和较好的创新环境优势，尽管跨国投资水平低，但贸易竞争力强、种子出口额全球占比较高。满足此项组合条件的案例为丹麦。该路径可以命名为"出口"驱动型，能够解释约14.3%的高知识产权国际布局水平案例。

（2）条件组态2：创新环境优势 * 创新能力 ~ 种子出口优势 * 龙头企业国际地位 * 行业集中度 * ~ 贸易竞争力 * ~ 生产区位优势。此项组合反映该国种子生产条件较差，但拥有资本和技术优势，种业创新能力强，同时还有高国际化发展水平，其国际化发展模式以跨国投资为主，本国种子出口数量少。满足此项组合条件的案例为瑞士和日本。该路径可以命名为"投资"驱动型，能够解释约28.6%的高知识产权国际布局水平案例。

6.3.3.3 讨论

条件组态1的驱动路径为"创新环境优势 * 创新能力 * 行业集中度 * 种子出口优势 * 贸易竞争力 * 生产区位优势"，条件组态2的驱动路径为"创新环境优势 * 创新能力 * 行业集中度 * 龙头企业国际地位 * ~ 种子出口优势 * ~ 贸易竞争力 * ~ 生产区位优势"。两种驱动路径都可以实现高种业知识产权国际布局。创新环境优势、创新能力、行业集中度是两种组态都具备的变量条件，属于种业知识产权国际布局必须具备的基础条件。种子出口优势、龙头企业国际地位、贸易竞争力、生产区位优势是两种组态的差异化变量条件，属于种业知识产权国际布局可以选择的突破条件。

深入分析变量条件的组合关系可以发现，在具备基础条件的前提下，即使没有生产区位优势和贸易竞争力，种子出口额全球占比低，只要该国龙头企业全球种子市场份额高，就可以实现知识产权国际布局的突破；如果龙头企业全球种子市场份额占比低，没有跨国投资，但该国具有生产区位优势和贸易竞争力，种子出口额全球占比高，也可以实现知识产权国际布局的突破。由此可以说明：部分突破条件的不足,可以通过其他突破条件替代;各种变量条件影响种业知识产权国际布局,具有明显的"组态效应"。

6.3.4 研究结论与启示

6.3.4.1 研究结论

运用 QCA 方法分析研究发现:①种业知识产权国际布局存在"出口"驱动型、"投资"驱动型、"投资-出口"驱动型三种路径。②创新能力、创新环境优势、行业集中度是种业知识产权国际布局的基础条件,种子出口优势、生产区位优势、贸易竞争力、龙头企业国际地位是种业知识产权国际布局的突破条件。③各组变量条件影响种业知识产权国际布局,具有明显的"组态效应"和"替代关系"。

6.3.4.2 实践启示

对比美国、荷兰等"投资-出口"驱动型国家,中国种业存在系统性差距;对比瑞士、日本等"投资"驱动型国家,中国种业具有一定的生产区位优势,但在创新能力、创新环境等方面存在差距,缺少"投资"驱动路径的基础条件;对比丹麦等"出口"驱动型国家,中国种业在龙头企业全球市场份额方面有优势,但在生产区位优势、贸易竞争力等方面存在差距,缺少"出口"驱动路径的突破条件。因此,中国种业必须全面夯实基础条件,并创造配套的突破条件,才能实现高水平的知识产权国际布局。

(1)夯实基础条件,增强国际竞争优势。作为种业知识产权国际布局的基础条件,创新环境优势、创新能力、行业集中度是缺一不可的。第一,优化种业创新环境。不断完善相关法律法规,强化知识产权保护,尤其是要提高知识产权违法的惩处标准和执行力度。第二,提升种业创新能力。建立和完善实质性派生品种制度,切实保护原始创新育种者的利益,增强育种者原始创新的动力,从而促进植物新品种原始创新能力的提升。第三,提高行业集中度。出台激励政策,引导种子企业横向整合,加速中国种业结构调整,促进行业资源向优势企业集中。

(2)提高投资实力,推进企业外延式发展。中国种子企业"多、小、散"

的状况，与国际种业高度集中的现状形成鲜明对比。按照传统的内生式增长模式发展，中国种子企业综合实力短期提升的空间有限。只有培育龙头企业，提高种业投资实力，通过外延式发展实现企业国际地位的快速提升。中国化工收购世界种业排名第三的先正达公司，隆平高科通过国内外并购进入世界种业8强，都是依托强大的投资实力完成的。当然，并购是手段而不是目的。种业并购完成后，仍然需要资源整合和业务重组，才能真正实现高水平的知识产权国际布局。

（3）扩大生产优势，实现细分领域国际突破。中国的部分区域是具备生产区位优势的。例如，江苏、四川等地具有传统的杂交水稻制种优势。中国历年出口的杂交水稻种子，绝大部分是在这些省份的固定区域生产的。生产优势直接影响出口优势。近几年种子出口规模缩减，主要是由于土地、劳动力等制种成本上升（邓岩，2020），生产区位优势下降所致。如果能够发展集约化种子生产，加强制种区域生产规划和风险管控，提高种子质量和单产水平，降低种子生产成本，生产区位优势就可以得到恢复和提高，中国在水稻等种业细分领域就能实现更高水平的国际突破。

（4）加强资源整合，激发变量条件的组态效应。种业知识产权国际布局的全面追赶是一个循序渐进、持续优化的长期过程，既要放眼长远，也要立足当下的竞争现实。无论是研发队伍、育种条件，还是生产基地、市场规模，中国种业主要资源的总量都很丰富，但碎片化问题非常严重，导致资源浪费大、使用效率低。加强种业核心资源的外部嫁接与整合，以及企业内部资源的优化配置与组合，可以激发有限资源的组态效应，通过集成式、区域性发展，中国种业可以实现知识产权布局及国际化发展的突破。

6.4 中国种业知识产权国际布局的基本策略

6.4.1 全面提高知识产权保护水平

知识产权保护不仅是种业国际竞争力提升不可或缺的必备条件，作为农业大国和种质资源大国，中国的种业知识产权保护还必须具备国际化视野，才能有效维护中国种业在国际竞争中的权益。国际经验表明，加强种业知识产权国际合作，建立 DUS 测试报告共享、测试结果相互认可等机制，可以快速提高知识产权国际申请数量。同时，中国种业国际合作目标国家大多为发展中国家，知识产权保护水平较低。虽然在市场进入期具有一定的便利性，但后续发展的知识产权风险大，很难保持独特竞争优势。帮助发展中国家尤其是种业合作目标国提高知识产权保护水平，对于中国种业市场拓展乃至国际竞争力实现也有重要作用。

6.4.2 建立知识产权国际释放战略

（1）知识产权与国际化战略协同发展。种子企业要实施国际化战略，首先就要加强农作物种子技术的相关知识产权海外保护。"兵马未动，粮草先行"，在国外申请知识产权保护是农作物种子"走出去"的首要保障。由于种子具有商品和物化技术的双重属性，种子企业实施国际化战略的各个阶段都会涉及知识产权问题，只有将知识产权与企业国际化战略协同发展才能真正为中国种子"走出去"保驾护航。

（2）提高知识产权国际转化和利用率。种子企业进行知识产权商业化开发主要可以采取两种模式：一是知识产权独占实施。企业独自占有、使用、受益于自主知识产权品种，获得高额垄断利润。这种模式具有很强的排他性，而且有国家的强制力保障，在某一特定领域享有合法的市场独占权。这是具有育、繁、推一体化能力，产业化开发实力强的种子企业的通行做法。二是转让或者授权实施。将知识产权品种授权许可他人生产和销售，收取转让费或者使用费。这种模式比较灵活，在实践中，有品种权转让、经营权转让、分区域授权、总授权等多种方式，是产业化能力较弱的种子企业的一般做法。

（3）提高知识产权可能实现的国际市场规模和价值。由于作物新品种研发时间长，成本高，种子企业应充分发掘成果的使用价值，扩大应用范围，提高作物育种创新成果的市场价值，反过来又可以此促进育种创新，增强企业持续创新能力。作为世界上最大的发展中国家，中国在农业发展上的成功对中国周边的亚洲国家以及非洲各国具有很强的吸引力，特别是水稻、玉米、蔬菜等农业技术的整体比较优势明显，技术适应性强。因此，中国种子企业应积极拓展外部空间，提高种业知识产权产业化可能实现的规模和市场价值。

6.4.3 建立知识产权创新战略

（1）提高企业的育种创新能力。种子企业要提高知识产权创造能力，首先要营造出尊重知识、尊重人才、尊重创造、崇尚科学的氛围和工作环境；其次，要成立知识产权研发部门，组建专业育种科研队伍，增加科研经费投入，严格科研育种管理，确立以市场为导向的科研育种方向。再次，搜集、储备具有开发利用和商业价值的宝贵种质资源，提高企业育种创新能力。种子企业可以联合其他企业组建行业知识产权协会或联盟，加强联盟种子企业间的交流，建立种质资源共享机制，提高种质资源利用率。最后，要制定有效的知识产权激励措施，激励员工的创新积极性，鼓励员工创造更多的自主知识产权。

（2）构建产学研紧密结合的创新机制。中国种子企业普遍规模较小，研发投入不足，自主创新能力较弱。在这种情况下，充分利用高等院校和科研院所的科研能力，实现产学研紧密结合，对于推动自主创新具有重要意义，是提升种子企业知识产权创造能力的重要途径。种子企业可以通过完善项目组建初期的知识产权确认和协议保护制度，项目运作阶段的知识产权资源的使用、保护和知识产权归属制度，项目解体阶段的知识产权资源的使用、保护和知识产权归属制度来规范产学研合作中的知识产权权属，达到合作双赢的目的。

（3）充分利用"技术溢出效应"。技术溢出理论认为，外国直接投资可以通过示范、传播和竞争等途径对东道国产生技术溢出效应，从而引起当地技术和生产力的进步。资本流动往往搭载着技术、知识、管理、观念、人才、品牌、市场等要素，吸收外资和集成全球优势要素是"一揽子"过程。实践经验表明，外资进入中国种业市场，除去资本逐利本性的目标外，也在服务和推进中国种业及农业发展。特别是跨国种业巨头在农作物育种方向上发挥的特殊"领航"作用是中国种子企业自身难以望其项背的。因此，我们应充分利用"技术溢出效应"，尽快缩小与跨国公司的差距。

6.4.4 建立知识产权管理战略

种子企业知识产权管理是企业知识产权的计划、组织、指挥、协调、控制等方面活动的总称。种子企业知识产权管理战略要求从战略高度管理企业的知识产权，将企业知识产权管理由一般的事务层次上升到战略层次，在有效的知识产权管理基础上推动企业知识产权工作的规范化。

种子企业实施知识产权管理战略，首先要构建知识产权管理平台。种子企业应成立知识产权管理部门，配备知识产权管理专业人员，制定种子企业知识产权管理制度，通过机构、制度、人员的逐步完善，把知识产权管理与企业的发展战略融合起来，充分发挥知识产权的经济效用。其次，根据种子企业的经营目标和发展战略，制定企业知识产权战略。知识产权战略是企业经营战略的重要组成部分，制订企业知识产权战略时应将知识产权战略转化为企业经营战略的具体实施行动。再次，实施种子企业知识产权管理战略。主要包括知识产权的归类整理、开发经营、控制保护和管理效果的评价等。最后，建立知识产权战略评估体系。通过对知识产权战略管理进行考核评价，可以直观地看到知识产权管理带来的经济效益，反过来可以促进企业加强和改善对知识产权的管理，并激发企业的知识产权创造。

7 种业"走出去"发展模式分析与选择

7.1 种业"走出去"发展模式分析

企业"走出去"发展模式一般分为三大类：一是出口贸易模式，即产品在国内生产，然后在国外销售的模式。这是一种传统、简单、风险最小的"走出去"发展模式。二是契约模式，又称为非股权进入模式，主要形式有：许可证协议、特许经营、生产合同、联合研发等。这种模式具有较大的灵活性和实用性。三是对外直接投资模式，又称为股权进入模式，即企业直接在东道国投资，就地生产，就近销售。对外直接投资模式可分为绿地投资和并购，绿地投资模式又可以细分为合资方式和独资方式。国际大型种业跨国公司多采用并购模式进行对外直接投资。

由于国际市场进入时间不同、风险不一，中国种业"走出去"必须分层次、分阶段推进。当前，中国种业"走出去"发展模式主要有种子出口、国外制种、技术出口、合资或独资公司四个层次。其发展阶段递进图见图7-1。

7.1.1 种子出口

（1）主要特征。企业将种子样品在目标国试种成功后，报经当地政府批准批量进口，农户对该品种的认知度和认可度提高，但出口初期该种子的市场规模尚小。此时企业的主要任务是满足当地市场需求，广泛宣传并给予配套的种植技术指导和培训，集中力量扩大种植面积。

（2）盈利模式。企业通过向目标国出口种子，从种子出口中直接获得利润。

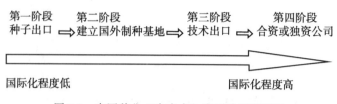

图 7-1 中国种业"走出去"发展阶段递进图

这种模式的优点是风险小、收益可控,但缺点也很明显:一是单纯的种子销售,技术含量不高,企业会面临同类公司同质化的冲击;二是种子生长受环境、种植技术等条件约束,国内育成品种在国外环境中的表达可能会受到一定程度的限制,进而增加新品种推广难度。

(3) 运营模式。种子出口的运营模式仅是向目标国销售种子,品种选育和种子生产都在国内完成。这种模式适合早期的种子出口阶段。此时,企业对目标国市场需求状况还处于摸索期,采用这种模式可有效控制风险,同时还能保护企业在品种选育和种子生产方面的优势。

7.1.2 国外制种

(1) 主要特征。此时,目标国种子选育、生产和配套栽培技术明显提高,并有一定规模的经营和技术人才储备,种子市场扩张较快,种子出口企业在目标国建立种子生产基地。

(2) 盈利模式。由于目标国种子市场基本成熟,需求量很大,属地国政府立足于保护本国种业,采用一些贸易或非贸易壁垒等措施阻碍种子直接进口。于是,中国企业便在东道国建立种子生产基地,将种子生产和销售推广工作都交由属地国合作伙伴进行,用于缓和贸易摩擦,企业转向通过收取品种权使用费获利。这种模式既可以规避贸易壁垒,还能利用属地国劳动力、土地资源等优势,降低种子生产风险和成本,同时还能发挥知识产权的溢价能力,继续维持较高的垄断利润。

(3) 运营模式。企业在属地国建立种子生产基地,实现本地化制种,可以同时满足属地国国内及其国外 2 个市场的种子需求。同时,通过在国外建立生产基地，可以收集当地优异种质资源，与国内种质资源相结合，选育出更有竞争力的新品种，申报属地国植物新品种保护，为企业在更高层次上参与国际竞争作技术储备。

7.1.3 技术出口

（1）主要特征。出口的种子及其技术在属地国已经得到普遍认可，市场规模和配套技术服务需求快速扩大，对种子质量也提出更高要求，销售方式由粗放向精细过渡。属地国政府为了保护本国粮食安全以及扶持本国种业发展，开始提高准入门槛、设置更多的贸易壁垒。

（2）盈利模式。企业通过技术专利以及品种权授权、许可、转让等方式进行技术输出，以此来直接获利。这种模式成功的前提是属地国市场拥有比较完善的农业知识产权保护制度，而很多发展中国家还没有加入国际植物新品种保护公约（UPOV）。

（3）运营模式。属地国种子市场已经完全成熟，种子需求旺盛，属地国合作者的生产能力和配套栽培技术水平都有很大提高。此时，中国企业只需掌控种子产业链上的关键环节，常规种子生产经营活动交由属地国合作者运营，中国企业适当给予技术指导。此时，中国企业可以将主要精力集中针对属地国进行定向研发，以此来巩固和提高本企业的种子在属地国的市场份额，同时继续保持相对领先的技术优势。

7.1.4 国外投资

（1）主要特征。属地国已经掌握种子生产和种植的关键技术，中国企业失去在传统技术方面的垄断地位，属地国也不再满足于中国品种在本国的简单复制，而是希望针对本国条件针对性研发新品种。此时，中国企业转向在属地国投资设立合资或独资公司，在属地国就地开展针对性育种，重新培植、巩固垄断性的技术优势，并谋取综合性竞争地位。

（2）盈利模式。在属地国就地开展定向育种和配套技术研发，创造出更符合属地国需求的新品种，并从全球资源配置的角度整合种子产业链，从属地国或其他市场以及价值链分配中盈利。

（3）运营模式。企业到海外投资建立或收购种子企业，通过本土化运营，逐步整合全球种业资源，推动中国种子企业的国际化发展。

7.2 中国种业"走出去"发展模式选择

自加入世界贸易组织 20 年来，中国种业国际化发展成就显著，实现了从"引进来"到"走出去"的全方位发展。"引进来"为中国种业乃至农业发展发挥了重要作用，同时也给国内种业市场带来巨大冲击。"走出去"实现一些重要突破，还有很大的拓展空间和发展潜力，同时也受制于自主创新能力不足、知识产权国际布局落后、行业集中度低等问题。中国已经成为世界第二大规模的种子市场，但种子进出口贸易一直处于逆差状态，并且在全球种子市场的占有率仅维持在 2% 左右，远低于美国、荷兰等发达国家（王磊，等，2014）。美国、荷兰和法国排名全球种业国际竞争力前 3，中国排名第 28，国际种子市场份额主要集中于前 4 名的跨国种业集团（黄毅，柳思维，2015）。因此，分析世界主要种业国的国际竞争力提升路径及其发展模式，可供中国种业比较和选择"走出去"发展模式。

7.2.1 文献回顾与分析框架

有关中国种业国际竞争力研究的文献主要集中在 3 个方面。①中国种业发展现状和国内外竞争态势。张延秋等（2019）认为，中国种业与自己相比发展很快，和国外先进国家相比差距很大。尤其在科技创新上，中国距离打造具有国际竞争力的"种业航母"，还有很长一段路要走。黄毅等（2015）测算分析，国际种业市场被寡头企业垄断，市场份额主要集中于前 4 名的种业集团；国内种业市场集中度相当低，迫切需要通过兼并、合并成立跨国集团。②中国种业国际竞争力评析。中国农业生产用种有保障，但在一些领域还有不少短板和弱项。中国种业整体国际竞争力水平不高（王磊，等，2014）。对种业国际竞争力贡献较大的因素是科技创新指数、国际市场占有率和跨国公司市场份额（吕明乾，等，2015）。产业化程度低、研发体系不健全、市场化发展不足等，是影响中国种业国际竞争力提升的深层次原因（华树春，2018）。③中国种业国际竞争力的提升路径。万建民（2021）认为，打好种业翻身仗，重在抓好种业创新。王帅等（2017）提出，面临体制性制约、产业链发展薄弱及外资种业的挑战，中国亟待培育具有较强国际竞争力的种子企业。李黎红等（2019）提出，中国杂交水稻发展领跑于世界，加快抢占世界杂交水稻种业科技制高点，可以助推中国种业走进国际前列。国际种业竞争很大程度上是知识产权的竞争，应当不断提升种业科技创新能力，加大种业知识产权保护，加快种业知识产权成果的运用、转化，有效提升种业国际竞争力（邢瑞淼，等，2020）。

已有文献中关于国内外种业发展形势的研究比较丰富，对中国种业国际竞争力的评价比较切合实际，对中国种业国际竞争力提升路径也提出了很多很好的建议。然而，种业国际竞争力差异是技术创新、市场竞争、知识产权保护等多重因素共同作用的结果。已有研究多聚焦于单因素分析，对各种类型种业国际竞争力提升路径的运行机制及其条件关系缺乏深入研究。本章拟在已有研究基础上，结合种业特点，提出种业国际竞争力提升路径的整合性分析框架（见图7-2），运用清晰集定性比较分析（cs/QCA）方法，研究种业国际竞争力提升路径的条件组态及其条件变量之间的作用关系，综合考量各种路径的适配关系和适用条件，从而比较和选择中国种业"走出去"发展模式。

7.2.2 研究方法

7.2.2.1 研究设计

（1）定性比较分析方法（简称QCA）的介绍。近年来，QCA方法在管理学研究中得到快速应用，成为管理学科各领域解决因果关系复杂性的重要工具（郝瑾，等，2017）。QCA采取整体视角将案例视为条件变量的"组态"，通过案例间的比较，找出条件组态与结果间的因果关系，回答"条件的哪些组态可以导致期望的结果出现？哪些组态导致结果的不出现？"这类问题（杜运周，贾良定，2017）。QCA方法致力于分析相互依赖、相互作用的条件共同对于结果的组态效应，可以识别产生同一结果的多重等效的组合方案，从而为企业战略决策提供更多的路径选择。

QCA分析结果的稳健性不取决于样本量大小，只取决于样本是否涵盖代表性

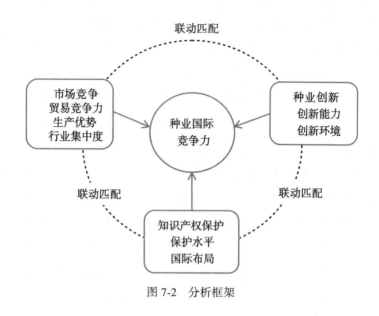

图 7-2 分析框架

的个体（王凤彬，等，2014）。本章数据选自全球 17 个主要种业国，样本量适中，是 QCA 方法适合的研究对象。

QCA 分为清晰集定性比较分析（cs/QCA）、模糊集定性比较分析（fs/QCA）和多值集定性比较分析（mv/QCA）。本章选用清晰集定性比较分析（cs/QCA）方法。

（2）案例选择。选择美国、荷兰、法国、德国、日本、瑞士、匈牙利、意大利、加拿大、丹麦、罗马尼亚、智利、奥地利、西班牙、阿根廷、比利时、中国等全球 17 个主要种业国作为研究案例，主要是基于两方面的考虑。①研究案例的代表性和现实意义。该 17 个国家 2017 年种子出口额合计，占全球出口总额的比例是 81.99%，对全球种业的代表性较充分。同时，17 个案例中既有全球公认的国际竞争力较强的 8 个国家，也有国际竞争力较弱的 9 个国家，有利于对比分析。②案例信息来源的可靠性。国际种子联盟、国际植物新品种保护联盟每年都会定期公布世界各国种子出口和植物新品种保护数据，其他数据也能通过文献或调研获取。通过对不同来源资料的三角验证，可以保证数据具有较高的信度和效度。

7.2.2.2 变量及赋值

（1）结果变量：种业国际竞争力。种业国际竞争力是指一国种子产业在国际市场的综合竞争能力，主要表现为种子出口优势、全球种子市场占有率和跨国种业企业规模。本章选择种子出口额全球占比、跨国种业公司全球市场份额和拥有世界排名前 20 位种业企业数量 3 项指标作为结果变量的测量指标，并采用德尔菲法，邀请熟悉相关领域的 9 位行业专家评定各项指标的权重，所测算出的综合指数基本能够反映各国种业国际竞争力高低。

（2）条件变量。文献分析发现，影响种业国际竞争力提升的主要因素有 7 种，全部选定为本章研究的条件变量。

①知识产权国际布局。企业拥有知识产权的根本目的是获取和维持竞争优势，国际布局则是将知识产权转化为国际竞争优势的前提和加速器（陈红，杨雄年，2017）。通过有效的知识产权国际布局，种子企业可以运用法律手段在国际市场建立知识产权特权，发挥知识产权的放大功效，实现垄断收益最大化（陈燕娟，刘翠君，2016）。种业知识产权特权能否在国外实现，主要取决于植物新品种权的有效授权。从表 7-1 可以看出：美国、荷兰等国植物新品种权的国外授权数量全球领先，与其种子出口额全球排名基本一致。因此，本章采用植物新品种权的国外授权数量来评价该国种业知识产权国际布局水平。

表 7-1　　　　2017 年部分国家植物新品种权数量及种子出口情况对比

国家	品种权国内申请量		品种权国外申请量（2009—2017 年累计）		品种权国外授权量（2009—2017 年累计）		种子出口额全球占比	
	数量	排名	数量	排名	数量	排名	占比（%）	排名
中国	4004	1	160	19	101	18	1.72	15
美国	822	2	9706	1	6875	2	14.36	3
荷兰	638	3	9635	2	7422	1	17.11	1
法国	146	12	3876	4	2296	4	15.10	2
德国	32	20	4797	3	3910	3	6.57	4

注：根据国际植物新品种保护联盟公布的数据整理。

②知识产权保护水平。知识产权保护直接影响种业竞争优势的价值实现。市场目标国知识产权保护水平越高,企业就可以利用知识产权优势发掘更多市场机会、拓展更大发展空间。种业跨国企业一般都会围绕目标国知识产权保护水平选择市场和技术进入方式(罗炬,等,2020)。各国的种业知识产权保护水平,同该国知识产权发展状况以及综合知识产权保护水平大体一致。因此,本章采用国际知识产权联盟发布的世界知识产权发展报告作为各国知识产权保护水平的评价依据。

③自主创新能力。植物新品种权是种业创新能力最主要、最直观的体现形式(朱俊峰、马鹏飞,2019)。植物新品种权业经提交申请,证明该品种已经完成育种流程,可以计入创新成果评价自主创新能力。从种业国际竞争的角度看,植物新品种权的国外申请数量比国内申请数量更能体现创新能力差异。从表7-1可以看出,各国种子出口额与其植物新品种权的国外申请数量显著正相关,与国内申请数量的关系不显著。因此,本章选择植物新品种权的国外申请数量作为该国种业自主创新能力的评价依据。

④创新环境优势。创新环境对种业创新主体、集体效率、创新行为都有重要的协同作用,创新环境优势可以反映该国种业创新与竞争的大环境和基础条件(熊肖雷,李冬梅,2016)。本章采用全球创新指数评价各国种业创新环境优势,数据源于《2017年全球创新指数报告》。

⑤生产区位优势。种子生产不同于普通的农作物种植,尤其是杂交作物种子生产对温光条件非常敏感(李平,等,2013),需要通过反复试验筛选满足特定环境要求的种子生产基地,由此形成不同国家、不同地域的种子生产区位优势。本章采用德尔菲法,邀请熟悉相关领域的9位行业专家对各国种子生产区位优势进行评比。

⑥贸易竞争力。贸易竞争力指数是进行国际竞争力分析时比较常用的测度指标,一般用一国进出口贸易差额占进出口贸易总额的比例来分析,其值越接近-1表明竞争力越弱,越接近1则表明竞争力越强(张军平,等,2015)。从国际种子联盟统计数据中可以摘录各国种子进出口贸易额,本章据此计算种子贸易竞争力。

⑦行业集中度。行业集中度是指该国种子市场前几家最大企业所占市场份额的总和。提高行业集中度,是增强种业竞争力的基础要素。企业通过兼并重组整合技术资源和种子市场,可以提高市场占有率,并通过垄断实现盈利能力和竞争

力提升（陈生斗，2016）。这也是提高种子行业集中度的核心价值所在。该指标根据统计数据、文献资料整理后测算。

（3）变量赋值。与相关分析技术不同，QCA 分析的是集合而非变量，因此需要对测量变量进行校准，以使原始测量具有可解释的集合意义。所谓校准，就是给案例赋予集合隶属的过程，即判断某个案例是否属于或多大程度上属于某个集合的过程。具体而言，研究者需要根据已有的理论知识和案例情境对变量赋值，将其校准为集合。在清晰集比较分析（cs/QCA）中，每个条件变量和结果变量均视为 1 个集合，每 1 个案例在集合中均有隶属分数。校准后的集合隶属度只存在"0 或 1"两种情形，"1"表示完全隶属该集合，"0"则表示不属于该集合。

考虑到基于定性锚值（分界点）的校准过程在标准设定上具有较强主观性，本章参照 Cronqvist 和谭海波（2019）的做法，借助 Tosmana 软件所给出的建议值，并结合样本数据所体现的具体情况，以避免矛盾架构为标准（项国鹏，2019），将样本中各前因要素及结果按照"二分归属"原则赋值为 0 或 1（如表7-2 所示）。

表 7-2   结果变量和条件变量的设定

变量类型		变 量 名 称	变 量 赋 值	数 据 来 源
结果变量	国际竞争力	种子出口量	竞争力综合指数大于 2 为 1，否为 0	国际种子联盟 ISF
		全球市场份额		国际种子联盟 ISF
		Top20 跨国公司拥有量		国际种子联盟 ISF
条件变量	市场竞争	生产区位优势	具备优势为 1，否为 0	笔者整理
		行业集中度	大于 0.5 为 1，否为 0	笔者整理
		贸易竞争力	大于 0 为 1，否为 0	根据 ISF 数据计算
	知识产权保护	知识产权保护水平	大于 5.9 为 1，否为 0	国际知识产权联盟
		知识产权国际布局	大于 750 为 1，否为 0	国际植物新品种保护联盟 UOPV
	种业创新	自主创新能力	大于 900 为 1，否为 0	国际植物新品种保护联盟 UOPV
		创新环境优势	大于 58 为 1，否为 0	全球创新指数报告

7.2.3 研究结果

7.2.3.1 必要条件分析

运用 fsQCA3.0 软件分析各个条件变量的必要性，结果见表 7-3。高国际竞争力的必要条件分析结果中，高知识产权保护水平的一致性高于 0.9，其他条件的一致性低于 0.9；低国际竞争力的必要条件分析结果中，低行业集中度、低国际布局、低自主创新能力、低创新环境优势的一致性高于 0.9，其他条件的一致性均低于 0.9。由此表明，高知识产权保护水平应该是解释高国际竞争力的必要条件，低行业集中度、低国际布局、低自主创新能力、低创新环境优势应该是解释低国际竞争力的必要条件。

表 7-3 必要条件分析

前因条件解释力度	高国际竞争力		低国际竞争力	
	一致性	覆盖度	一致性	覆盖度
高贸易竞争力	0.667	0.545	0.625	0.455
低贸易竞争力	0.333	0.500	0.375	0.500
高生产区位优势	0.778	0.700	0.375	0.300
低生产区位优势	0.222	0.286	0.625	0.714
高行业集中度	0.778	1.000	0.000	0.000
低行业集中度	0.222	0.200	1.000	0.800
高知识产权保护水平	1.000	0.692	0.500	0.308
低知识产权保护水平	0.000	0.000	0.500	1.000
高知识产权国际布局	0.778	1.000	0.000	0.000
低知识产权国际布局	0.222	0.200	1.000	0.800
高自主创新能力	0.778	0.200	0.000	0.000
低自主创新能力	0.222	0.000	1.000	0.800
高创新环境优势	0.556	1.000	0.000	0.000
低创新环境优势	0.444	0.333	1.000	0.667

7.2.3.2 条件组态分析

QCA 分析结果见表 7-4。可以看出，解释高国际竞争力的发展路径有 3 种类型的条件组态，分别对应 1 组条件变量。总体一致率为 1，说明满足 3 种类型条件组态的国家均呈现出高国际竞争力。总体覆盖率为 1，说明 3 种类型条件组态可以解释所有的高国际竞争力案例。总体一致率和总体覆盖率高于临界值，表明实证分析结果有效。

表 7-4 　　　　　　　　　　高国际竞争力的组态分析

	"投资—出口型"模式	"投资主导型"模式	"生产—出口型"模式
条件组态	1	2	3
贸易竞争力	●	○	
生产区位优势	●	○	●
行业集中度	●	●	○
知识产权保护水平	●	●	●
知识产权国际布局	●	●	○
自主创新能力	●	●	○
创新环境优势			○
典型案例（国家）	荷兰、美国、法国、德国、丹麦	瑞士、日本	匈牙利、意大利
一致率	1	1	1
原始覆盖率	0.556	0.222	0.222
唯一覆盖率	0.556	0.222	0.222
总体一致率	1		
总体覆盖率	1		

注：●或●表示该条件存在，○或○表示该条件不存在；●或○表示核心条件，●或○表示辅助条件；空格表示该条件对结果而言无关紧要。

（1）条件组态 1：知识产权保护水平 ∗ 知识产权国际布局 ∗ 自主创新能力 ∗行业集中度 ∗ 生产区位优势 ∗ 贸易竞争力（∗ 表示"和"；~ 表示"非"。下同)。该组态下,创新环境优势对结果而言无关紧要,其他6个条件都存在。该组合反映发展历史悠久、综合实力雄厚的种业强国,种子生产条件好,资本和技术优势大,非常重视知识产权保护,属于全球种业创新的主导者。满足这一条件组态的案例为荷兰、美国、法国、德国、丹麦。此类国家拥有比较全面的种业国际竞争优势,无论是种子出口数量、全球种业市场份额还是跨国投资,都处于领先地位。因此,该路径可以命名为"投资-出口型"模式,能够解释约55.6%的高国际竞争力案例。

(2) 条件组态2:知识产权保护水平 * 知识产权国际布局 * 自主创新能力 * 行业集中度 * ~生产区位优势 * ~贸易竞争力。该组态下,创新环境优势对结果而言无关紧要。该组合反映种子生产自然条件较差,贸易竞争力不强,但拥有行业集中度、知识产权国际布局、自主创新能力等条件优势,同时还有高知识产权保护水平的国家。满足这一条件组态的案例为瑞士和日本。此类国家也有种业国际竞争优势,但竞争力主要通过跨国投资实现,本国种子出口数量少。因此,该路径可以命名为"投资主导型"模式,能够解释约22.2%的高国际竞争力案例。

(3) 条件组态3:~创新环境优势 * 知识产权保护水平 * ~知识产权国际布局 * ~自主创新能力 * ~行业集中度 * 生产区位优势。该组态下,贸易竞争力对结果而言无关紧要。该组合反映具有高知识产权保护水平和高生产区位优势的国家,尽管不存在自主创新能力、知识产权国际布局、行业集中度、创新环境优势等条件,但作为跨国公司的种子生产基地,按照国别统计的种子出口额全球占比高,从而也形成了种业国际竞争优势。满足这一条件组态的案例为匈牙利和意大利。跨国公司在国外开展规模化种子生产,最担心技术溢出不当导致知识产权损害。全球具备生产区位优势的国家很多,必须同时具备高知识产权保护水平,才能被跨国公司选作种子生产基地。因此,该路径可以命名为"生产-出口型"模式,能够解释约22.2%的高国际竞争力案例。

7.2.3.3 潜在替代关系分析

对比分析3种类型组态的条件组合,可以识别7个条件变量对于种业国际竞争力提升的差异化适配关系。创新环境优势对3种组态而言无关紧要或者只是辅助条件,组态1具备其他全部6个条件。组态2、组态3都具备高知识产权保护水平,主要差异在于知识产权国际布局、自主创新能力、行业集中度、生产区位优势4个条件。满足组态2的国家具备知识产权国际布局、自主创新能力、行业集中度等3个条件,不具备生产区位优势;满足组态3的国家具备生产区位优势,不具备知识产权国际布局、自主创新能力、行业集中度等3个条件。由此可见,提高知识产权保护水平是提升种业国际竞争力的必要条件。知识产权国际布局、自主创新能力、行业集中度对提升种业国际竞争力具有组态效应,并与生产区位优势存在潜在替代关系。

生产区位优势是客观存在的自然禀赋(詹琳,等,2020),属于不可控条件变量;知识产权国际布局、自主创新能力和行业集中度是主观可选的发展要素,属于可控条件变量。因此,对于不具备生产区域优势的国家,提高知识产权国际布局、自主创新能力和行业集中度是提升种业国际竞争力的有效手段。

7.2.3.4　稳健性检验

为了提高研究结论的可靠性,本章通过改变测量方法(分别运用 cs/QCA 和 fs/QCA 进行测试)和调整一致性阈值(将阈值从 0.8 提高到 0.85)分别进行稳健性检验,结果都显示前因条件组态基本相同,证明研究结论具有较高的稳健性。同时,本章也尝试对结果变量"非"(低国际竞争力)展开分析,但实证研究结果没有发现能够解释低国际竞争力的条件组态。由此可以认为,实现高种业国际竞争力的条件组态具有一定的规律性和稳定性,而导致低国际竞争力的条件组态没有明显的规律性。

7.2.4　研究结论与启示

7.2.4.1　研究结论

(1)存在投资-出口型、投资主导型和生产-出口型3种条件组态的种业国际竞争力提升路径。

(2)提高知识产权保护水平是提升种业国际竞争力的必要条件,知识产权国际布局、自主创新能力、行业集中度对提升种业国际竞争力具有组态效应,并与生产区位优势等条件变量存在潜在替代关系。

（3）作为主观可控条件，提高知识产权国际布局、自主创新能力、行业集中度是克服自然条件不足、提升种业国际竞争力的有效手段。

7.2.4.2 启示：中国种业"走出去"发展模式选择

对比"投资-出口型"国家，中国种业各项条件都存在系统性差距，组态 1 显然不是中国种业可选的国际竞争力提升路径；对比"生产-出口型"国家，中国不具备生产区位优势，且短期内不可能改变自然禀赋，组态 3 也不是中国种业可选的国际竞争力提升路径；对比"投资主导型"国家，中国种业在知识产权保护、知识产权国际布局、自主创新能力、行业集中度 4 个方面存在一定差距，但这 4 个要素都属于可以改进的条件变量，所以组态 2 是中国种业应该选择的国际竞争力提升路径和"走出去"发展模式。中国化工收购先正达公司，就是采用这一路径。由于条件变量联合作用才能形成组态效应，为了有效提升国际竞争力，以下四个方面联合作用，共同构成中国种业"走出去"发展模式。

（1）全面加强种业知识产权保护。知识产权保护贯穿于种业研发、生产、经营全过程，是种业国际竞争力提升不可或缺的必要条件（丁海凤，等，2020），在种业发展中发挥着重要的激励、纽带和保障作用。作为农业和种业大国，中国的种业知识产权保护制度建设，既要立足国内，也要放眼全球。当前，加强种业知识产权保护的关键措施在于：扩大植物新品种权保护范围和保护环节，有效维护品种权人的合法权益；建立实质性派生品种制度，激励育种原始创新，从源头上解决品种同质化问题；加大惩罚性赔偿数额，完善侵权赔偿制度，提高种业法律法规对知识产权侵权行为的威慑力。

（2）着力推进知识产权国际布局。近年来，国内植物新品种创新数量呈井喷增长态势，但由于知识产权国际申请不及时、数量少，种业知识产权国际布局仍处在"低端锁定"状态（任静，等，2019）。政府有关部门可以通过建立植物繁殖材料出口审批绿色通道，定期发布全球主要种业国植物新品种权申请指南，开展种业国际知识产权申请培训等措施，为中国种业知识产权国际布局提供全方位服务。同时，还要加强种业知识产权国际合作，积极参与国际植物新品种权申请平台建设，探索建立 DUS 测试报告共享、品种测试结果认证等跨国种业合作机制，推进中国种业实现更高层次的知识产权国际布局。

（3）不断增强种业原始创新能力。由于分子育种等技术的应用与发展，种业国际竞争逐步向原始创新纵深拓展。只有建立有利于基础研究和原始创新的体制机制，中国种业自主创新能力和国际竞争力才能得到稳定、持续提升，种源"卡脖子"风险才会逐渐减少。为了增强原始创新能力，中国种业需要加强对已有种质资源的发掘利用，创建种质资源管理与共享平台，为育种创新提供更多优异种源；重视育种技术创新，开展育种关键技术联合攻关，为育种创新提供更有力的技术支撑；培育种业创新主体核心竞争力，强化企业在商业化育种体系中的地位和作用，推动企业与科研单位建立紧密利益联结机制。

（4）进一步提高种子行业集中度。从种业发展的一般规律以及国际种业巨头的发展经验来看，提高行业集中度，可以快速实现种业创新能力、市场占有率及市场竞争力提升（詹琳，2013）。近几年，中国种子行业集中度有所提高，但与发达国家相比差距还很大。要进一步提高行业集中度，政府不仅要出台针对性支持政策，鼓励种子企业整合产业资源，还要培育第三方机构开展植物品种权价值评估，建立种业投融资服务平台，健全种子企业并购重组定价标准和交易程序，提高种子企业产权转让效率和成功率。同时，还要建立行业退出机制，引导企业主动、合法、有序退出种子行业，并严格执法，依法撤销不合法、违法企业的种子生产经营资质，净化、优化种业发展环境，推进种子产业向优质企业集中。

8 中国种业"走出去"的对策建议

8.1 中国种业"走出去"的制度保障

8.1.1 完善知识产权保护制度,提高知识产权保护水平

知识产权制度是影响企业创新和跨国投资的重要因素(Srinivasan,2004),一国国内的知识产权保护水平与企业创新以及外国投资之间存在正相关关系Seyoum,2006)。只有加入并实施 UPOV91 文本,中国种业才能真正融入植物新品种保护国际环境,有效保护和激发育种创新积极性。为了全面提高知识产权保护水平,还要继续开展制度创新,从法律修订、强化利用、强化野生和境外种质收集与保藏等方面加强种质资源保护,制定《植物新品种保护法》,建立一个"强保护、严保护、同等保护"的大环境(邓伟,崔野韩,2020),补充完善现行法律法规之不足。

8.1.2 逐步取消品种审定制,全面推行品种登记制

由于不涉及主要农作物,2017 年实施的《非主要农作物品种登记办法》对种业市场的整体影响很小。水稻玉米品种审定绿色通道试验实施之后,审定效率得到很大提高。2020 年通过国家初审的玉米品种数量有 806 个,比 2013 年增加43.8 倍,是名副其实的"品种井喷"(陈钢,等,2020)。绿色通道将品种审定制的问题进一步暴露和放大,模仿育种、品种多乱杂等问题愈演愈烈,审定品种的风险责任认定更加模糊。应该以备案登记制取代现行的品种审定制,"谁登记、

谁负责",由品种登记者承担种子推广带来的全部风险(伍振军,2015)。2021年版国家级稻和玉米品种审定标准从今年10月1日起实施,新标准提高了稻和玉米品种审定门槛,但还没有界定审定品种的风险责任。全面推行品种登记制,明确界定品种选育、生产和推广等相关主体的责权利,才能根治品种审定制的弊病。

8.1.3 完善种质资源保护制度,同步推进种质资源保护和利用

种质资源是优质品种选育的前提条件,种质资源的精准鉴定与利用则是品种创新的基石。种质资源保护和利用必须同步推进、不可偏废。中国种质资源保护工作成效显著,但保护制度还需要进一步完善。现行有关种质资源保护和利用的指引不具体,缺乏可操作性,从而导致野生种质和境外种质资源保存少、种质资源利用不足,种质资源创新的积极性不高等突出问题。因此,既要加大种质资源收集和保护力度,尤其是要对濒临灭绝的优质地方品种进行抢救性挖掘和保护,也要加强种质资源的精准鉴定与深度挖掘,加强种质资源利用与遗传育种研究的密切协作,紧密围绕农业科技原始创新和现代种业发展的重大需求,从现存资源中发掘出优异种质并进行改良创制,将种质资源存量优势转化为亲本材料优势和种业竞争优势,有助于培育更多的原创性、突破性新品种,推进中国种质资源利用的国际竞争力提升。

8.1.4 国内外双向强化种业知识产权布局,提高种业知识产权国际竞争力

知识产权布局是提高种业国际竞争力的加速器。中国种业国际市场大多为发展中国家,知识产权保护水平较低,虽然在市场进入期具有一定的便利性,但持续发展风险大,很难保持独特竞争优势。为了提高种业竞争力,深度拓展国际种子市场,既要强化种业知识产权国际布局,也要帮助发展中国家尤其是种子市场目标国提高知识产权保护水平,同时还要继续强化种业知识产权国内布局,切实提高知识产权保护效果,实现从种质资源、亲本到品种的全产业链保护。通过国内外双向强化知识产权布局,可以实现全方位种业知识产权保护,既能在国内抵御跨国种业巨头的知识产权"地雷阵",也能在国外提高种业知识产权国际布局

的数量、质量和速度，构筑有效的知识产权"防护网"，从而提高种业知识产权国际竞争力。

8.2 中国种业"走出去"的政策支持

8.2.1 提高种业市场集中度

提高市场集中度是最有效的市场势力扩大手段之一。从种业发展的一般规律以及国际种业巨头的发展经验来看，提高种业市场集中度可以实现市场、技术等产业资源的有机整合，快速实现种业创新能力、市场占有率和竞争力提升（詹琳，2013）。前几年，隆平高科等国内龙头公司通过并购重组，市场占有率明显提高。跨国并购也是加速种业结构调整、促进资源向优势企业集中、提升种业国际竞争力的有效路径。中国化工收购世界种业排名第三的先正达公司，便是采用这种策略。与发达国家相比，中国种业市场集中度仍然较低。政府应该加大政策支持力度，抓大放小，引导龙头企业进一步兼并重组，通过提高市场集中度扩大龙头公司的市场势力，推进中国种业市场主体的国际竞争力提升。

8.2.2 统筹兼顾原始创新能力培育和产学研合作

种业竞争本质上是原始创新能力的竞争，而参与国际竞争的主体是种子企业。面对体制性制约、产业链发展薄弱和外资种业的挑战，中国亟待培育具有较强国际竞争力的种子企业。破解种源"卡脖子"问题，必须提高企业的原始创新能力，强化企业的创新主体地位，促进育种资源、人才、技术从科研单位向企业聚集，全面提升企业国际竞争力。然而，由于技术积累和体制局限等原因，企业短期内不可能取代科研院所的育种地位，依托产学研合作才能支撑和提高中国种业国际竞争优势。因此，应统筹兼顾企业原始创新能力培育和产学研合作，提高研发效率，充分满足农业生产对新品种、新技术的广泛需求。

8.2.3 改善种业发展环境

为了缩小种业国际竞争力差距，必须厘清政府与市场、公益性育种与商业化育种的边界，有效改善中国种业发展环境。

（1）厘清政府与市场的边界，推进种子产业市场化发展。政府对种业发展具有不可替代的影响力，但政府不是万能的，必须尊重和发挥市场的主导作用，厘清并坚守政府与市场的边界。政府管理应以改善和保护种业发展环境为重心，减少行政审批、资源配置职能，增强产业服务、市场监督职能，建立优胜劣汰的种业竞争机制，维护公平合理的种业发展环境，全面推进种子产业市场化发展。

（2）厘清公益性育种与商业化育种的边界，优化产业分工与合作。企业是种业国际竞争的实体，必须坚定不移支持企业提高自主创新能力，使之尽快成长为种业创新的主体。同时，要把商业性育种从科研院所分离出来，建立公益性、商业化育种项目指导清单，给予分类管理与支持，兼顾农作物育种的公益属性和商业属性。清晰合理的产业链分工，有助于构建高效公平的商业化育种体系。支持科研院所主攻基础性、公益性育种研究，支持企业开展商业化育种能力建设，引导双方以知识产权及保护为纽带，协调前期探索、公益性研究与商业化开发的关系，建立稳定的利益联结机制。

8.2.4 打造国际竞争联合体

中国种业存量资源非常丰富，主要农作物育种具有与发达国家同台竞争的实力，部分研究领域已经处于国际领先地位，当务之急是增强企业的国际竞争力。可以将科研院所的资源、育种优势，与企业的市场、管理优势整合起来，打造种业国际竞争联合体，协同提升种业国际竞争力。

（1）联合开展知识产权国际布局。国际种业竞争很大程度上是知识产权的竞争（邢瑞淼，等，2020）。中国科研院所拥有的种业知识产权数量多，但对知识产权国际布局的积极性不高；企业是国际市场竞争的主体，有强烈的知识产权国际布局愿望，但拥有的知识产权数量少且在申请时还要受制于科研院所。构建和完善以企业为主导的产学研紧密结合的创新体制（陈燕娟，2011），鼓励和支持科研院所与企业联合开展知识产权国际布局，可以在数量、质量和速度上全方位提高中国种业知识产权国际布局水平。

（2）联合开展种业国际合作。面临体制性制约、产业链发展薄弱及外资种业的挑战，中国亟待培育具有较强国际竞争力的种子企业（王帅，张俊山，2017）。

为了提高企业国际竞争力，科研院所与企业可以联合开展种业国际合作。一是联合开展国外种质资源收集与利用，提高农作物种质资源的数量和质量，破解种源"卡脖子"问题的种质资源瓶颈；二是联合开展全球化育种，提高农作物新品种的数量和质量，破解种源"卡脖子"问题的品种瓶颈；三是联合开展全球化种子生产技术研发，提高农作物种子的数量和质量。

8.3 中国种业"走出去"的风险防范

种业"走出去"的风险管理是一个系统工程，政府、行业、企业三个层面应分别制定风险管控措施，同步推进。

（1）政府层面。首先，政府可利用外交以及双边、多边平台，准确研判国际合作新动向、新变化、新趋势，为种子企业"走出去"提供及时有效的政策指导。其次，积极推动与"走出去"目标国签署或修订投资保护、检验检疫、海关合作、双边税收等政府间协定，为种业"走出去"创造宽松发展的环境。最后，健全国家信用保险体系，完善种业"走出去"财政金融支持体系，落实信贷、税收、保险等多方面的配套措施，为种子企业"走出去"提供必要的政策支持。

（2）行业层面。行业协会在种业"走出去"风险防范中可以发挥独特的作用。其一，建立风险评估和预警服务机制。行业协会牵头，组建跨部门、多学科的风险评估科研团队，就种业"走出去"涉及的重要方面，进行集中攻关研究，定期发布种业"走出去"风险信息，为种子企业提供"走出去"风险评估与风险预警服务。其二，建立海外投资企业联盟。引导企业建立海外投资联盟，组织海外投资企业定期交流，避免盲目投资、恶性竞争，协调关系、维护利益；同时以适当的方式促进种子企业之间在技术、人员、种质资源等方面的交流与合作，实现资源共享、优势互补，提升种业整体国际竞争力，可以大幅降低种子企业海外经营风险。其三，提供咨询和培训服务。行业协会与中介机构、科研院所合作，建立咨询和培训服务平台，为企业提供法律、税收、风险管理、国际化经营等方面的咨询和培训，提高企业风险预防与应对能力。

（3）企业层面。首先，企业要持续加强自身能力建设。种业"走出去"成功与否归根结底还要靠企业自身实力。企业既要建立一套适合国际化发展的运营体系，包括人才培养、技术开发、财务管理等，满足对外投资目标对企业内在的要求，也要提高风险防控能力，包括增强海外投资的风险意识、重视海外投资的可行性研究、有效利用法律手段维护自身利益等。其次，适时实施本土化战略。本土化的实质在于投资者将生产、营销、管理、人事等全方位融入东道国经济，其最大益处在于促使企业迅速适应当地环境以获得更大发展空间，并有效规避风险。企业在熟悉当地经济、社会与法律环境后，要逐步淡化企业的中国特色，在投资决策、人才聘用、企业文化、产品营销等方面全面推行本土化策略。最后，加强海外种业知识产权保护和运营。企业要强化对种质资源、品种及育种核心技术知识产权的管控，及时申请专利和植物品种权保护，降低和规避知识产权风险。同时，企业还应密切关注全球种业的研发动向，把握申请先机，在维护和巩固自身知识产权优势的同时，有效遏制竞争对手的技术发展。

参 考 文 献

[1] 巴基斯坦农业发展概况 . 中国驻巴基斯坦大使馆经济商务参赞处网站，http：//pk. mofcom. gov. cn/article/wtojiben/h/201810/20181002794375. shtml，2018-10-11 .

[2] 鲍文 . 巴基斯坦农业推广现状、问题与发展趋势. 世界农业，2013（07）：137-140.

[3] 曹云华，胡爱清 . "一带一路"战略下中国—东盟农业互联互通合作研究. 太平洋学报，2015，23（12）：73-82.

[4] 陈超 . 中国农业企业"走出去"模式研究. 国际经济合作，2012（04）：25-29.

[5] 陈超，张明杨，李寅秋，等 . 我国植物新品种权走出去战略探析——基于国际发展和竞争动向的视角. 中国软科学，2011（10）：27-35.

[6] 陈超，张明杨，章棋，谭涛 . 全球视角下植物新品种保护对我国种子出口贸易的影响分析. 南京农业大学学报（社会科学版），2012，12（4）：70-76，132.

[7] 陈钢，孟军建，闫余望 . 种业改革新形势下，如何认识"品种井喷". 中国种业，2020（10）：8.

[8] 陈会英，步春敏，周衍平 . 植物品种权交易实施的动机、行为、绩效. 农业经济问题，2011（5）：83-90.

[9] 陈红，杨雄年 . 现代种业发展战略下强化植物新品种保护的政策措施. 知识产权，2017（11）：84-88.

[10] 陈劲，阳镇，朱子钦 . "十四五"时期"卡脖子"技术的破解：识别框架、

战略转向与突破路径. 改革, 2020（12）: 5-15.

[11] 陈龙江, 方华. 中国农作物种子进口: 现状与趋势. 中国农村经济, 2013
（03）: 70-79.

[12] 陈前恒, 吕之望. 中国与东盟农业合作状况与展望. 东南亚研究, 2009
（04）: 46-50.

[13] 陈瑞剑, 蔡亚庆, 井月, 仇焕广. 中国种业"走出去"的机遇、困境与对
策分析. 世界农业, 2013.3: 118-122.

[14] 陈瑞剑, 张陆彪, 柏娜. 海外并购推动农业走出去的思考. 农业经济问题,
2017, 38（10）: 62-68.

[15] 陈生斗. 我国种业发展的重要指标研究分析. 中国农技推广, 2016, 32
（1）: 3-9.

[16] 陈姝彤, 周海川. 中国农业"走出去"的成功条件与核心要素. 世界农业,
2014（03）: 17-24.

[17] 陈蔚. 金砖国家合作机制下中国与巴西农产品贸易分析. 世界农业,
2014.9: 149-151.

[18] 陈伟. 中国农业"走出去"的现状、问题及对策. 国际经济合作, 2012
（01）: 32-37.

[19] 陈伟. 中国农业企业"走出去"模式研究——以农业上市公司为例. 国际
经济合作, 2012（04）: 25-29.

[20] 陈伟. 中国农业"走出去"的背景及行业选择. 农业经济, 2012（04）:
7-9.

[21] 陈伟, 熊启泉. 中国农业"走出去"面临的国家风险及其防范. 农业经济,
2010（12）: 13-16.

[22] 陈燕娟. 知识产权保护与中国种业国际竞争力提升方略. 农业现代化研究,
2011, 32（3）: 266-270.

[23] 陈燕娟. 基于知识产权视角的中国种子企业发展战略研究. 华中农业大学,
2012.

[24] 陈燕娟. 种业发展与农业国际合作. 中国经济出版社, 2019.12.

[25] 陈燕娟. 种子企业知识产权战略研究. 湖北农业科学, 2011（10）: 2149-

2152.

[26] 陈燕娟，邓岩．中国与巴基斯坦农业科技合作研究．世界农业，2010（03）：65-68.

[27] 陈燕娟，邓岩．中巴经济走廊建设背景下双边种子产业合作模式研究．中国经济出版社，2021.6.

[28] 陈燕娟，邓岩．中国与巴基斯坦种子贸易发展潜力研究——基于贸易竞争性、互补性和增长潜力的实证分析．世界农业，2018（05）：47-54.

[29] 陈燕娟，邓岩，叶威．中巴经济走廊建设背景下巴基斯坦种业合作价值、市场机遇与发展潜力．种子，2018，37（06）：63-66.

[30] 陈燕娟，邓岩，叶威，王强．我国种业"走出去"风险识别与评价．江苏农业科学，2019，47（07）：333-336.

[31] 陈燕娟，刘翠君．种子企业知识产权竞争力评价——以 AB 公司为例．江苏农业科学，2016，44（1）：459-463.

[32] 陈燕娟，秦路，邓岩．种业国际化发展中的风险管理研究．中国种业，2018（02）：13-16.

[33] 陈燕娟，袁国保，邓岩．中国杂交水稻种子"走出去"的机遇、问题与对策研究．农业经济问题，2011，32（6）：21-25，110.

[34] 陈燕娟，袁国保，秦路，等．我国种业知识产权海外布局战略研究．农业经济问题，2013，34（4）：95~101，112.

[35] 程国强．中国农业实施全球战略的路径选择与政策框架．改革，2014.1：109-123.

[36] 崔卫杰．开放形势下的中国农业产业安全．国际经济合作，2015（01）：46-50.

[37] 邓伟，崔野韩．中国农业植物新品种保护制度及发展的研究．中国种业，2020（11）：1-7.

[38] 邓岩．国际化是中国种业发展的必由之路．中国种业，2017（01）：18-21.

[39] 邓岩．中国种业"走出去"的机遇、问题与对策研究．中国种业，2016（12）：5-8.

[40] 邓岩，陈燕娟．种源"卡脖子"风险的化解路径——基于全球 17 个国家种

业国际竞争力的组态分析. 中国科技论坛, 2022 (02): 162-169.

[41] 邓岩, 陈燕娟. 种源"卡脖子"问题的识别、成因与破解路径研究——以农作物种业为例. 农业现代化研究, 2022, 43 (1): 20-28.

[42] 邓岩, 陈燕娟. 巴基斯坦种业发展历史、现状及中巴合作. 种子, 2020, 39 (01): 59-63.

[43] 邓岩, 陈燕娟. 中国种业发展战略. 北京: 中国农业出版社, 2020.

[44] 丁海凤, 范建光, 贾长才, 等. 我国蔬菜种业发展现状与趋势. 中国蔬菜, 2020 (9): 1-8.

[45] 杜运周, 贾良定. 组态视角与定性比较分析 (QCA): 管理学研究的一条新道路. 管理世界, 2017 (6): 155-167.

[46] 范明亚, 卞辉. 我国农作物品种审定制度改进建议. 安徽农业科学, 2017, 45 (6): 247-249.

[47] 方华, 宋洪远, 黎霆. 国际种业发展格局演变及其趋势研究. 世界农业, 2014 (07): 1-6, 211, 216.

[48] 方连平. 南京种子产业现状分析与发展战略探讨. 南京农业大学, 2005.

[49] 高云, 刘祖昕, 矫健, 等. 中国与巴基斯坦农业合作探析. 世界农业, 2015 (08): 26-31, 231.

[50] 郭利磊, 张笑晴. 我国农作物品种区试审定制度的改革与发展. 中国种业, 2019 (2): 12-15.

[51] 郭韬, 丁小洲, 乔晗, 等. 价值网络对科技型创业企业商业模式创新影响机制的系统动力学仿真分析——基于系统管理与 CET@I 方法论视角. 管理评论, 2020, 32 (07): 41-53.

[52] 韩洁, 高道明, 田志宏. 中国农作物种子进出口贸易状况分析. 世界农业, 2015 (11): 5-10.

[53] 韩永辉, 罗晓斐, 邹建华. 中国与西亚地区贸易合作的竞争性和互补性研究. 世界经济研究, 2015 (03): 89-98.

[54] 黄季焜, 胡瑞法, 王晓兵, 蔡金阳. 农业转基因技术研发模式与科技改革的政策建议. 农业技术经济, 2014. 1: 4-10.

[55] 黄季焜. 国家粮食安全与种业创新. 社会科学家, 2021 (8): 26-30.

［56］黄毅, 柳思维. 国际种业垄断：理论解释、实证测算及趋势. 华南农业大学
学报（社会科学版），2015, 14（1）：79-91.

［57］黄勇, 王刻铭. 研发活动视角下我国农作物种业安全的实证分析. 湖南师范
大学自然科学学报，2016, 39（01）：61-67.

［58］黄祖辉, 陈立辉. 涉外农业企业应对汇率风险的策略选择. 国际贸易问题，
2011（1）：148-157.

［59］郝瑾, 王凤彬, 王璁. 海外子公司角色分类及其与管控方式的匹配效
应——一项双层多案例定性比较分析. 管理世界，2017（10）：150-171.

［60］何君, 冯勇, 张玲玲, 尹燕飞. 海外企业投资对中国农业"走出去"的启
示. 世界农业，2014（12）：153-156.

［61］何君, 陈瑞剑, 杨易. 中国农业"走出去"的成效及政策建议. 世界农业，
2013（01）：116-119.

［62］贺利云. 中国种子企业走出去现状、问题及建议. 中国种业，2016（04）：
1-3.

［63］何忠伟, 隋文香. 农业知识产权教程. 北京：知识产权出版社，2009.

［64］胡晓雨, 祁春节, 向云. 中国与巴基斯坦农产品贸易的竞争性与互补性研
究. 世界农业，2017（08）：58-66.

［65］华树春. 跨国种业公司开拓中国市场策略研究. 农业经济问题，2018, 4：
131-140.

［66］侯军岐. 我国种业企业核心竞争力及其培育. 西北农林科技大学学报（社
会科学版），2016.4（16）：116-122.

［67］胡冰川. 种业发展中的相关问题讨论. 中国农村科技，2021（6）：30-33.

［68］胡冰川. "十四五"农业国际合作若干重大问题前瞻. 农业经济问题，
2020（10）：103-112.

［69］蒋和平, 蒋黎, 王有年, 等. 国家粮食安全视角下我国种业发展的思路与
政策建议［J/OL］. 新疆师范大学学报（哲学社会科学版）：1-12［2021-
12-23］.

［70］靖飞, 王玉玺, 宁明宇. 关于农作物种源"卡脖子"问题的思考. 农业经
济问题，2021（11）：55-65.

[71] 梁静如，邓岩，陈燕娟. 种业知识产权国际布局的影响因素研究：基于清晰集定性比较分析的解释. 山西农经，2021（09）：6-10.

[72] 黎茵. 种业创新与国家粮食安全——我国种业资源优势及"卡脖子"技术攻关. 北京交通大学学报（社会科学版），2021，20（3）：108-114.

[73] 李登旺，仇焕广，张世煌，等. 中国种业发展的国际比较与改革思路. 世界农业，2016（9）：162-168.

[74] 李国祥. 中国种业打翻身仗的关键何在. 环球时报，2020-12-29（15）.

[75] 李国英. 国家粮食安全视角下中国种业安全隐忧及商业化发展路径研究. 改革与战略，2022，38（02）：116-125.

[76] 李菊丹. 国际植物新品种保护制度的变革发展与我国应对. 知识产权，2020（1）：59-71.

[77] 李慧. 种业如何破解"卡脖子"难题. 光明日报，2021-1-30（3）.

[78] 李黎红，张宇. 我国杂交水稻优势、面临挑战与国际化策略. 中国稻米，2019，25（4）：1-4.

[79] 李平，刘再良，王伟政. 我国粮食作物种子产业现状及安全问题初探. 中国农技推广，2013，29（S1）：52-54，58.

[80] 李书峰，毛世平. 制度创新与技术创新的互动机理对中国种业自主创新发展的影响分析. 世界农业，2019（6）：91-97，119.

[81] 李晓芝，张香云，耿保进. 巴基斯坦农业与巴基斯坦棉花种植业发展现状——赴巴基斯坦考察总结. 河北农业科学，2011，15（09）：92-94，108.

[82] 李秀丽. 国际化背景下的中国种业发展. 中国种业，2010（11）：5-9.

[83] 李雪菁. 中国农业种子安全的法律问题. 分子植物育种，2022，20（02）：630-634.

[84] 李永华. 不让农业"芯片"卡脖子 农业龙头企业吹响生物育种冲锋号. 中国经济周刊，2021（2）：78-80.

[85] 李豫新，朱新鑫. 农业"走出去"背景下中国与中亚五国农业合作前景分析. 农业经济问题，2010（09）：42-48.

[86] 李媛辉. 对农作物品种审定制度的再思考——演变、评述、反思与展望. 求索，2015（10）：120-125.

[87] 李先德, 孙致陆, 贾伟, 曹芳芳, 陈秧分, 袁龙江. 新冠肺炎疫情对全球农产品市场与贸易的影响及对策建议. 农业经济问题, 2020 (08): 4-11.

[88] 李兆伟, 强始学. 基于生产比较优势的中国农业"走出去"区域选择. 世界农业, 2013 (08): 147-151.

[89] 李治, 王东阳, 胡志全. "一带一路"倡议下中国农业企业"走出去"的现状、困境与对策. 农业经济问题, 2020 (03): 93-101.

[90] 刘春花, 范国强. 种业竞争国际视野下品种权法律保护的中国策略. 知识产权, 2014 (02): 82-87.

[91] 刘春鹏, 肖海峰. "一带一路"背景下中国与北欧国家农产品贸易——互补性、竞争性与发展潜力. 大连理工大学学报 (社会科学版), 2019, 40 (04): 48-55.

[92] 刘旭. 为现代农业研制"芯片". 人民日报, 2021-10-7.

[93] 刘旭霞, 耿宁. 美日欧转基因生物知识产权保护发展趋势及对我国的启示. 知识产权, 2011. (1): 112-116.

[94] 刘振伟. 努力提高种业知识产权保护法治化水平——关于《中华人民共和国种子法》修改. 农村工作通讯, 2022 (01): 20-24.

[95] 刘志颐, 张陆彪. 重构农业走出去新格局的认识和思考. 中国农村科技, 2022 (05): 2-5.

[96] 陆福兴. 生物育种知识产权保护与国家种业安全研究. 湖南社会科学, 2014 (5): 104-107.

[97] 陆福兴. 加强种业知识产权保护 确保国家种业安全. 中国种业, 2016 (09): 10-12.

[98] 罗炬, 张昭, 张蕙杰. 中国种业科技对外合作策略分析. 中国农业科技导报, 2020, 22 (9): 1-10.

[99] 罗明智, 白雪, 李标. 种业振兴背景下农作物品种审定制度改革研究. 经济纵横, 2021 (12): 115-122.

[100] 罗忠玲, 凌远云, 罗霞. UPOV 联盟植物新品种保护基本格局及对我国的

影响. 中国软科学, 2005 (04): 37-42.

[101] 罗忠玲, 邹彩芬, 王雅鹏. 跨国种业巨头扩张与世界种业科技竞争. 中国科技论坛, 2005 (05): 127-130.

[102] 吕波, 郑少锋. 中国种业比较优势及"走出去"对策研究. 农业经济问题, 2014.4: 80-85.

[103] 吕明乾, 任静, 宋敏. 基于模糊综合评判的中国种业国际竞争力研究. 中国种业, 2015 (12): 11-18.

[104] 孙致陆, 李先德, 李思经. 中国与"一带一路"沿线国家农产品产业内贸易及其影响因素研究. 华中农业大学学报 (社会科学版), 2021 (01): 57-68, 176.

[105] 马广鹏. 关于构建商业化育种体系的认识与思考. 东北农业大学学报 (社会科学版), 2013, 11 (3): 87-91.

[106] 毛长青, 许鹤瀛, 韩喜平. 推进种业振兴行动的意义、挑战与对策. 农业经济问题, 2021 (12): 137-143.

[107] 倪国华, 张璟, 郑风田. 对农业"走出去"战略的认识. 世界农业, 2014.4: 15-18.

[108] 农工党中央. 关于推进种源"卡脖子"技术攻关的提案. 前进论坛, 2021 (4): 57.

[109] 裴子玉. 中国蔬菜种子企业海外发展进入模式研究. 北京交通大学, 2020.

[110] 仇焕广, 陈瑞剑, 廖绍攀, 蔡亚庆. 中国农业企业"走出去"的现状、问题与对策. 农业经济问题, 2013. 11: 44-50.

[111] 仇焕广, 杨军, 黄季焜. 建立中国—东盟自由贸易区对我国农产品贸易和区域农业发展的影响. 管理世界, 2007 (09): 56-61, 75, 171-172.

[112] 任静, 宋敏. 种业出口贸易与育种技术创新的关系. 中国科技论坛, 2016 (4): 107-113.

[113] 任静, 邹婉侬, 宋敏. 跨国种业公司并购形成的国际种业竞争新格局变化趋势研究——以知识产权为例. 中国生物工程杂志, 2019, 39 (7): 108-117.

[114] 冉高成，魏凤．西北农业企业"走出去"模式选择的影响因素——基于西北地区 20 家农业企业调研数据．江苏农业科学，2019，47（05）：315-320．

[115] 宋洪远，张红奎．我国企业对外农业投资的特征、障碍和对策．农业经济问题，2014．9：4-10．

[116] 宋敏．战略性运用知识产权提升农业竞争力．中国农业科学院农业知识产权研究中心网站，http：//www.ccipa.org. 2008-11-27．

[117] 苏毅清，黄超君，黎哲延，等．中国种业"走出去"的模式选择、潜力产品与目标市场分析．农林经济管理学报，2017，16（01）：1-7．

[118] 孙东升．夯实民族种业振兴的高质量发展基础．经济，2021（09）：62-65．

[119] 孙晓燕．我国种子企业"走出去"影响因素研究．南京农业大学，2016．

[120] 孙玉琴．中国农业对外投资与合作历程回顾与思考．国际经济合作，2014（10）：42-45．

[121] 孙育新．"一带一路"背景下中俄农产品产业内贸易增长潜力分析．中国农学通报，2016，32（26）：181-187．

[122] 谭海波，范梓腾，杜运周．技术管理能力、注意力分配与地方政府网站建设——一项基于 TOE 框架的组态分析．管理世界，2019，35（9）：81-94．

[123] 唐浩，李军民．世界种业发展模式经验借鉴．世界农业，2010（5）：5-8．

[124] 唐仁健．坚决打赢种业翻身仗，为保障国家粮食安全提供基础支撑．粮食与饲料工业，2021（1）：72．

[125] 陶在朴．系统动力学入门．上海：复旦大学出版社，2020．

[126] 万建民．种业要翻身 关键在创新．经济日报，2021-01-30（03）．

[127] 王洪秋，朱光明．我国粮食安全的潜在风险及对策研究——基于对种业发展现状分析．中国行政管理，2021（4）：99-102．

[128] 王富有．中国作物种质资源引进与流出研究——以国际农业研究磋商组织和美国为主．植物遗传资源学报，2012，13（3）：335-342．

[129] 王凤彬，江鸿，王璁．央企集团管控架构的演进：战略决定、制度引致还是路径依赖——一项定性比较分析（QCA）尝试．管理世界，2014（12）：92-114，187-188．

[130] 王磊.基于贸易角度的中国种业"走出去"品种及目标市场分析.中国农垦,2014.10：31-34.

[131] 王磊,刘丽军,宋敏.基于种业市场份额的中国种业国际竞争力分析.中国农业科学,2014,47（4）：796-805.

[132] 王黎萤.中小企业知识产权战略与方法.北京：知识产权出版社,2010.

[133] 王平.我国种业发展的主要问题及对策探析.中国农业科技导报,2021,23（11）：7-16.

[134] 王其藩.系统动力学.北京：清华大学出版社,1995.

[135] 王帅,张俊山.我国种业供给侧改革与种业安全.天津师范大学学报（社会科学版）,2017（6）：73-80.

[136] 王学君,宋敏.国际化背景下中国种业国际竞争力分析.中国种业,2009（2）：5-9.

[137] 王永春,王秀东.中国与东盟农业合作发展历程及趋势展望.经济纵横,2018（12）：88-95.

[138] 王孜丹,孙粒,杜鹏.学科布局的思路与出路——基于"卡脖子"问题的若干思考.科学与社会,2020,10（4）：25-34.

[139] 温雯,陈红,杨扬,等.我国种业改革发展中的植物新品种保护.中国种业,2019（3）：9-11.

[140] 吴汉东.知识产权法学.北京：北京大学出版社,2009.

[141] 吴园,雷洋.巴基斯坦农业发展现状及前景评估.世界农业,2018（01）：166-174.

[142] 伍振军.制约我国种业发展的突出问题及政策建议.中国经济时报,2015-12-2（5）.

[143] 项国鹏,娄淑珍,王节祥.谁更受青睐：创业企业融资可得性的定性比较分析.科学学研究,2019,37（9）：1642-1650.

[144] 肖利哲,赵鹤宇,李永华.基于系统动力学的科技创新团队攻坚期协同创新机理研究.中国科技论坛,2020（05）：72-81.

[145] 邢冬梅."卡脖子"技术问题的成因与规避——技术轨道的分析视角.国家治理,2020（45）：21-25.

[146] 邢瑞淼，闫文军，魏玉君．基于知识产权视角的中国种业政策分析．西南大学学报（社会科学版），2020，46（1）：53-60，194.

[147] 熊肖雷，李冬梅．创新环境、协同创新机制与种业企业协同创新行为——基于要素流动视角和结构方程模型的实证研究．科技管理研究，2016，36（12）：158-165.

[148] 许玲，吴魁，魏伶俐，等．基于分子生物学技术的作物种质资源创新研究现状及发展策略．江苏农业科学，2017，45（23）：11-14.

[149] 杨红朝．论我国植物育种知识产权保护的制度创新——以《植物新品种保护条例修订草案》（征求意见稿）为中心．种子，2019，38（5）：147-152.

[150] 杨辉．外资进入视野下我国种子产业安全法律制度研究．武汉：华中农业大学，2017.

[151] 杨中凯，刘则渊．论知识产权的资源属性．科技管理研究，2005（8）：141-143.

[152] 易可君，毕超．中国杂交水稻产业国际化的分工盈利模式与路径选择．农业现代化研究，2009，30（3）：341-345.

[153] 袁国保，邓岩．完善种子出口政策和制度建设提高我国种子国际市场竞争力．种子科技，2009（07）：1-4.

[154] 远铜．中国农业企业如何"走出去"．世界农业，2013（06）：142-146.

[155] 曾文革，周钰颖．论我国对东盟农业投资政治风险的法律防范．经济问题探索，2013（11）：103-106.

[156] 翟雪玲，张雯丽．中国农业"走出去"：特点、问题及发展思路．国际经济合作，2013（07）：43-46.

[157] 张劲柏，候仰坤，龚先友．种业知识产权保护研究．北京：中国农业科学技术出版社，2009.

[158] 张雯丽，翟雪玲．中巴农业投资合作现状、环境与潜力．国际经济合作，2017（05）：39-43.

[159] 张军平，远铜，付伟铮．中国种子贸易特点及其发展趋势．世界农业，2015（5）：182-186.

［160］张琴．杂交水稻种业"走出去"的成功探索与发展趋势．中国稻米，
2021，27（04）：104-106.

［161］张中祥，邵珠琼．辩证和发展地看待"杀手锏"技术和"卡脖子"技术
的关系．国家治理，2020（45）：9-14.

［162］张延秋，李竟涵，祖祎祎．未来种业发展的四个方向．农民日报，2019-4-2.

［163］詹琳．中国现代种业市场结构优化研究．中国社会科学院研究生院，2013.

［164］詹琳，杨东群，秦路．中国农业企业对"一带一路"沿线国家对外直接
投资区位选择问题研究．农业经济问题，2020（3）：82-92.

［165］赵捷，姜小鱼，陈秧分．"一带一路"农业投资风险评估及其对农业"走
出去"的启示．农业现代化研究，2020，41（04）：599-607.

［166］赵璞，温之雨，董文琦，等．中国玉米资源研究现状及发展展望．中国种
业，2019（10）：8-11.

［167］郑海霞，尤飞，罗其友，等．面向2050年我国农业资源平衡与国际进口
潜力研究．中国工程科学，2022，24（01）：20-28.

［168］周华强，邹向文，李玥，等．商业化育种战略研究：历程、特点、模式及
政府管理行为．农业现代化研究，2016，37（6）：1045-1054.

［169］周衍平，黄河，陈会英．基于系统动力学的植物品种权资本化运营风险研
究．农业技术经济，2018（08）：124-134.

［170］朱晋宇，李瑞云．加入UPOV公约91文本对我国蔬菜种业的影响．中国蔬
菜，2014（9）：1-4.

［171］朱俊峰，马鹏飞．我国种业知识产权保护研究综述．种子，2019，38（8）：
145-149.

［172］朱启臻．打好种业翻身仗 确保农业安全．乡村振兴，2021（3）：36-38.

［173］邹彩芬，罗忠玲，王雅鹏．知识产权保护、跨国种业并购与农业可持续发
展．科学学与科学技术管理，2007（5）：14-17.

［174］Gorg B，Dowell M．Outward FDI and the Investment Development Pathofa Late-
industrializing Eeonomy：Evideneefrom Ireland．Regionalstudies，2003，37
（4）：341-349.

［175］Xu B，Lu J Y．Foreign Direct Investment，Processing Trade，and the

Sophistication of China's Exports, China Economic Review, 2009 (12): 71-85.

[176] Lardy B. China's Emergence of Globalization, NBER Working Paper, 2006.

[177] Banos, Takahashiy, Scrimgeourf. ASEAN-New Zealand Trade Relations and Trade Potential: Evidence and Analysis. Journal of Economic Integration, 2013, 28 (1): 144-182.

[178] Daite, Richard B. The ASEAN Economic Community 2015 and Regional Trade: Some Prospects for ASEAN Agriculture, Asian Journal of Agriculture and Development, 2015, 12 (2): 17-32.

[179] Eaton D J F, Van Tongeren F W. Mixed Incentive Effects of IPRs in Agriculture, Paper presented at the meeting 8th Annual Conference of the International Consortium on Agricultural Biotechnology Research (ICABR), Ravello, Italy, 2004.

[180] Naghavi, Spies J, Toubal F. Intellectual Property Rights, Product Complexity and the Organization of Multinational Firms. Canadian Journal of Economics, 2015, 48 (3): 881-902.

[181] Feenstra R C. Increasing Returns and the Gravity Equation, in Advanced International Trade: Theory and Evidence, Princeton: Princeton University Press, 2004.

[182] Ferrantino M J. The Effect of Intellectual Property Rights on International Trade and Investment. Weltwirtschaftliches Archiv, 1993 (29): 300-331.

[183] Fujita M, Krugman P R, Venables A J. The Spatial Economy: Cities, Regions, and International Trade, Cambridge, MA: MIT Press, 1999.

[184] Golan A, Kohli H. ASEAN dynamism: agricultural transformation and food security. Global Journal of Emerging Market Economies, 2009, 5 (1): 3-21.

[185] Charles H W L, Hwang P, Chan K W. An Eclectic Theory of the Choice of International Entry Mode. Strategic Management Journal, 1990 (1): 117-128.

[186] Hummels D. Transportation Costs and International Trade in the Second Era of Globalization. Journal of Economic Perspectives, 2007, 21 (3): 131-154.

[187] James A M, Elmslie B T. Testing Heckscher-Ohlin-Vanek in the G-7.

Weltwirtschaftliches Archiv, 1996, 132 (1): 139-159.

[188] Jones R, Beladi H, Marjit S. The Three Faces of Factor Intensities. Journal of International Economics, 1998, 48 (2): 413-420.

[189] Duran J J, Ubeda F. The Investment Development Path of Newly Developed Countries. Int. J. of the Economics of Business, 2005, 12 (1): 123-137.

[190] Kielyte J. Estimating Panel Data Models in the Presence of Endogeneity and Selection. Journal of Economics and Econometrics, 2008, 51 (2): 1-19.

[191] Koo W W, Anderson C S. Effects of Resource Endowments on Agricultural Trade, Agricultural Economics Report, North Dakota State University, 1988.

[192] Leamer E E. Sources of International Comparative Advantage: Theory and Evidence, MIT Press, Cambridge, MA, 1984.

[193] Llewellyn D. Does global agriculture need another green revolution? Engineering, 2018, 4 (4): 449-451.

[194] Mansfield, Edwin. Intellectual Property Protection, Direct Investment and Technology Transfer: Germany, Japan and the USA. International Journal of Technology Management, 2003, 19 (1-2): 3-21.

[195] Gorynia M, Noawk J, Wolniak R. Poland and Its Investment Development Path. Eastern European Economics, 2007, 45 (2): 52-74.

[196] Roy M, Kumar S. Foreign Direct Investment in Agricultural Retailing in India, Planetary Scientific Research Center Conference Proceedings, 2012 (6).

[197] Walkenhorst P. Foreign Direct Investment, Technological Spillovers and the Agricultural Transition in Central Europe. Post-Communist Economies, 2013 (3): 125-147.

[198] Franklin R R. Entry Strategies for International Market. Lexington Books: New York, 1994.

[199] Sanna-Randaccio F, Veugelers R. Multinational Knowledge Spillovers with Decentralised R&D: A Game-theoretic Approach. Int Bus Stud, 2007, 38 (1): 47-63.

[200] Seyoum B. Patent Protection and Foreign Direct Investment. Thunderbird

International Business Review, 2006, 48 （3）: 389-404.

[201] Srinivasan C S. Plant Variety Protection, Innovation and Transferability: Some Empirical Evidence. Review of Agricultural Economics, 2004, 26 （4）: 445-471.

附录一

巴基斯坦种子法

第 一 部 分
行为准则、总统令、条例
（参议院秘书处）

（2015 年 7 月 27 日 于伊斯兰堡）

NO. F. 9（6）/2015-立法：

巴基斯坦议会（协商会议）拟定的法案于 2015 年 7 月 23 日通过了总理的同意，特此公告：

2015 年第七号法案

（对《1976 年种子法》的修订）

以下内容仅为对《1976 年种子法》的修订进行说明：

鉴于巴基斯坦俾路支省、开伯尔巴图克瓦省、旁遮普省、信德省的省级议会已通过巴基斯坦伊斯兰共和国宪法第 144 条的决议，巴基斯坦议会（协商会议）有权适当修改上述法案。

按如下内容制定：

1. 简称、生效时间：

（1）此法案称为"2015 年种子法（修正案）"

183

（2）此法案即刻生效

2.《1976 年种子法》第二部分的修正案。对于《1976 年种子法》（以下称为《旧种子法》）第二部分：

（1）条款（a），以下内容应该进行以下阐述：

（i）"许可实验室"是指任何现有的被已批准的组织机构所认定的私立或公立的能进行种子测试的实验室。

（ii）"获批种子"即已经通过联邦种子资格认证与注册部门所认定的种子。

（2）条款（b）、（c）、（d）、（f）、（g）、（h）、（i）、（j）、（k）、（l）、（m）、（n）、（o）、（p）、（q）、（r）、（s）、（t）和（u）会分别被重新编号为条款（iii）、（iv）、（vi）、（xii）、（xiii）、（xv）、（xvi）、（xvii）、（xviii）、（xx）、（xix）、（xxi）、（xxii）、（xxiii）、（xxiv）、（xxvi）、（xxviii）、（xxx）和（xxxiii）。

（3）条款（e）应省略。

（4）对于上述重新标号的条款（iii），以下内容应该进行修改：

（iii）"原种"指由已通过联邦种子注册部门所认定的由私立或公立的组织生产的原原种的后代。

（5）在上述重新编号为条款（iv）中，"机构""注册部门"两词需要进行修改。

（6）上述重新编号的条款（iv）修改之后，应再加上以下新条款：

（v）"应征品种"指由联邦种子资格认证与注册部门根据（《宪法》）第22A 条所征集的品种。

（7）在上述重新编号为条款（vi）中，"机构""注册部门"两词需要进行修改。

（8）上述重新编号的条款（vi）修改之后，应再加上以下新条款：

（vii）"联邦种子委员会"指据（《宪法》）第22I 条所组成的联邦种子委员会。

（viii）"转基因品种"指通过分子生物技术对基因进行修饰、重组、传递或对基因型进行遗传切割而繁育的植物种子以及从已经被转基因过的活植物上分离的植物组织。

（ix）"园艺苗圃"指常年用来播种、生长或用于售卖的苗圃种子所占的地方区域。

（9）上述重新编号的条款（ix）修改之后，应再加上以下新条款：

（x）"杂交种子"有以下两层意思：

（1）两个基因不同的亲本植物杂交后的子一代；

（2）相同种属或不同种属的亲本杂交后的子一代。

（xi）"标签错误的种子"有以下含义：

（i）以一种类似于欺诈的方式，将原本标价售卖的种子用别的植物种子或者杂交种子（不具有遗传稳定性）代替，并且用假标签售卖以增强其真实性。

（ii）产地错误的种子。

（iii）被以其他种子、植物品种或杂交种子的名义所错误卖出的种子。

（iv）标签上有虚假声明等。

（v）当由专门的种子经营者（公开其姓名和地址）对种子进行打包、密封、售卖时，未曾在包装袋上明确且正确地标注，也属于此"标签错误种子"范畴。

（vi）包装袋或袋上标签、注释、设计，检测质量的设备，种子种类，植物品种以及所含的杂交种子，以上若有任何错误或误导，则均认定该包装具有欺诈性内容，其种子为"标签错误种子"。

（vii）未按此法案要求注册的种子。

（viii）该种子标签包含其他注册参考信息却无注册号码。

（ix）标签缺少必要的警示，从而对人类、动物、植物的生命和健康造成危害或者严重损害环境。

（x）包装袋上的标签出现虚假经销商信息的种子。

（xi）未按照此法案或以下指定的规则所标记的种子。

（10）上述重新编号的条款（xiii）修改之后，应再加上以下新条款：

（xiv）"个体"指任何自然和法人实体，包括协会、农场、合伙企业、社团、学会、公有或私有公司、合作社或任何其他法人团体。

（11）在上述重新编号为条款（xx）中，"第8条中国家注册局""第22A条中联邦种子认证部门"两者的文字和数据应该进行修改。

（12）上述重新编号的条款（XXIII）修改之后，应再加上以下新条款：

（xxiii）"种子"指由联邦政府规定的大田作物、蔬菜、水果、香料、药材、花卉、灌木、林木等植物用来繁殖或营生的物质，以及蘑菇用来播种的卵。

（13）上述重新编号的条款（XXIV）修改之后，应再加上以下新条款：

（XXV）"种子商务"指包括生产、加工、调配、包装、分销、进出口等种子的商业活动。

（14）上述重新编号的条款（XXVI）修改之后，应再加上以下新条款：

（XXVII）"种子经销商"指按此法案注册成种子经销商的任何人。

（15）上述重新编号的条款（XXVIII）修改之后，应再加上以下新条款：

（XXIX）"种子加工"指将种子和种植材料干燥、脱粒、去壳、轧花或去皮（棉花）、精选、分级或处理的过程。

（16）在上述重新编号为条款（XXX）中，末尾出现的"和"字应略去。

（17）上述重新编号的条款（XXX）修改之后，应再加上以下新条款：

（XXXI）"终止技术"指在下一个种植年份前，对植物种子或杂交种子进行基因或基因序列上的调整，从而限制其发芽的技术。

（18）上述重新编号的条款（XXXI）修改之后，应再加上以下新条款：

（XXXII）"许可标签种子"指已注册品种、本地或进口生产并符合法规标准的杂交种子。

（19）上述重新编号的条款（XXXIII）中，最后的分号和"和"字应该去掉，还应再加上以下新条款：

（XXXIV）"品种评估委员会"指按规定地在全国范围内组成的对候选作物品种进行评估的委员会。

3. 1976 年第 29 号法案第 3 条修正案： 在此条修正案中，"农业"一词应用"有关部门"代替。

4. 1976 年第 29 号法案第 5 条修正案： 在此条修正案中，"机构"一词应用"注册部门"代替。

5. 1976 年第 29 号法案第 6 条修正案： 在此条修正案中，注释中"机构"一词应用"注册部门"代替。

（1）注释中"机构"一词应用"注册部门"代替。

（2）正文中"机构"一词应用"注册部门"代替。

（3）在条款（I）中，"种子认证员；和""种子经销商；"中的分号应该去掉。

（4）在条款（J）中，"；和"中的分号应该去掉，还应再加上以下新条款：

（k）出于以下目的需要对公有或私有的品种进行预注册检查：

（I）需要确认经品种评估委员会认定的植物种子或杂交种子所在的区域是否具有农艺价值。

（II）需要提供植物品种的明确的植物学描述。

（III）需要提供植物品种的遗传适应性和植株适应性的信息。

（l）在根据条款（k）进行预注册检查后，应对种子品种进行注册。

（m）公布已注册植物品种清单。

（n）履行国家种子理事会授权的其他职能。

（o）建立维持饲料纯度的法规，并进行种子科学和技术的研究。

6. 1976 年第 29 号法案第 7 条和第 8 条均应省略。

7. 1976 年第 29 号法案第 11 条修正案中：

（1）在边注中，"植物"一词应用"通知"代替。

（2）现有条文应按该条第（1）条款编号，并在第（1）款之后按前述编号：

（a）条款（d）应进行如下修改：

条款（d）需遵守所有可能被规定的任何要求。

（b）在第（1）条款按上述重新标号和修改后，应再加上以下新条款：

"（2）任何人不得出售、宣传、储存联邦政府或省政府禁止或未经批准的任何植物品种或杂交种的种子。"

8. 修正 1976 年第 29 号法案第 12、13、15、16、17、18 和 19 条。

在上述法案中，第 12、13、15、16、17、18 和 19 条中所有的"代办处"均应以"注册处"一词代替。

9. 1976 年第 29 号法案第 20 条的修正案：

（1）在第（1）条款中，"代理"一词应替换为"注册处"。

（2）在第（2）条款的（a）款中，在"协助"一词之后应插入"执法机构或地区行政管理"。

（3）第（3）条款应该省略。

10. 1976 年第 29 号法案第 21 条的修正案。

在该法案的第 21 条第（1）条款中，"任何已知或应征品种的种子"一词应该用"任何作物"代替。

11. 在 1976 年第 29 号法案中，插入新的第 22A，22B，22C，22D，22E，22F，22G，22H，22I 和 22J 条款。

在上述法案中，在第 22 条之后，应插入以下新条款：

22A. 植物品种、杂交种子的注册或登记。

（1）植物新品种或杂交种子的注册申请书应以规定的格式制作，提交时应附以费用，并应包含规定的信息。

（2）根据第 22E 条的规定，联邦种子认证和注册部门可以注册或登记，或拒绝注册登记规定的植物新品种或杂交种子。

（3）根据规定，在巴基斯坦境内，联邦种子认证和登记部门对进口用于普通栽培的植物品种或杂交品种进行登记或注册，至少需要两个作物季节的多地点试验结果。

（4）在植物新品种或杂交品种被联邦种子认证和注册部门注册后，所有人或组织对此无异议，则该注册生效；但若通过虚假信息或缺少基本注册条件而注册的，则联邦种子认证和注册部门可以按规定的方式取消植物品种或杂交种子的注册或登记。

（5）就本法而言，所有已注册或征募的植物种子或杂交种子的注册簿（称为"国家种子注册簿"）应由联邦种子认证和注册部门保存，并且应保留规定的所有规格。

（6）联邦种子认证和登记部门应在其认为合适的时间间隔和方式下，公布在该时间间隔内登记的植物品种或杂交种子的国家清单。

22B. 种子业务注册。

（1）任何人均可按照规定的流程提出在巴基斯坦进行种子业务登记的申请。

（2）根据第（1）条款的规定，申请表还应附有规定的可能的费用。

（3）受理种子业务的部门在进行了应有的询问后，应将注册授予第（1）条款中的申请人。

（4）除非提前中止或取消，根据本法授予的每项注册均自注册发布之日起五年内有效。

（5）希望续签的每位注册持有人，应在注册期限届满之前，向联邦种子认证和注册部的总干事提出续签申请，并附有所有规定的费用。

（6）在收到根据第（5）条款提出的申请并根据规定续签之后，联邦种子认证和注册部的总干事可以再续签五年。

（7）如果续签申请是在注册期满之后提出的，则应在续期费用的基础上，每月额外支付一部分或按每月 1000 卢比的额外费用来续签注册。

（8）以下情况则注册会被取消：

（a）在注册期满之日起六个月内没有续签；

（b）登记持有人三年之内未能从事相关种子业务；

（c）查明注册持有人违反了本法的任何规定。

22C. 种子经销商注册。

（1）除依据本法案条款授予的经销商外，其他任何人都不得在任何地方出售农作物种子。

（2）未进行预培训的经销商，只授予一年临时许可证。

（3）所有接受过联邦种子认证和登记部门规定的培训的人，都可以按照本法案规定的形式向省政府申请定期注册和授予许可证，同时应附上规定的费用。

（4）省政府在进行必要的审查后，应在提出申请三个月内准予申请人注册或以其他方式决定申请。

（5）除非暂停或取消，根据本法案颁发的每份许可均自签发之日起三年内有效。

（6）有意续签的许可证持有人，在牌照期满前，应按规定缴纳费用向省政府申请续期。

（7）省政府在收到第（6）条款中的申请和费用后，可以据联邦种子认证和注册部区域总监建议将许可续期三年。

（8）每位种子交易商应在其营业地点清楚地标明其持有的各种农作物种子的售价以及每天的期初和期末存货。

（9）被发现有违反本法令任何规定的种子经销商，其执照均会被吊销。

22D. 种子加工单位注册。

（1）除联邦政府据本法案对种子加工单位授予注册，其他任何单位都无权对种子进行加工。

（2）若种子加工单位在基础设施、设备、人力方面均符合相关规定，联邦政府应同意其注册。

（3）每项注册申请均应以规定的形式和方式提出，并应附上规定的费用。

（4）联邦政府在进行了审查后，若认为该种子加工单位条件符合后，应按照规定的形式予其颁发证明书，以给予其合法权益。

（5）所有种子加工单位应按规定的形式定期提供反馈。

（6）以下情况则注册会被取消：

（a）查明在基础设施、设备、人力方面以及产品规格等方面的重要细节含有虚假信息时。

（b）查明注册持有人违反了本法的任何规定或规则时。

22E. 禁止：

（a）除非已根据第 22B、22C、22D 条款进行了注册，其他人不得在巴基斯坦从事种子业务。

（b）任何人不得进口、出售、库存或展销、以物易物或以其他方式提供未经本法登记、在巴基斯坦种植的任何品种或杂交的种子；

（c）如果植物种子或杂交种子贴错标签，禁止进口、出售、储存或出售展览品、以易货交易或以其他方式提供该种子。

22F. 建立种子检测实验室。

联邦政府可在官方公报上通知，允许经联邦政府认可的公营和私营部门的种子实验室按照本法规定的方式对任何种类、植物品种或杂种种子进行检测。

22G. 转基因植物品种的注册。

虽然本法案中未规定，但如果注册申请中无以下附件，则不得进行任何转基因植物品种或杂交种子的注册：

（a）申请人的誓章：宣誓该品种不包含任何涉及转基因技术的基因或基因序列；

（b）联邦政府设立的国家生物安全委员会的证明：证明转基因品种或杂交

种子的性状不会对环境、人类、动物或植物的生命和健康产生不利影响；

（c）两项规定的关于生物安全性和性能的作物季节试验的实地数据。

22H. 园艺苗圃需注册。

（1）除非经与省政府协商在联邦种子认证和登记部门注册，否则任何人不得从事或参与园艺苗圃的业务。

（2）所有注册申请均应根据第（1）款的形式提出，并载明细节，且应附有规定的费用。

22I. 联邦种子委员会。

联邦政府可根据官方公报的通知，组成联邦种子委员会，该委员会应由主席和代表联邦政府和省农业部门的公有和私有种子部门、进步的农民和专家组成，其职责有如下规定：

22J. 品种评估委员会。

联邦政府可在官方公报上通知，组成品种评估委员会，以评估公有、私营部门的品种以及进口种子材料等候选种系的健康状况和农艺价值。

12. 1976 年第 29 号法令第 23 条的修订案。

在上述法令中，第 23 条以下内容应进行如下修订：

23. 违法行为及相应处罚。

（a）违反本法规定的任何规定或规则；

（b）进口、出售、持有库存或展示以供出售、以易货贸易或以其他方式提供商标错误的任何种类的植物品种或杂交种子；

（c）进口、出售、持有存货或展示以出售、以易货贸易或以其他方式提供未注册或登记的植物品种或杂交种子；

（d）禁止非种子认证官员或非种子检查员根据本法取样或检查种子；

（e）禁止任何官员滥用本法或根据本法赋予他的任何权力。

对于任何触犯以上条款的任何人，须受法律惩处：

（i）对于第一次犯罪，可处三个月以下有期徒刑或罚款不超过二十万卢比；

（ii）多次犯罪，可处六个月以下徒刑或罚款不超过六十万卢比或两者兼施。

13. 1976 年第 29 号法令第 24 条的修正案。

在该法令的第 24 条中，应在"已通知"一词后插入"或征募"一词。

14. 1976 年第 29 号法令第 28 条的修正案。

在该法令的第 28 条中，对于（a）条款，以下内容应进行修改：

"（a）省政府下属的官员或机关"。

巴基斯坦植物育种者权利条例

第 二 部 分

法定通知

巴基斯坦政府

国家粮食安全与研究部

通 告

伊斯兰堡，2018 年 5 月 25 日

S. R. O. 991（1）/2018——在行使 2016 年《植物育种者权利法》第 48 条授予的权力时，联邦政府制定以下条例：

第一章 前言

1. 简称和生效时间

（1）这些条例可以称为 2018 年《植物育种者权利条例》。

（2）它们将立即生效。

2. 定义

（1）在这些法规中，除非主题或上下文有任何不一致之处：

a. "法案"是指 2016 年《植物育种者权利法》（L of 2016）；

b. "转让行为"是指申请人以书面形式授权某人行使其权利；

c. "强制许可"是指注册官根据法案第 33 条授予的许可；

d. "反陈述"是指以陈述的形式作出的答复，并附有理由、证据和/或数据和记录，以作抗辩和/或否认之用；

e. "命名"是指根据本条例规定给予植物品种的任何名称；

f. 特异性、一致性和稳定性（DUS）是指由联邦农业种子认证和注册部门（FSC&RD）进行的植物品种特异性、一致性和稳定性检查；

g. "权利持有人"是指根据本法第 22 条被授予植物育种者权利的个人、机构或组织；

h. "奖励"是指奖励、正式增值或其他经济利益形式的利益；

i. "被许可人"是指根据本法案授予的许可证持有人；

j. "国家遗传资源中心"是指位于伊斯兰堡国家农业研究中心的植物遗传资源研究所（PGRI）；

k. PB（植物育种者）是指本条例所附的各种形式；

l. "注册代理人"是指由申请人指定的自然人或法人，以及代表其行事的权利所有人；

m. 植物育种者权利（PBR）是指根据《植物育种者权利法》第 22 条授予的权利；

n. "植物新品种保护咨询委员会（PVPAC）"是指联邦政府根据《植物育种者权利法》第 10 条设立的委员会；

o. "规定费用"是指附表 1 中为此目的而指定的费用；

p. "继承人"是指权利的合法受让人。

（2）所用但未作定义的术语的含义与法令赋予它们的含义相同。

第二章　植物新品种保护申请书

3. 申请书的提交：

（1）授予权利的申请书应以注册官的名义在指定的办公室提交一式三份。

（2）申请书应当包括申请人或其代理人的邮政地址、固定电话、手机号码和电子邮件。

（3）根据《植物育种者权利法》第 13 条的规定，在支付规定费用后，必须在填写表格 PB-1 后申请授予品种保护。

（4）申请书应由该品种的所有人、育种人、发现人、所有权继承人或其中任何一人（视情况而定）签署。除育种者以外的其他人提出申请的，应当在申请书中写明育种者的姓名。

（5）在"转让行为"的情况下，申请权必须按要求以表格 PB-2 的形式提交，并以表格 PB-3 规定的方式提供有效授权。因继承申请的，申请人应当提交继承证明。

（6）如申请人在提交申请的日期后及该植物品种的保护尚未生效前去世，注册官在申请人去世后，可将注册的已故申请人的姓名、地址及国籍替换为继承植物育种者权利人的姓名、地址及国籍。

（7）每一项权利保护申请都必须包括合适的品种命名、新颖性、特异性、一致性和稳定性声明、基本特征、品种的 DNA 图谱、亲本系、照片、图纸、品种适应性声明或根据本法要求提交以获得保护的任何其他文件。

（8）递交申请表格 PB-4 并缴付规定费用后一个月内，对申请表的任何变更应获得注册官的准许。

4. 新品种命名

（1）申请人在提出申请时，须就该品种提出合适的名称。

（2）新品种的命名应易识别、简短，不得仅由数字组成，并与已批准或已注册的品种名称相区别。

（3）如果申请人提出的植物新品种名称是以下几种情况，则不赋予新品种名称：

a. 与申请的植物所属的作物或作物组的任何其他品种的定名相同，或与任何该等其他品种的命名极为相似，以致很可能会使人对该品种的身份产生混淆；或

b. 容易误导或者混淆品种的特性、价值或者育种者的身份的定名；或

c. 可能触犯法律或违反公共秩序或道德的命名。

（4）凡分配予该品种的定名不符合第（3）款所指明的规定，注册官可规定申请人在接获通知后 30 天内，提交表格 PB-5 提出其他名称。

（5）如申请人在缴纳规定费用后以表格 PB-5 提出变更命名的申请，则注册官可在刊登该品种通告前批准该申请。

5. 申请书的交还

（1）如注册官发现申请书不包括所有必要内容，则申请书的不足之处须通知申请人。申请人在三十日内不改正的，注册官应当退回申请。

（2）如申请人在三十天内以表格 PB-8 提出聆讯申请，则注册官须给予申请人亲自聆讯的机会。

6. 申请通告

如某品种的保护申请已经按照流程申请，则注册官须在十天内安排将该申请连同条件或限制，按表 11 所指明的方式刊登在 *PBR Journal* 上。此外，*PBR Journal* 除了发布打印出的报纸外，注册处亦须使其可在线获取。

7. 处理反对申请的程序

（1）在《植物育种者权利法》第 19 条允许的情况下，任何人可在申请公布后 4 个月内（支付规定费用后）以表格 PB-6 向注册官提出反对授予植物品种的异议。

（2）如任何一方提出更改反对通知书或反陈述书的申请，注册官可在记录理由后予以接受或拒绝。如有必要，他可考虑延期请求，以便双方做出答复。在就该项申请作出最后决定前，任何要求方的个人聆讯均须获准。

（3）在发出反对通知后的两个月内，申请人应在表格 PB-7 上提交反陈述书。如果没有提交反陈述书，注册官须在一个月内传召申请人举行个人聆讯，而该聆讯须视为其申请辩护的最后机会；否则注册官会根据呈交的证据做最后决定。

8. 实质性派生品种的保护

（1）在缴付规定费用后，须根据本条例第 3 条，将"新品种"一词改为"实质性派生品种"，并向注册官提交表 PB-l。

（2）注册官对申请内容进行初步审查后，如满意的话，应按照本条例第 6 条的规定刊登接受申请的公告，并要求持反对态度的人遵循授予保护权的程序。

（3）对实质性派生品种授予保护权的决定，应当视情况而定。

（4）如果一个实质性派生品种是从已经受到本法保护的原始品种衍生而来，并且已经产生了 DUS 检验报告，则应进行具体试验和其他试验，以便于育种人品种鉴定。在这种情况下，应进行具体的试验，来确定遗传特性的基本来源、实质性派生品种和原始品种之间的遗传一致性。然而，为了简化追溯未受该法保护品种的原始品种，应对其进行实质性评估，即 DUS、新颖性评估和其他相关参数测试。

（5）如注册官对第（4）款所述的实质性派生品种并非从原始品种衍生而来的测试报告不满意，则注册官可拒绝该项申请。

（6）植物新品种的育种者根据该法所享有的权利也应适用于实质性派生品种的育种者，但原始品种的育种者对实质性派生品种的育种者的授权，双方需相互商定可能的条款和约束条件。

9. 受保护的植物新品种的注册

（1）受保护的植物品种注册应由巴基斯坦受保护植物品种的植物育种权利注册处保存和维护。

（2）下列与保护品种有关的详细情况和资料，应当列为受保护品种注名录，包括但不限于：

（i）申请的临时编号；

（ii）分配的注册号码；

（iii）以植物学名称简要介绍该作物的分类资料；

（iv）申请人的姓名或完整地址；

（v）申请人的通信或送货地址；

（vi）开发机构或者组织的名称；

（vii）育种者姓名；

（viii）收到申请的日期；

（ix）准予注册日期；

（x）宪报公告日期《PBR journal》；

（xi）新品种名称（已授予）；

（xii）农作物名称；

（xiii）品种类型（分类）（典型品种、杂交品种或实质性派生品种）；

（xiv）植物品种的分组（新的，已注册的）；

（xv）该品种的基本数据（资料）；

（xvi）品种的特点；

（xvii）初始保护日期；

（xviii）保护期满日；

（xix）撤销日期（如生效）；

（xx）与撤销理由有关的细节；

（xxi）法定代表人或受让人（如适用）；

（xxii）被许可人的信息（姓名和地址）；

（xxiii）许可条款和条件（如适用）；

（xxiv）管辖权的细节（如有规定）；

（xxv）原始品种（实质性派生品种）的第一育种人（名称、地址）资料；

（xxvi）获取繁殖材料、种子（如需要）的方式的详细情况；

（xxvii）通用材料提供人的详细情况（如有需要）；

（xxviii）用于发育的亲本材料的详细情况（命名和主要性状）；

（xxix）关于植物品种起源的资料（地点、国家、州）；

（xxx）品种形态特征的简要说明，并附有插图、图纸和照片；

（xxxi）品种的特征细节的比较；

（xxxii）DUS 特征简介；

（xxxiii）被许可人的姓名、地址（强制许可的情况下）、条款和条件、撤销的详细情况等；

（xxxiv）权益共享详情；

（xxxv）如有异议，则异议的详细情况和其结果。

（3）如果品种在巴基斯坦以外的国家受到保护，下列信息也应列入受保护登记册：

（i）保护国名称；

（ii）已受保护品种（每个国家、地方、国家）的名称；

（iii）首次保护或任何后续保护的日期以及国家名称；

（ⅳ）在首次归档或保护后对基本品种性状所做的任何修改；

（ⅴ）注册官或植物新品种保护咨询委员会（PVPAC）指定的任何其他特征。

（4）植物品种登记册中的任何变更或更正，应在权利持有人提交申请并支付规定费用后，按照表 PB-9 中规定的方式进行。

第三章　植物新品种授权的审查

10. 植物新品种的审查

为授予植物育种者的权利而对植物品种进行的审查应按以下规定进行：

（ⅰ）初审

（ⅱ）实质审查

11. 初步审查

（1）注册官收到申请以及进行测试和试验所需的新品种或杂交种的样品（包括其父母本）时，应分配一个临时编号，并将其提交进行初步审查。

（2）初审期间，对申请人的资格和本条例要求的申请内容进行为期一个月的审查。在此期间，如申请人要求更改申请，注册官须以规定的方式予以批准。如有任何不足或改进建议，注册官要求申请人在一个月提供交文件，否则会视为申请人已放弃申请。

（3）申请人的权利要求应根据新颖性和命名要求进行评估。如注册官对命名不满意，则须通知申请人，并指示其更改名称。当申请符合《植物育种者权利法》和本条例要求的新颖性和适当命名的标准时，注册官应接受该申请，并以附表 n 规定的方式在 *PBR Journal* 上予以公告，并接受提出异议。

（4）如有异议，应遵循本条例规定的程序。

12. 实质审查

（1）如果在刊登公告后的 4 个月内没有收到反对意见或反对决议并已定案且传达给申请人，注册官须推荐该品种作实质审查，并要求申请人缴纳规定费用，以进行特异性、一致性和稳定性测试（DUS）及其他测试。

（2）注册官应提供该品种提交的种子样品，将杂交种及其母本送至联邦种子认证和注册部（FSC&RD）进行 DUS 测试或任何其他要求的特定试验。

（3）DUS 测试应由 FSC&RD 根据该部门及时制定并由注册官在 *PBR Journal*

上公布的特定作物或作物组指南，在两个作物季节进行重复试验。

（4）FSC&RD 应向注册官提供 DUS 报告和品种报告。

第四章　证书的颁发

13. 颁发植物育种者权利证书

（1）在完成本条例规定的授予权利手续后，注册官应在申请首次提交之日起三年内根据《植物育种者权利法》第 21 条向持有人颁发植物新品种保护证书。在支付规定费用后，凭借表 PB-10 签发证书。证书还应与已授予植物品种权的具体信息一起在 *PBR Journal* 上予以发布。

（2）不符合初审、实质审查标准和《植物育种者权利法》、本条例规定的其他条件的，不予受理。

（3）注册官须在证明书发出后，尽快按规定将其副本送交品种所有人及其他有关办事处。

（4）注册官应在 *PBR Journal* 中公布所有受保护的植物新品种名录，其中应详细说明注册期以及权利持有人的姓名和地址。

（5）证书持有人应每年按规定缴纳费用，以继续行使其保护权。如证书持有人未能在缴纳年费之日起的 3 个月内缴清年费，则注册官须在 30 日内发出缴纳年费和百分之十的滞纳金的通知书。如证书持有人未在延长期内缴清费用，注册官须发出一份事由通知书，要求其在 30 天内缴付费用及 30% 的滞纳金。如证书持有人未做回应，注册官应在 *PBR Journal*、一份英文报纸和一份乌尔都语日报上发布最终理由通知，要求其在 15 天内支付双倍费用和出版费用。如证书持有人未在上述期间内缴付滞纳金，注册官须传召证书持有人亲自聆讯。如果证书持有人未出席听证会或回复不满意，注册官应最终没收证书并在 *PBR Journal* 中予以通告。

14. 证书的交回

（1）需交回证书的证书所有人应以表格 PB-11 向注册官申请。

（2）注册官须将有关该证书的通告通知注册代理人或证书许可人，注册代理人或证书许可人须在 3 个月内以书面形式要求反对者提出反对理由。

（3）如任何一方反对交回证书，须在缴纳规定费用后以表格 PB-12 提交反对申请书，并将一份副本呈交证书持有人。如证书所有人对反对意见有异议，则须向注册官提交书面陈述及理由。副本应在收到反对通知之日起 3 个月内送交反对交回证书的一方。

（4）注册官在决定接受或拒绝放弃证书的申请前，须听取各方意见。注册官可对该项放弃证书施加条件或限制。登记机关受理退还申请的，应当要求申请人交回证件，并在办理其他手续后，相应地在 *PBR Journal* 上通知放弃证书。

第五章　植物新品种保护咨询委员会

15. 植物新品种保护咨询委员会的设立（PVPAC）

（1）植物新品种保护咨询委员会由以下人员组成：

（i）国家粮食安全和研究部部长	召集人
（ii）伊斯兰堡植物育种者权利注册处，注册官	成员
（iii）伊斯兰堡巴基斯坦农业研究理事会主席	成员
（iv）各省政府代表	成员
（v）伊斯兰堡联邦种子认证和注册官	成员
（vi）伊斯兰堡知识产权组织（IPO）总干事	成员
（vii）巴基斯坦环境保护局局长	成员
（viii）国家粮食安全和研究部棉花专员	成员
（ix）巴基斯坦拉合尔种子协会主席	成员
（x）跨国种子公司协会代表	成员
（xi）伊斯兰堡植物育种者权利注册处主任（注册处）	成员

（2）伊斯兰堡植物育种者权利注册处处长（登记处）也应担任委员会秘书。

（3）PVPAC 应：

（i）提出有效执行该法规定的政策准则；

（ii）就与受保护植物品种的强制许可有关的事项，向注册官和农业部提供咨询意见；

（iii）制定保护植物品种使用费份额的条例和使用费收取方式的建议；

（iv）使用 DUS 测试和其他植物品种检验估计和评价授予保护权的植物品种；

（v）指导农业部和注册官处理关于侵犯植物育种者权利有关的事项，就农民因受保护品种而遭受的已证实的损失向他们提出赔偿建议，以及农业部或注册官提交指导和技术投入的任何事项。

（4）PVPAC 每年至少召开两次会议，但必要时可召开特别会议。PVPAC 应提前 15 天召开全体大会，特别会议应提前 3 天召开。

第六章　权益共享

16. 权益共享

任何团体、个人、当地社区、商号或非政府组织，在根据第 21 条刊登证书的详情后，可在缴付规定费用后，向注册官呈交表格 PB-13 上的权益共享申索及证明文件。申请人应当提供下列资料：

（a）所有权的性质和范围；

（b）证明这类索赔的理由，包括索赔人对植物品种的遗传发展所作的贡献；

（c）在"实质性派生品种"的情况下，授权的条款和条件。

17. 处理反对权益共享的程序

（1）注册官在接获权益共享申请后，须将一份通知连同该申请的副本送交该品种的所有人，并指示他在接获传票后一个月内作出回应。如对该通知书并无回应，注册官须传召他亲自聆讯。

（2）如该品种的所有人在规定的期间内没有对通知书作出回应，亦没有亲自出席，则判定他对该项申请并无反对意见，而该项申请须根据个案的理据而单方面裁定。

（3）为方便起见，所有人承认该项申请，或申请人与所有人双方就申请的性质及范围达成协议，注册官须据此决定有关事宜。

（4）如果在收到索赔通知后的三个月内，植物品种的育种者在支付了规定费用和反对索赔的证明文件后，以表 PB-14 规定的方式提出反对。

（5）注册官在接获拥有人或育种者的答复后，须向申请人提供该项答复的副本，并传召双方亲自聆讯。

（6）处长须根据现有证据及文件证明，授予或拒绝申请人权益分享的权利。

第七章　强制许可及其撤销

18. 为公众利益而使用证书的强制许可证

（1）任何利害关系人在品种保护证书签发之日起满 3 年后，可在缴付规定费用后，以表格 PB-15 规定的方式向注册官申请授予强制许可证。申请人应：

（a）提供证书所有人的详细信息；

（b）详细说明品种名称、有关品种的通用名称和具体名称；

（c）签发强制许可证的理由及相关证明文件：

（i）提出此请求的人的资历、技术和财务能力证明；以及

（ii）提出请求的人是合法利害关系人，并自愿地用尽一切许可措施的书面证据。

（2）注册官在接到根据本条例第（1）款提出的强制许可证申请后，须在 15天内，向证书所有人、其受让人或注册代理人送达通知，邀请其在收到该通知后1 个月内提出反对。

（3）在收到通知后，证书所有人、受让人或注册代理人应填写表格 PB-16 后向注册官提出反对声明，并附有反对理由的书面证明。

（4）在给予双方陈词机会后，注册官也可将强制许可的申请提交。向植物新品种保护咨询委员会寻求技术指导，然后再决定授予强制许可证的申请。

（5）根据上述证据，如果育种员、受让人或注册代理人遇到以下情况时，注册官可命令育种员、受让人或注册代理人在规定的特许权使用费及其他酬金条款条件下授权品种：

（a）育种者权利的持有人未使用受保护品种的；

（b）符合公共利益的；

（c）为使用不符合公众利益的品种设定的条件；

（d）阻止实质性派生品种的持有者使用。

（6）注册官须向该强制许可证的持有人提供强制许可证、为进一步开发受保护植物品种而指定的原育种人或国家遗传资源中心提供的许可品种的繁殖材料。

19. 强制许可证的撤销

（1）注册官在收到 PB-17 申请，并依据《植物育种者权利法》第（33）条

第（1）款规定的撤销强制许可的证据或理由支持下，在收到违反强制许可条款的证据后，可自行向强制许可证持有人发出通知，说明撤销的理由。

（2）被许可人可提出异议，说明异议理由，撤销强制许可。

（3）注册官在考虑反对理由及给予持有人陈词机会后，可通过撤销令或拒绝批予令（视属何情况而定），可发出或不发出命令缴付讼费。

（4）注册官应当将异议结果告知当事人，并在 *PBR Journal* 上刊登。

第八章　处罚

20. 处罚

（1）权利证书所有人向地区法院提起诉讼，要求审判侵犯受保护植物品种所有人的权利，并要求适当的补助。

（2）经证明侵权的，法院可以责令权利人赔偿损失，并处以不超过侵权造成的损失数额的罚款。

（3）如有人：

（a）对一个品种使用任何虚假名称；

（b）在交易受本法保护的品种的过程中，注明该品种的国家或地方的假名或育种者的假名和地址，除非其证明自己的行为没有欺诈意图；

（c）对于一个品种或其繁殖材料、实质性派生品种或其繁殖材料不是受本法保护的品种，或以其他方式代表任何品种或其繁殖材料，或实质性派生品种或其繁殖材料未受本法保护，应支付最高 50 万卢比的罚款。

第九章　其他

21. 申请人的植物遗传材料和知识的保密性

（1）注册官应确保在保护植物品种的案件过程中，处理好申请人共享的植物遗传材料和知识的保密性。注册官有责任在每一步骤中作出安排，以保护植物遗传材料和知识在植物育种者权利登记处或其他任何材料储存或测验的实验室接受审查。

（2）注册官应与存放或测验植物材料的机构签署全面谅解备忘录（MOU），其中的条款表明有一个防愚弄的管理制度。

22. 国家遗传资源中心

（1）为了保存育种者提交的植物遗传材料，以处理植物新品种保护的情况，种子和繁殖材料的活样本应按照注册官的要求存放在伊斯兰堡植物遗传资源研究所（PGRI）国家农业研究中心。

（2）注册官应与植物遗传物质研究所签署一项协议，就贮存条件、贮存费用、防止材料泄漏、遗传物质运输和其他有关事项，订立贮存植物遗传物质的条款和条件。

（3）PGRI 应与联邦种子认证和登记部门协调其活动，以便在研究用于 DUS 评估的受保护植物品种的植物遗传物质时，提供用于比较的植物遗传物质。但是，PGRI 和 FSC&RD 应签署协议，以确保植物遗传物质的流动受到保护，并保持其机密性。

23. PBR 注册处与 FSC&RD 之间的协调

根据法案第 5、6 和 49 条的要求，为消除 FSC&RD 与注册处之间在行政、技术和财务方面的困难，应采取以下措施：

（i）注册官应经教育部批准，采取必要措施并提出计划，以加强在实地和实验室一级开展 DUS 评估活动；

（ii）FSC&RD 应负责于规定期间内，进行 DUS 测试及注册官规定的其他测试；

（iii）FSC&RD 如已向注册官缴付费用，则不得另外收取费用以进行 DUS 评估及相关测试。

附录三

巴西种子法（2003 年）

第一章　序章

第 1 条

根据该法及其法规建立的国家种子和种苗制度第 1 条旨在确保在全国范围内生产、销售和使用的繁殖材料和植物育种的特性和质量。

第 2 条

就本法而言，以下定义适用：

I——样品：通过农业、畜牧业和供应部指示的方法获得的，具有足够均质性和正确标识的一批种子或幼苗的代表性部分。

II——官方样品：检验员为检验分析目的而采集的样品。

III——采样：获取本法规定的一部分种子或幼苗的行为或过程，以构成田地或特定批次的代表性样品。

IV——抽样者：经执法部门授权进行抽样的自然人。

V——存储：为自身或第三方存储种子的个人或法人实体。

VI——加工：通过物理、化学或机械手段进行的操作，目的是提高种子批次的质量。

VI——受益人：在技术官员的协助下向第三方提供种子或幼苗加工服务的个人或法人实体。

VI——类别：种子类别内的分类单位，在适用时考虑遗传起源、质量和世代数。

IX——种子或幼苗的认证：种子或幼苗的生产过程，在其周期的各个阶段都通过质量控制进行，包括遗传起源和世代控制的知识。

X——种子或幼苗证书：由证明人签发的文件，证明种子或幼苗批次是按照既定的规范和认证标准生产的。

XI——证明者：由其授权进行种子和幼苗认证的执法部门或法人。

XII——种子和幼苗的分析：按生产过程分组的种子鉴定。

XIII——贸易商：从事种子或幼苗贸易的自然人或法人。

XIV——贸易：做广告、展示、出售、提供、销售、寄售、重新包装、进出口种子或幼苗的行为。

XV——品种：任何属或植物物种的品种，与其他已知品种有明显的区别，品种要在连续的世代中具有稳定的性状，在公开和可获取的专门出版物中有描述。

XVI——本地传统品种：由本土农民开发、改良或生产的品种，其表型特征已得到当地的认可，按照执法部门的标准，其表型性状与商业品种不同。

XVII——种子持有人：拥有种子的自然人或法人。

XVIII——检查：行使联邦警察的权力，以制止与本法及其规定相抵触的行为，由联邦执法部门农业总督察或州、市或联邦区的官员经过培训行使检查并由相应的监事会进行专业执业。

XIX——杂交：在受控条件下，具有不同遗传组成，稳定且具有明确品种纯度的亲本之间杂交一次或多次的结果。

XX——身份：用于鉴定种子或幼苗的必要信息，包括遗传身份。

XXI——遗传同一性：品种的一组基因型和表型性状，使其与其他品种区别开来。

XXII——介绍人：自然人或法人，首次在该国介绍在另一个国家开发的品种。

XXIII——克隆花园：一组植物、基质或基础植物，旨在为特定品种提供繁殖材料。

XXIV——种子和幼苗分析实验室：专门成立并获得认可的一个单位，可以进行种子分析并在技术官员的协助下发布相应的公告或分析证书。

XXIVI——维护者：自然人或法人，负责为在国家品种注册局中注册的品种提供最少数量的繁殖材料，并保持其遗传特性和品种纯度的特征。

XXVI——幼苗：有性或无性繁殖的具有特定种植目的的任何属，种或栽培品种的植物繁殖材料。

XXVII——认证的幼苗：已经从基础植物或基质植物进入认证过程的幼苗。

XXVIII——育种者：获得品种、新品种或本质上衍生的品种的自然人或法人。

XXIX——基本植物：从育种过程中获得的植物，在其育种者或引种者的责任和直接控制下，保持其遗传同一性和纯度的特征。

XXX——基质工厂：提供繁殖材料的工厂，该材料保持了基础工厂的特性。

XXXI——生产：繁殖种子或幼苗的过程。

XXXII——种苗生产者：自然人或法人，在技术员的协助下生产出售种苗。

XXXIII——种子生产者：自然人或法人，在技术人员的协助下生产出售的种子。

XXXIV——繁殖：通过种子本身的繁殖，或通过幼苗和其他植物结构的繁殖，或这些作用的结合。

XXXV——质量：种子或幼苗固有的一组属性，可用来验证其遗传起源以及其物理、生理和植物检疫状况。

XXXVI——重新包装：在技术人员的协助下将种子重新包装的自然人或法人。

XXXVII——技术官员：农艺师或林业工程师，已在各自的工程、建筑和农艺学区域委员会注册，负责在各个阶段对种子进行生产、加工、重新包装或分析的技术责任专业资格领域。

XXXVIII——种子：有性或无性繁殖的具有特定播种目的的任何属、种或栽培品种的植物繁殖材料。

XXXIX——遗传种子：从植物育种过程中获得的繁殖材料，在其育种者或引种者的责任和直接控制下，保持其遗传特性和纯度特征。

XL——基本种子：为确保其遗传同一性和品种纯度而进行的，从遗传种子繁殖中获得的材料。

XLI——第一代认证种子：从基本种子或遗传种子繁殖产生的植物繁殖材料。

XLII——第二代认证种子：第一代遗传种子、基础种子或认证种子繁殖产生的植物繁殖材料。

XLIII——自用种子：通过自然规律生长出来的植物繁殖材料，试验参数及结果需在国家品种注册局上登记。

XLIV——遵守条款：主管技术人员签发的文件，目的是证明种子或幼苗是根据执法部门确定的规范和标准生产的。

XLV——使用种子或幼苗：为了播种或种植而使用蔬菜或其部分。

XLVI——种子或幼苗的使用者：使用种子或幼苗进行播种或种植的人。

XLVII——栽培和使用价值：将栽培品种的农艺特性与其特性相结合以用于农业、工业、商业或新鲜消费的内在价值。

第二章　应用范围

第 3 条

国家种子和幼苗制度 SNSM 包括以下活动：

I——种子和幼苗的国家注册——Renasem；

II——国家品种注册簿——RNC；

III——种子和幼苗的生产；

IV——种子和幼苗的认证；

V——种子和幼苗的分析；

VI——种子和幼苗的商业化；

VII——检查种子和幼苗的生产、加工、取样、分析、认证、储存、运输和销售；

VI——使用种子和幼苗。

第 4 条

负责促进、协调、标准化、监督、审计和检查本法律及其法规产生的行为。

第 5 条

州和联邦区有责任制定与种子和种苗生产有关的补充规则和程序，并对州贸易进行监督。

根据联邦单位的要求，可以对种子和种苗的国家贸易进行检查。

第 6 条

由私人负责监督种子和幼苗的州际和国际贸易。

第三章 国家种子和种苗登记职能

第 7 条

在执法部门上建立了国家种子和幼苗注册处——Renasem。

第 8 条

从事种子、种苗生产、加工、包装、储存、分析、贸易、进出口的活动的个人和法人，必须在 Renasem 注册。

1. 执法部门认可 RENASEM，个人和符合本法规定的要求，履行法律实体以下活动：

I——技术负责人；

II——种子和幼苗认证实体；

III——自己生产的种子或幼苗的证明人；

IV——种子和幼苗分析实验室；

V——种子和幼苗采样器。

2. 在本法规定的条件下，个人、法人实体及其利用自己控制的第三方财产进口种子或幼苗以供自用时，可在雷纳塞姆注册豁免。

3. 繁殖种子或幼苗进行分发、交换或商业化的家庭农民，土地改革定居者和土著人民可在雷纳塞姆（Renasem）进行注册。

第 9 条

因在 Renasem 进行注册或认证而产生的公共服务将通过特定公共服务的价格制度获得报酬，该执法部门负责为以下活动设定价值和收取形式：

I——种子生产者；

II——幼苗生产者；

III——种子处理器；

IV——重新包装种子；

V——种子储存；

VI——种子交易员；

VI——种苗商人；

VI——种子或幼苗认证者；

IX——种子或幼苗分析实验室；

X——采样器；

XI——技术负责。

开展一项以上活动的个人或法人实体，将仅支付其从事的活动中涉及最高年费和最高注册或认证费的金额。

第四章 国家品种注册

第 10 条

据此建立了国家品种注册局——RNC 和国家注册品种注册局——CNCR。
CNCR 是向 RNC 及其维护者注册的品种的注册簿。

第 11 条

种子和幼苗的生产、加工和商业化必须在 RNC 中事先注册相应的品种。

I——品种的注册应该是唯一的。

II——上述植物品种中，RNC 登记的持久性是接受至少一个注册者的登记，除非其繁殖材料仅仅依靠进口品种。

III——执法部门可以接受 RNC 登记的同一品种的一个以上的注册者，提供相关证据与技术条件，以确保品种注册。

IV——因任何原因未能提供基本材料或无法确保在向 RNC 注册时声明品种的特征的维护者，其姓名将被排除在 CNCR 外。

V——受保护的植物品种依据事件法，登记应该由种植者或由法律授权的律师完成。

VI——是非强制性的，由本土农民使用，在 RNC 中注册登记。

VI——这项法律规定：RNC 必须建立在公共领域永久性或许可排除的品种的标准。

第 12 条

品种的通用名称对鉴定品种是必不可少的。出于注册目的，通用名称必须遵守以下标准：

　　I——是唯一的，不能仅以数字形式表示；

　　II——与现有的品种名称不同；

　　III——不要误导品种的内在特征或起源。

　　第 13 条

执法部门将出版专门出版物，以传播《国家注册耕种者名册》。

　　第 14 条

自本法公布之日起，RNC 中已经存在的品种注册有效，只要有关当事方在180 天内遵守该条款。

　　第 15 条

执法部门将建立规则，用于确定栽培和使用价值与每种植物种类有关的VCU，以在 RNC 中注册相应的栽培品种。

　　第 16 条

可以按照本法规定建立的方式取消或暂停 RNC 中植物品种的注册。

　　第 17 条

在 RNC 中注册产生的公共服务将通过特定公共服务的价格制度获得报酬，执法部门负责设定价值和收取方式。

第五章　生产和认证

　　第 18 条

执法部门将以本法的规定提供的形式，促进全国范围内种子和幼苗生产系统的组织，包括认证过程。

　　第 19 条

种子和幼苗的生产将由注册在 Renasem 的种子和幼苗生产者负责，以确保身份和质量控制。

种子的持有者，无论是生产者、商人还是使用者，都将以本法规定的形式确保最低发芽标准。

　　第 20 条

由执法部门确定并在国际电联《官方公报》上发布的种子和幼苗的身份和质

量标准将在全国范围内有效。

第 21 条

种子和幼苗的生产者有义务对其进行识别，并且必须在各自的包装、印章、标签或识别标签上包括本法规定的规格。

第 22 条

种子和幼苗必须以"种子"或"休眠"加上物种的通用名称来标识。

认证过程中产生的种子和幼苗将根据现有技术类别的名称进行识别。

第 23 条

在认证过程中，可根据以下类别生产种子和幼苗加上该物种的通用名称：

I——遗传种子；

II——基础种子；

III——第一代认证种子——C1；

IV——第二代认证种子——C2；

V——基本工厂；

VI——基质植物；

VI——认证的幼苗。

1. 上述获取的认证种子的第二代——C2、认证种子第一代——C1 和基础种子是由上一代依次产生的。

2. 考虑到每种植物物种的特殊性，本图谱可以授权多个世代进行基本种子类别的繁殖。

3. 生产基础种子的，认证的种子的第一代 C1 和认证的种子的第二代 C2，需要在执法部门指定的生产单位进行登记，用于观察每个品种的判定规则和标准。

4. 经认证的变更的生产必须事先遵守克隆花园植物基质和基本植物以及其生产苗圃在执法部门上的注册规定，并遵守规则和相关标准。

第 24 条

具有经证明的遗传来源的非认证类别种子的生产最多可从经认证的基础种子或遗传种子进行两代的生产，但须事先在执法部门登记本法规定的规范和标准。

根据酌情决定权，当仍然没有可用于生产各个物种遗传种子的技术时，可以在没有遗传起源证据的情况下进行本文规定的种子生产。

第 25 条

1997 年第 9456 号法律保护的种子生产田地和种苗必须经过农场所有权人的明确授权才能注册。

第 26 条

生产未经认证的苗木必须符合本法的规定。

第 27 条

种子和幼苗的认证必须由执法部门或由本法规定的合格法人进行。

将由种子或幼苗的生产者自行生产的，按照第 1 条、第 8 条的规定进行。

第六章 种子和幼苗分析

第 28 条

种子和幼苗样品的分析必须按照执法部门正式规定的方法进行。

第 29 条

仅根据本法规定的目的，由执法部门直接或由其认可的实验室进行的种子和幼苗样品分析才有效。

分析结果仅在从官方样品中获取并由执法部门或由执法部门授权的官方实验室进行直接分析时，才具有检查价值。

第七章 国内贸易

第 30 条

种子和幼苗的贸易和运输必须符合执法部门确定的特性和质量标准。

在紧急情况下并在指定时期内，执法部门可授权销毁低于既定质量标准和最低标准的标识的传播材料。

第 31 条

种子和幼苗必须以其确定的形式及其类别加以识别。并且在运输、交易或存储时，必须附有生产者的发票或本证书规定的种子证明或合格期限。

第 32 条

用化学或农药产品处理过的种子的商业化和运输应符合本法的规定。

第八章　国际贸易

第 33 条

国际贸易用种子和幼苗的生产必须遵守执法部门规定的具体规则，并遵守有关国际贸易的协定和条约或与进口国订立的协定和条约（视情况而定）的要求。

第 34 条

只能进口在《国家耕种登记册》上登记的品种的种子或幼苗。

出于研究目的，用于测试栽培和使用价值或用于再出口的进口品种，可在 RNC 处免除注册。

第 35 条

进口的种子或幼苗必须附有本法规定的文件。

I——种子进口需经执法部门的事先授权。

II——非法进口的种子或幼苗应由执法部门酌情决定退还、再出口、销毁或用于其他目的。

第九章　适用范围

第 36 条

本法的责任是指导本国种子和幼苗的使用，以期避免该法律法规中规定的滥用和对国家农业的损失。

第十章　监管

第 37 条

生产、受益、分析、包装、重新包装、取样、证明、储存、运输、进口、出口、使用或出售种子或幼苗的个人和法人实体，均应接受执法部门检查。

I——本法由相关执法部门执行，公民不得妨碍执法。

II——对种苗的生产、加工、贸易和使用过程中履行职责有异议的，可在任意执法处提起行政复议。

第 38 条

本执法部门可以通过其法律法规的形式，通过与公共实体达成协议或与公共实体达成协议的权力下放。

按种子法规定的权限下放要接受定期审核，该审核由根据本法规定建立的执法部门进行。

第 39 条

不论是否已识别、包装或散装、贮存或运输的任何种子或幼苗，均应按规章规定的形式接受检查。

第十一章　种子和种苗委员会

第 40 条

设立种子和幼苗委员会，作为执法部门的咨询机构，负责提出与种子、种苗的生产、贸易和使用有关的补充规则和程序。

I——种子和种苗委员会，是联邦内部单位，当由联邦、州和地方政府以及私人倡议，负责监测、研究、教育、技术援助，以及监管生产、贸易和使用种子和幼苗。

II——种子和种苗委员会的组织架构、功能和职责由种子法提出。

III——执法部门在国家种子种苗委员会。

第十二章　禁令

第 41 条

本法规对在生产、加工、储存、分析、贸易、运输和使用种子和种苗方面，违反本法及其规定的违法行为相应的处罚进行了规定。

第十三章　预防措施和处罚

第 42 条

在采取财政行动时，将按照本法的规定采取预防措施：

I——暂停商业化；或者 II——禁止成立。

第 43 条

在不损害适用的刑事和民事责任的情况下，个人和法人不遵守本法规定的行为已在第二十条中提及。根据该法的规定，可采取下列处罚（单独或累积）

I——警告；

II——罚款；

III——扣押种子或幼苗；

IV——销毁种子或幼苗；

V——暂停向 Renasem 注册；

VI——取消在 Renasem 的注册。

当罚款影响生产、加工或商业化时，其罚款额相当于被检查产品商业价值的 250%。

第 44 条

不遵守本法规定的责任技术人员，取样员或证明人，将受到本法规定的下列单独或累计的罚款：

I——警告；

II——罚款；

III——暂停认证；

IV——取消认证。

第十四章　其他

第 45 条

按照协会的规定生产的种子，从本法发布之日起，可以"审定种子"的名义销售，最长期限为两年。

第 46 条

执法部门被授权建立特定的机制，并在适当的情况下确定本法规定的例外情况，以规范本地和外来具有药用或环境利益的森林物种种子的生产和贸易，以及上述段落中提到的其他物种。

第 47 条

依照本法的其他要求，对家庭农户的种子种苗纳入资助计划或公共计划进行限制。

第 48 条

执法部门将建立本法规定的活动的协调和执行机制。

第 49 条

行政机关自本法颁布之日起 90 天内对本法进行规范。

第 50 条

本法律自其发布之日起 90 天生效。

1977 年 12 月 19 日第 6. 507 号法律废除了第 52 条。

巴西利亚，2003 年 8 月 5 日。

荷兰种子和植物材料法

荷兰王国法案、命令和法令公报 2005 年第 184 号

第 1 章　术语定义

第 1 条

在本法及据此制定的规定中，下列用语应理解为具有以下含义：

a. 部长：指荷兰农业、自然及食品质量部部长；

b. 委员会：指第 2 条所述的植物品种委员会；

c. 品种：已知植物最低分类单元中的单一植物群，无论其是否充分满足本法授予育种者权利的规定，都可以某一基因型或基因型组合所产生的特性表达来定义；所述特性中至少有一种表达与其他植物群存在区别；并且作为一个分类单元，其适应性经繁殖后不发生变化；

d. 《品种登记簿》：指第 25 条所述的《荷兰品种登记簿》；

e. 林分：是指划定的、成分足够一致的树木群；

f. 繁殖材料：拟用于植物栽培或繁殖，或用于此目的的植株及其部分；

g. 销售：商业提供或存储、展示或提供销售、出售、为销售而拥有以及免费向第三方提供、供应或转让；

h. 维护者：指保证审定品种得以维护的人；

i. 供应商：指对繁殖材料进行专业性繁殖、生产、储存、加工、处理、进口或销售的人（包括自然人或法人实体），在其自己的土地上使用的除外；

j. 育种者：指通过自己的工作繁育或发现并开发该品种的人，或该人的法定

继承人；

　　k. 联盟：指国际植物新品种保护联盟，由 1961 年 12 月 2 日在巴黎签署的《国际植物新品种保护公约》（1962 年《条约汇编》第 117 号）的缔约国组成，该公约最近一次修订完成于 1991 年 3 月 19 日（《条约汇编》1992 年第 52 号）；

　　l. 联盟成员国：指 UPOV 联盟成员国；

　　m. 贸易指令或条例：欧盟理事会或欧洲议会和欧洲联盟理事会共同制定的指令或条例，全部或部分基于《欧共体条约》第 37、52、95、152 或 175 条，与植物部门有关，对该部门的经济活动、购买者的利益、内部市场、质量、以销售为目的的生产和繁殖材料的销售、环境、公共卫生、技术要求或信息提供制定了规则；

　　n. 授权的指令、条例或决定：欧洲共同体委员会根据贸易指令或条例做出的指令、条例或决定。

第 2 章　植物品种委员会

第 2 条

设立植物新品种委员会，其职责为：

　　a. 根据本法第 4 章的规定在品种登记簿中记录品种和林分；

　　b. 根据本法第 5 章的规定审定品种和林分；

　　c. 根据本法第 7 章授予植物育种者权利；

　　d. 根据第 26 条的规定起草并公布国家审定的品种和林分目录；

　　e. 审定第 85 条所述的植物群并将其记录在品种登记簿中。

第 3 条

　　1. 植物品种委员会由包括委员会主席在内的 7 至 11 名委员组成，由农业、自然与食品质量部长任命和罢免。根据其在委员会中职责领域的专门知识进行任命。部长下属人员不得任命为委员会委员。

　　2. 植物品种委员会从其委员中指定一名或多名副主席。

　　3. 植物品种委员会应配备一名秘书和一名或多名助理秘书，由部长任命。

　　4. 为了便于运行，植物品种委员会下设办公室，由第 3 款所述的秘书负责。

　　5. 植物品种委员会可通过一般管理命令内设一个或多个部门。

第 4 条

1. 植物品种委员会主席和委员的任期均为 5 年。

2. 第 1 款所述人员一经辞职即有资格连任，但连任不得超过两届。

3. 由于不适合或不胜任所担任的职务，或由于与其有关的其他严重原因，部长可提前停止或解除第 1 款所述人员得职务。解职也可根据当事人自己的要求进行。

4. 任何有关人员皆可因第 3 款所述严重原因被停职或解职：

a. 若因终局性和决定性的司法裁决被判触犯刑法，或因该裁决被判处有期徒刑；

b. 若通过终局性和决定性的司法裁决被置于法定监护之下、被宣布破产或受到自然人债务重组的约束、被准予暂停偿付或因债务被监禁；

c. 若其作为或不作为严重损害了植物品种委员会的良好运作或对它的信任；

d. 若违反《一般行政法》第 25 条所述的保密义务或违反本法第 5 条。

5. 因填补临时空缺而被任命的人，应在其接替的人应该辞职的时候辞职。

6. 部长应向植物品种委员会成员发放薪酬。

第 5 条

1. 植物品种委员会主席及委员会其他委员、秘书和秘书助理不得以任何方式参与对其介入案件的审议。

2. 植物品种委员会主席和委员会其他委员不得兼任其他职位，不履行不受欢迎的辅助性职能以适当履行其职责、保持其独立性或对他的信任。

3. 第 2 款所述人员应将其接受额外职位的意图通知部长。

4. 与所任职务相关的其他职务应予公开。他们应公开其担任其他职务的目录，供植物品种委员会和本会部长检查。

第 6 条

1. 委员会经费由国家预算承担。

2. 部长有权规定下列各项收费：

a. 处理《品种登记簿》登录申请；

b. 处理品种和林分审定申请；

c. 处理育种者权利申请；

d. 为评估前述 b 和 c 项所述申请进行的必要技术调查；

e.《品种登记簿》副本和摘录的提供；

f. 每年某品种或林分因审定或授予育种者权利而被登入《品种登记簿》；

g. 第 58 条第 4 款所述建议的提供；

h. 第 85 条所述植物群审定申请的处理。

3. 第 2 款所述各项收费：

a. 应当与第 2 款 a 至 h 项所述活动直接相关；

b. 不得超过各项活动所需数额；

c. 应针对委员会活动涉及的各种作物或作物类别单独确定。

4. 部门规章应制定具体规则，规定上述费用的征收和收取以及根据工资和价格变化趋势对其进行定期调整的问题。

5. 如果欠款在委员会规定的期限内没有支付，委员会有权通过执行令收取欠款，并加收法定利息和收取费用。根据《荷兰民事诉讼法典》第 1 卷第 45 条及其后各条的规定，执行令以法警通知书形式送达，费用由欠款人承担，并应构成《荷兰民事诉讼法》第 2 卷第 430 条意义上的可执行所有权。

6. 自执行令送达之日起 6 个星期内，可通过传唤的方式对执行令提出异议。异议一经提出，执行令即中止执行。应国家要求，法院可以取消中止执行。

7. 本条规定的欠款未经交付，委员会不得处理源于《品种登记簿》的文件，也不得出具其副本或摘录。

第 7 条

1. 植物品种委员会有权就品种和林分审定以及育种者权利授予对证人和专家进行讯问。

2. 植物品种委员会传唤的证人必须服从。

3.《民事诉讼法》第 191 条和第 203 条第 2、3 款的规定比照适用于证人。

4. 委员会可下令由公共当局将被正式传唤但未出庭的证人带到委员会。

5.《民事诉讼法》第 197 至 199 条、第 203 条和第 205 条比照适用于对证人的询问。

6. 专家应公正地执行任务并尽其所知地进行报告。

第 8 条

1. 植物品种委员会应通过行政条例明确规定下列各项：

a. 植物品种委员会的工作方法及其成员间的职责分工；

b. 对申请人、提出请求的人、其他相关当事人以及证人和专家的传唤；

c. 支付给证人和专家的补助。

2. 在第 1 款所述的行政条例中，植物品种委员会可将法庭内外的代表权委派给委员会的一名或多名委员或秘书。委员会可以规定该代表权所涉及的具体事项。

3. 第 1 款所述的行政条例中，植物品种委员会可将职权委派给一名或多名委员或秘书行使。

4. 上述行政条例须经部长批准。如果部长认为上述条例与法律相抵触或能妨碍委员会恰当完成任务，可不予批准。

第 9 条

1. 每年 7 月 1 日之前，植物品种委员会应起草一份报告，说明其在上一日历年的活动、所奉行的一般政策，特别是其工作和方法的效率和效果。

2. 上述年度报告应向部长和两院提交并予公布。

第 10 条

1. 在行使其职权方面，植物品种委员会应确保：

a. 及时准备和执行；

b. 适用程序正确；

c. 谨慎对待与之接触的人员和机构；

d. 认真处理收到的异议和投诉。

2. 植物品种委员会应规定，允许与之接触的人员和机构对其工作方法和程序提出改进建议。

3. 在第 9 条所述的年度报告中，委员会应报告其为实施第 1 款和第 2 款所采取的措施。

第 11 条

1. 应部长要求，植物品种委员会向其提供履行职责所需的资料。部长可要求他能够检查业务数据和记录。

2. 植物品种委员会在提供第 1 款所述资料时，若有必要应指明哪些资料属机密性质。上述信息的保密性可能源于该信息的性质，或源于只要其被列为机密自然人或法人实体即向相关机构提供该信息的事实。

第 12 条

1. 部长可以就植物品种委员会的职责履行制定准则。

2. 上述准则应在《政府公报》上公布。

第 13 条

1. 部长有权宣布植物品种委员会作出的决定无效。

2. 该无效宣布应在《政府公报》上公布。

第 14 条

1. 若部长认为植物品种委员会严重失职，有权采取必要措施。

2. 若非紧急情况，上述措施不得在植物品种委员会有机会在部长确定的期限内适当履行其职责前采取。

3. 部长采取第 1 款所述措施后，应立即向议会两院通报。

第 15 条

每年 4 月 1 日前，植物品种委员会向部长提交下一年度预算草案。

第 16 条

如果在这一年中，实际和预算的收入与支出之间，或收入和支出之间存在或可能存在重大差异，植物品种委员会应立即报告部长并说明出现差异的原因。

第 17 条

植物品种委员会应根据国家服务部门的相关规则，保证必要的技术和组织设施到位，以确保其数据免受损失或损害以及未经授权的信息的获取、修改和传播。

第 18 条

本法生效后，部长每 4 年就植物品种委员会运作方式的效率和效果向议会两院提交报告一次。

第 3 章 检试机构

第 19 条

1. 为执行本法第 6 章或其下的规定，一个或多个具有完全法律行为能力的私法法人，可通过委员会的一般管理命令，负责检测繁殖材料并签发证明文件或区别性标识。

2. 进行前款所述测试的目的是确定繁殖材料是否符合本法第 6 章或其下的规定，包括通过抽样方式对繁殖材料或其来源及它们的试验表现进行研究。

3. 通过第 1 款提及的措施，根据该款任命的检查机构也可负责第 42 款所述的供应商认证或登记。

第 20 条

1. 根据第 19 条指定的测试机构不得以营利为目的。

2. 测试机构应当制定细则，明确其进行检测、出具证明文件和区别性标识的方式。该细则须经部长批准。如果部长认为该细则与法律相抵触或妨碍测试机构正确履行职责，可不予批准。

第 21 条

1. 与第 19 条所述法定职责有关的费用，从由测试机构因下列事项确定并收取的费用中支出：

a. 第 39 条第 6 款所述的授权同意；

b. 第 40 条所述的测试；

c. 第 41 条所述证明文件和区别性标识的签发；

d. 第 42 条所述供应商的认证或登记申请处理，或此类认证或登记的续展或变更申请处理；

e. d 项所述认证或登记的维持；

f. 第 64 条所述信息的提供。

2. 第 1 款所述收费须经部长事先审批。如果部长认为批准该收费与法律或公共利益相抵触，可不予批准。

3. 第 1 款所述收费：

a. 应与该款所述活动直接相关；

b. 不得超过支付各种活动费用所需数额；

c. 应按作物或检测机构活动所涵盖的作物类别分别设定。

4. 部门规章应制定具体规则，规定上述费用的征收和收取、以及根据工资和价格变化趋势对其进行定期调整的问题。

5. 测试机构在规定期限未收到的费用可通过执行令收取，并可加收法定利息和收款产生的费用。执行令以法警通知书方式送达，根据《民事诉讼法》第 1 卷第 45 条及其后各条的规定，由此产生的费用由欠费人承担，并应构成《荷兰民事诉讼法》第二卷第 430 条意义上的可执行所有权。

6. 执行令送达之日起的 6 周内，欠款人可通过传唤测试机构所属实体单位的方式就执行令提出异议。异议一经提出，执行令中止执行，但前述实体单位提出请求时法院可以解除该中止执行。

7. 欠费未按本条支付前，测试机构不得从事或停止第 1 款所述的活动。

第 22 条

1. 依据第 19 条指定的测试机构的章程修正案，经部长批准后生效。部长应确保上述章程在《政府公报》上予以公布。

2. 测试机构总裁的任命和解职须经部长批准。

第 23 条

测试机构就本法规定的或根据本法分配的任务以及因执行此类任务所直接产生的工作进行记录，并在年度报告中分别予以说明。

第 24 条

第 9 至 14 条以及第 17 条、第 18 条比照适用。

第 4 章　品种登记簿

第 25 条

1. 建立荷兰《品种登记簿》用于品种和林分登记。该登记簿可供公众查阅。

2. 《品种登记簿》记载下列内容：

a. 根据本法第 5 章审定的品种和林分；

b. 根据本法第 7 章授予育种者权利的品种；

c. 第 85 条所述植物群。

3. 植物品种委员会对其通过的品种的性状描述和名称进行登记。

4. 登记名称应视为通用名称。

5. 植物品种委员会经由一般管理命令制定规则，内容包括就《品种登记簿》的结构以及对第 2 款所述品种、林分和植物群进行登记时应提供的信息。

第 26 条

1. 为了执行欧盟理事会或欧洲议会和欧盟理事会共同作出的，或欧洲共同体委员会作出的具有约束力的决定，植物品种委员会应根据《品种登记簿》所记载的信息就某一植物编辑《国家品种和林分审定目录》。

2. 第 1 款所述《国家植物和林分品种审定目录》在《政府公报》》上公布。

第 27 条

1. 第 25（3）条所述的名称应适合于识别其所适用的品种。

2. 名称应具有区别性，具体而言：

a. 如果其所涉及的品种为授权品种，则应与 UPOV 联盟成员国中相同或相近的现有植物品种的名称存在区别；

b. 若其涉及的为其他品种，则应与在欧盟成员国或另一《欧洲经济区协定》缔约国中相同或相近的现有植物品种的名称存在区别。

3. 不得违反公共秩序。

4. 该名称应与在欧盟任何国家，或分别在任何成员国或《欧洲经济区协定》的任何其他缔约国的注册品种相同，只要它适合在这个国家使用。

5. 不得采用容易对货物性质或原产地发生混淆的与商号或商标近似的名称。

6. 为执行欧盟理事会或欧洲议会和欧盟理事会共同作出的，或欧洲共同体委员会作出的具有约束力的决定，部门规章中应规定命名细则。起草本款第一句所述的细则时，还应考虑欧盟理事会育种者权利授权品种命名法中的正式建议。

第 28 条

1. 植物品种委员会在《政府公报》上公告拟定名称。

2. 在第 1 款所述公告发布后 8 周内，利害关系人可根据第 27 条第 5 款规定对该名称提起异议。

3. 植物品种委员会在对第 2 款所述的异议作出决定前，该名称不得通过。

4. 应植物品种委员会请求，荷兰工业产权局应向其提供相关商标的注册信息。

第 29 条

1. 申请育种者权利或申请品种审定时，申请人应当提交品种的建议名称。

2. 申请人亦可提交品种暂定名称，但在此情况下申请人应在植物品种委员会规定的时间内提交一个确定性的建议名称。

3. 建议名称应附随一份声明，表示如果建议名称被登记，申请人将放弃在 UPOV 联盟成员国、欧盟成员国或另一《欧洲经济区协定》缔约方国家就相同或类似商品享有的权利。

4. 植物品种委员会应当采用建议名称或第 27 条第 4 款意义上的名称，除非它认为这样做会违反第 27 条的规定。但在此情况下，植物品种委员会应允许申请人另行提交一个名称。

5. 应要求，植物品种委员会向荷兰工业产权局和 UPOV 联盟提供其登记的品种名称信息。

第 30 条

1. 如果法院以该名称上的权利属于他人为由判决禁止使用登记品种繁殖材料的登记名称，经相关当事人请求植物品种委员会可撤销该登记名称，在与审定品种利害关系人或育种者权利持有人协商后登记一个临时名称。

2. 在给予审定品种利害关系人或育种者权利持有人在规定期限内另行提交品种名称的机会后，植物品种委员会采用该更正名称并将其登记在册。第 28 条同样适用。

3. 如果确定某品种不能以登记名称列入欧洲共同体委员会为其所属作物制定的《共同品种名录》，应植物品种权持有人或品种审定申请人的要求，植物品种委员会可撤销该登记名称并另行登记一个临时名称。本条第 2 款应比照适用。

第 31 条

1. 植物品种委员会可确认并登记该品种性状的临时描述。

2. 下列两种情形下植物品种委员会可对第 1 款所述的临时描述进行补充并将其登记在册：

a. 申请人请求；

b. 若为另一品种描述所必要时可依职权进行，但此情况下应听取审定品种利害关系人或育种者权利持有人的意见；若因其他原因进行，则须与上述人员达成一致意见。

第 32 条

根据《一般行政法》第 3：41 条的规定，植物品种委员会依据本章作出的决定应当通知第 28 条所述利害关系人，根据第 30 条、31 条的规定对审定品种利害关系人以及第 30 条、31 条所述育种者权利持有人。

第 33 条

本章及第 5 章和第 7 章所述的申请和请求及其撤回或驳回，应记入《品种登记簿》并在《政府公报》上公布。

第 34 条

本章以及第 5 章和第 7 章意义上的登记和登入，有复审未决情形的，须在复审决定做出、或复审申请期限届满未提出、或以书面形式通知植物品种委员会撤回复审申请的情况下方可进行。

第 5 章　品种和林分审定

第 35 条

1. 品种和林分审定规则可经由一般管理命令制定；上述规则可因植物而异。上述规则在任何情况下都可能涉及：

a. 在技术调查的基础上确定品种是否具备特异性、一致性、稳定性的要求；

b. 在技术调查的基础上确定品种是否具有足够的栽培和利用价值的要求；

c. 在技术调查的基础上确定用于造林用途的林分是否符合本条开头句所述的经由一般管理命令规定的、按照该命令指定的繁殖材料类别之生产条件；

d. a、b 和 c 项下的技术调查涵盖的性状特征以及进行该调查的要求；

e. 品种审定的其他要求，以及植物品种委员会可以更改或撤销审定的条件和情形。

2. 如果一个品种在提交申请时与已知品种相比具有明显的区别，则该品种应视为具有特异性。如果一个品种在品种审定申请提出时已被列入欧洲共同体委员会通过的《共同品种目录》，或已通过审定，或已成为欧盟成员国的品种审定申请对象，则应被视为已知品种。

3. 如果一个品种，除因繁殖特性预期出现的变化外，就其重要特征而言足够整齐一致，则应视为具有一致性。

4. 如果一个品种的重要特征经重复繁殖后或在特定的繁殖周期结束时保持不变，则应视为具有稳定性。

5. 如果一个品种与荷兰审定的其他品种相比，至少在特定地区生产的质量总和，对收获物或其衍生产品的繁殖或价值具有明显的改进，则应被视为具有足够的栽培和利用价值。某些水平较低特性可能会得到其他有利特性补偿。

6. 第 1 款 a、b 和 c 项所述技术调查应由植物品种委员会负责进行。经由第 1 款所述一般管理命令可以对下列情况制定规则：为了对某一品种进行技术调查，植物品种委员会可利用该品种的现有调查报告、申请人本人进行的调查结果以及在栽培过程中获得的实际经验。

第 36 条

1. 经申请人申请，植物品种委员会可就品种或林分的审定做出决定。

2. 审定品种申请应包含如下信息：

a. 第 29 条所述的品种命名建议。

b. 对该品种的特征描述。

c. 对该品种与同一植物中的其他品种的区别特征的准确说明。

3. 植物品种委员会要求时，按照植物品种委员会的要求向其提供足够数量的品种材料，用于第 35 条第 1 款 a 和 b 项所述的技术调查。

4. 林分审定申请书应包含林分所有人或管理人的记录、林分所在位置以及林分的特征说明。

第 37 条

1. 通过审定的品种或林分应在《品种登记簿》中登记，同时对根据第 39 条第 3 款指定的林分维护者/维护者们或所有者或管理者的**认定**进行记录。

2. 该批准日期为在第 1 款所述在《品种登记簿》中登记的次日并于同日生效。

3. 植物品种委员会应确保一个与：a. 一个此前在荷兰或其他成员国已经通过审定的品种，或 b. 根据第 35 条所定规则对其特异性、一致性和稳定性进行了评估的另一品种，但不是第 35 条第 2 款意义上的已知品种；没有明显区别的审定品种应当载有该相关品种的名称。

4. 如果第 3 款所述的名称具有误导性或容易引起对该品种的混淆，或有其他事由阻止其使用，或第三方权利阻止该品种名称的自由使用，则该款不适用。

第 38 条

1. 如果第 6 条第 2 款 f 项所述费用到期后 6 个月后仍未交纳，则品种或林分的审定依法失效，并记入《品种登记簿》。

2. 如果费用于审定失效日起 14 日内仍未交纳，《品种登记簿》注明其为品种维护人的当事人或林分审定的申请人会收到植物品种委员会寄发的缴费提醒挂号信。

第 6 章 繁殖材料销售

第 39 条

1. 一般管理命令中指定植物的品种和林分之繁殖材料的销售，可经由该命令制定规则。该规则可包括诸如下列内容：

a. 只有派生于已通过审定并在《品种登记簿》中注册、或已被列入欧洲共同体委员会通过的《品种或林分共同名录》的品种或林分的繁殖材料，才能销售的条件；

b. 只有某些类别的繁殖材料才能销售的条件；

c. 某些类别品种繁殖材料只能由育种者才能对其销售的条件，或者如果此类品种上不存在育种者权利时，则只能由在植物品种委员会注册的品种维护者才能对其销售的条件。

2. 经由第 1 款所述的一般管理命令，还可以就以下方面制定规则：

a. 对不再保存的品种的繁殖材料的维护和销售进行监督；

b. 达不到第 1 款 a 项所列条件、拟向欧盟境外出口的品种和林分的材料的销售。

3. 第 1 款 c 项所述品种维护者的注册应由植物品种委员会根据测试机构的意见进行。如果维护者的注册出于繁殖技术原因需要，则植物品种委员会只能指定一名维护者。在委员会为此目的规定的条件下，后者有义务向其他表示希望这样做的人提供适合生产繁殖材料的材料。

4. 根据《欧洲经济区协定》，欧盟理事会、欧洲议会和理事会共同或欧洲共同体委员会已经起草的具有约束力决定的植物的销售规则，适用于欧洲经济区全境。第 1 款 a 项和第 2 款 b 项应比照适用欧洲经济区全境。

5. 为科学或育种目的，应准予不符合第 1 款规定的少量繁殖材料销售。

6. 应请求，测试机构可准予不符合第 1 款规定的繁殖材料在一定时期内销售，或将适当数量的繁殖材料投放市场用于研究与测试，或维持遗传多样性，只要相关繁殖材料属于至少在一个欧盟成员国已提交了品种或林分审定申请的品种或林分。

7. 第 6 款意义上的准予条件和该款意义上的数量应由部门条例规定。

第 40 条

1. 未经测试确定其符合经由一般管理命令规定的有关繁殖材料质量的规则，繁殖/材料不得销售。

2. 第 1 款所述的规则可涉及：

a. 繁殖材料的真实性、健康、活力、大小和纯度的真实性；b. 繁殖材料的分级、分类、处理、包装、运输、标识或标签，只要其与 a 项所述事项有关；c. 企业的技术组织和管理及其技术运营；以及 d. 测试繁殖材料的方式。

第 41 条

1. 如果经由第 40 条所述的一般管理命令就繁殖材料测试制定了规则，证明文件和区分标识可由授权方或代表授权方黏附在繁殖材料或其包装上，或装入繁殖材料当中。

2. 也可经由第 40 条所述的命令制定涉及签发、准备、提供、储存和使用证明文件和区分标识的规定，以及印版、印章和其他用于创建或应用证明文件和区分标识工具的规定。

第 42 条

1. 未经测试机构认证或登记，供应商不得销售部长指定植物的繁殖材料。

2. 认可或注册只在为特定植物繁殖材料实施特定活动所设定的时间期限内有效。

3. 测试机构可以对认可或注册附加条件或规定。认可或注册的授予或实施可以受到限制。

4. 第 1 款不适用于仅向非专业从事植物生产或繁殖材料销售的人进行销售或供应的供应商。

第 43 条

1. 若能满足经由一般管理命令所设定的要求，经请求第 42 条意义上的认可或注册必须授予或实施。

2. 第 1 款所述的要求可涉及：

a. 企业的技术组织；b. 生产过程及贮存；c. 有关生产过程、存储和交付的文件；和 d. 在本法规定的情况下，应采取措施确保遵守本法规定的规定。

第 44 条

部门条例就认可或注册申请或延长或更改认可或注册申请的提交，以及处理此等申请的方式制定实施细则。例如，可规定以下内容：

a. 申请得以受理需提交的数据和文件；b. a 项所述信息发生变更后，认可或注册申请的修改期限。

第 45 条

下列情况下，测试机构可以暂停、撤销或取消第 42 条所述的认可或注册：

a. 认可或注册活动不再进行；或 b. 即使认可或注册（证书）持有人得到了合理的时间进行必要的更改，仍达不到第 43 条所述的要求。

第 46 条

1. 在不影响商号或商标使用权的情况下，经由本法规定列入《品种登记簿》的品种的繁殖材料仅应以注册名称销售。

2. 如果某国为某品种规定的名称不同于荷兰注册品种名称，则该品种的繁殖材料只能以该国规定的名称出口到该国。

3. 在向下列国家出口注册品种的繁殖材料时，可背离第 1 款规定以进口国的通用名称出口：

a. 其他 UPOV 联盟国成员国，只要有关品种已被授予育种者权利；或 b. 欧盟成员国或《欧洲经济区协定》缔约国之外的国家，只要有关品种未被授予育种者权利。

4. 注册名称或近似用语不得用于相同或相近植物的其他繁殖材料。

第 47 条

1. 测试机构应当应确保不符合本章规定的规则的繁殖材料被撤出市场。为此，测试机构应当书面通知行为人在其规定的期限内将缺陷繁殖材料撤出市场，或封存、销毁。

2. 如果行为人在第 1 款所述期限内未采取该款所述措施，则测试机构有权自行采取必要措施，费用由行为人承担。

3. 测试机构有权通过执行令向行为人收取所欠费用，并可加收法定利息和收取费用。第 21 条第 5 款（第二句）和第 6 款的规定应比照适用。

第 48 条

1. 部长可以就本章的规定或根据本章的规定给予特许或豁免。

2. 此等特许或豁免只应在下列情况下给予：

a. 为了向市场提供其繁殖非常重要的足够的植物繁殖材料；或 b. 为使临时实验得以进行。

3. 此类特许或豁免须受到限制。

第 7 章　育种者的权利

第 1 部分　获得授予育种者权利的资格

第 49 条

1. 对于植物界的所有植物品种，只要具备新颖性、特异性、一致性和稳定性，即可授予育种者权利。

2. 在提交育种者权利申请之日，若该品种的繁殖材料或收获材料未以使用为目的，由育种者或经育种者同意在以下时间期限内出售或以其他方式向他人提供，则应视为具有新颖性：

a. 在荷兰：不超过本款开头所述时间点前一年；b. 荷兰境外：不超过本款开头所述时间点前 4 年，若为树木或藤本植物，则不超过本款开头所述时间点前 6 年。

3. 就第 2 款的适用而言，不得以品种材料向他人提供用于测试的事实对抗该品种的育种者或其合法继承人。

4. 如果一个品种与提交申请时的已知品种相比具有明显的区别，则该品种应视为具有特异性。任何情况下，如果一个品种向任何国家提交了授予育种者权利申请或登录官方《品种登记簿》的申请，只要该申请导致或已经导致育种者权利的授予或在《品种登记簿》登录，则该品种自申请之日起视为已知品种。

5. 如果品种符合第 35 条第 3 款的规定，则该品种应被视为具有一致性。

6. 如果品种符合第 35 条第 4 款的规定，则该品种应被视为具有稳定性。

7. 为了确定品种是否符合第 4 至 6 款规定的条件，植物品种委员会应当进行技术调查。该调查所涵盖的性状特点及其必须达到的要求由部门条例规定。该部门条例中可规定，在何种情况以及何种条件下，植物品种委员会为了对某一品种进行技术调查，可以利用有关该品种的现有调查报告或申请人自己进行的调查的结果以及在种植过程中获得的实际经验。

第 50 条

1. 授予育种者权利的资格应归属于育种者所有。

2. 如果品种是由非荷兰籍自然人或在荷兰没有注册办事处的法人实体在荷兰境外培育或发现并开发的，则只有在荷兰根据国际协议有义务授予育种者权利的情况下，才有同等权利被授予育种者权利。

3. 如果一个品种在荷兰境外培育或发现并开发，但荷兰不受第 2 款所述义务的约束，则只有育种者权利在培育该品种的国家和荷兰均可授予时，方可对该品种授予育种者权利。

第 51 条

1. 如果育种者在受雇他人或为他人提供服务不是为了赚取工资的情况下培育或发现并开发了该品种，且该雇佣关系或服务协议规定育种者要对该品种所属的植物进行育种或开发工作，则育种者权利的授予资格可不遵守第 50 条规定归属于雇主或客户，或雇主或客户的合法继承人所有。

2. 第 1 款所述情形下，育种者有权获得合理报酬，除非该报酬被视为已计入其工资或其享有的福利。

3. 违反第 2 款规定的条款均属无效。

第 52 条

如果除第 53 条所述情况外，两个或两个以上的人合作育种或发现和开发新品种，他们应共同有权获得育种者权利的授予。

第 53 条

如果根据第 52 条，两个或两个以上的人均有资格就同一新品种获得育种者权利，则育种者权利归于首先提交相关申请的人。

第 54 条

1. 已根据另一 UPOV 联盟成员国的现行规定在该国提出了获得育种者权利

申请的育种者，如果：

a. 在相关 UPOV 联盟成员国提交申请后的 12 月内，不包括提交申请当日，可以援引上述优先权以书面形式向荷兰提交临时申请；b. 在提交临时申请后的 3 个月内，提交在另一 UPOV 联盟成员国所提交的经有关联盟成员国主管当局认证的文件副本；且 c. 在上文 a 项所述期限结束后的两年内，提交第 55 条所述的完整申请，则就同一品种享有在荷兰获得育种者权利的优先权。

2. 优先权系指，在偏离第 49 至 53 条规定的情况下，在另一国提交申请和提交临时申请之间发生的事件不应影响在荷兰根据第 2 款 c 项提交的申请；特别是，这些事件不应影响另一方提交的申请或有关品种的繁殖材料的销售。

第 2 部分　授予育种者权利

第 55 条

1. 授予育种者权利的申请应提交给植物品种委员会。

2. 该申请应包括下列信息：

a. 按照第 4 章规定提交的品种建议名称；b. 对该品种的描述；以及 c. 对该品种可与同一植物的其他品种相区别的特征的准确说明。

3. 植物品种委员会要求时，按其规定向其提供充足数量的申请品种的繁殖材料，用于第 49 条第 7 款所述的技术调查。

4. 如果申请人不是欧盟居民或未在欧盟境内注册办事处，则他有义务在荷兰境内的法定代表人的地址选定住所，就本法的适用而言，这种住所的选定被认为是持续的，直到植物品种委员会被书面通知住所变更为止。

第 56 条

1. 植物品种委员会就育种者权利授予申请作出决定、通过品种特性描述和品种名称。

2. 品种登录《品种登记簿》时，同时对育种者权利的授予进行记录。

3. 育种者权利应记载授予日期，并于第 2 款所述的《品种登记簿》登录和记录次日生效。

第 3 部分　育种者权利持有人的权利和义务

第 57 条

1. 一个品种的育种者权利持有人享有生产或进一步繁殖，为繁殖目的处理、销售、出口、进口以及为上述目的储存该品种繁殖材料，或引致他人从事这些活动的专有权。

2. 除育种者权利持有人外，任何人不得从事第 1 款所述的活动。经由本法允许或由育种者权利持有人同意的，此禁令不适用。

3. 此禁令不适用于：

a. 为私人和非商业性目的从事的活动；b. 为进行科学研究所从事的活动；c. 为培育新品种而从事的活动。

4. 该专有权也适用于与未经同意使用繁殖材料获得的该品种的收获材料有关的活动，包括植株及其部分，育种者权利持有人有合理机会对所述繁殖材料行使权利的除外。

5. 该专有权还应适用于与未经同意使用收获材料直接生产的产品有关的活动，育种者权利持有人有合理的机会对所述收获材料行使权利的除外。

第 58 条

1. 第 57 条第 1 款所述的专有权也适用于该款所述的与以下材料有关的活动：

a. 由第 57 条第 1 款所述受保护品种派生而来的品种，除非该受保护品种本身就是派生于另一不同品种；b. 与受保护品种没有第 49 条第 4 款所述的明显区别的品种；c. 需要反复使用受保护品种进行繁殖的品种。

2. 就第 1 款 a 项的适用而言，出现下列情形时前一个品种应视为派生于另一种品种：

a. 主要从原始品种或从其本身主要从原始品种派生而来的品种派生而来；b. 与原始品种具有第 49 条第 4 款所述的明显的区别；和 c. 除派生引起的差异外，在表达由原始品种的基因型或基因型组合产生的基本特征方面与原始品种相同。

3. 第 1 款 a 项不适用于 UPOV 公约 1991 文本生效时的已知品种。第 49 条第 3 款应比照适用。

4. 应请求，植物品种委员会可就请求中提及的品种是否派生于其授予育种者权利的品种提供咨询意见。

5. 植物品种委员会应就其在第 4 款所述范围内提供的建议说明其依据的理由。

第 59 条

1. 一般管理命令可规定，对于属于该一般管理命令的品种，第 57（1）条所述的专有权，不适用于品种的生产者对该品种或他收获的第 58 条第 1 款 a 或 b 项意义上的品种的材料在自己农场内的繁殖用途。

2. 生产者在自己农场内为繁殖目的使用收获材料，可受第 1 款所述一般管理命令的限制或条件约束。除其他外，这些限制或条件涉及：可用于繁殖目的的收获材料的最大数量、生产者向育种者权利持有人提供的信息和支持文件，以及向育种者权利持有人支付的费用。

第 60 条

第 57 条第 1 款所述专有权不适用于涉及由荷兰或欧盟成员国或另一《欧洲经济区协定》缔约国的育种者权利持有人销售或征得其同意销售的受保护品种或第 58 条第 1 款意义上的品种的材料的活动，或由此类品种材料派生而来的品种的活动，但下列情形除外：

a. 这些材料所属品种的进一步繁殖；b. 不是为了消费目的将材料出口到该品种所属植物不受按照本法规定可以提供保护的国家。

第 61 条

1. 育种者权利持有人有义务发放符合公共利益的许可。

2. 第 1 款规定的义务包括育种者权利持有人以合理的价格提供实施许可所需的繁殖材料。

3. 如果专利持有人不侵犯先于专利权注册的育种者权利就无法实施一项利用生物技术发现的专利，且所述生物技术发现构成对受保护品种具有重大经济意义的重要技术进步，则育种者权利持有人有义务以合理的价格向专利权人授予许可。

4. 如果育种者权利持有人根据《1995 年荷兰专利法》第 57 条第 5 款获得了许可，则专利持有人请求时该育种者权利持有人有义务向后者授予使用受保护品种的互惠许可，使用受保护品种。

第 62 条

1. 如果育种者权利持有人未能遵守第 61 条所述的义务，利害关系人请求时植物品种委员会应发放许可。

2. 在做出决定前，植物品种委员会应给予各方在其设定的期限内达成协议的机会。

3. 如果未能达成协议，由植物品种委员会在听取各方意见后做出决定。委员会的决定应具体规定以下内容：许可的范围、向育种者权利持有人支付的许可费、向被许可人提供繁殖材料的数量以及该材料的价格。在做决定时，植物品种委员会可要求被许可人在规定期限内提供担保。

4. 植物品种委员会发放许可后，而且在规定了担保提供义务的情况下，该担保义务已经得到遵守，则应将该许可登记在《品种登记簿》上。未经登记的许可不发生效力，包括对那些在第 1 款所述请求注册后获得育种者权利的人。

第 63 条

1. 许可应授权被许可人从事许可协议中规定的、根据第 57 条第 1 款规定除育种者权利持有人之外的他人不得从事的活动。

2. 如无相反规定，则许可适用于整个育种者权利期限内根据本法须经育种者权利持有人同意的所有活动。

3. 被许可人请求时，非依照第 61 条及第 62 条发放的许可也应在《品种登记簿》上登记。登记可以对抗第三人。

第 64 条

根据本法第 19 条指定的测试机构和根据《农业质量法》第 8 条指定的监测机构，只要该机构经由本法负责繁殖材料测试，即应在荷兰有效的育种者权利持有人提出请求时，就测试机构或监测机构测试的繁殖材料提供一份目录，列出生产已授予植物育种者权利的品种的繁殖材料的个人或企业，并尽可能列出生产数量。

第 4 部分　作为财产组成部分的育种者权利

第 65 条

1. 育种者权利和被授予育种者的权利可全部或部分地予以转让。

2. 育种者权利或因申请授予育种者权利而产生的权利的转让，应通过签协议进行。

3. 有关转让的限制性条款应在该协议中具体规定；如无限制性规定，转让协议应视为不受限制。

4. 未经《品种登记簿》登记，转让协议不得对抗第三人。

5. 任何一方均可要求植物品种委员会进行此类登记。

第 66 条

1. 如果育种者的权利归属于一个以上的人，则他们与第三人间的关系应受他们之间达成的协议管辖；但他们与第三人的关系只受《品种登记簿》记载内容的约束。

2. 如果没有达成协议或协议没有另行规定，各共有权人均有权行使育种者的权利，并可对侵犯该权利的行为提起诉讼；然而第 57 条第 2 款和第 60 条所述的许可或同意须由全体共有权人共同授予。

3. 在将其权利出售给第三方前，共有权人有义务以合理的价格将其出售给其他共有权人。

第 67 条

1. 育种者权利的任何质押应以契约的形式确立，在上述契约在《品种登记簿》登记之前，对第三方不产生效力。

2. 出质人有义务在海牙选定住所，并通过向植物品种委员会提交签字的声明来实现。如果质押人未能以这种方式选择住所，则植物品种委员会的注册办事处应被视为其选定的住所。

3. 确立质押的契约中有关登记后发放许可的规定，应从其在《品种登记簿》上登记时起适用，包括对第三方的规定。第一句话中关于登记时已经发放的许可费的规定，应在法警通知送达被许可人后对其生效。

4. 显示质押已不存在或不再有效的契约应在《品种登记簿》上登记。

第 68 条

1. 对育种者权利的任何扣押应予征收，并将扣押报告记入《品种登记簿》，《民事诉讼法》中关于根据执行令状和判决前扣押不动产的规定比照适用，但有一项谅解，即扣押记录应说明育种者权利而不是不动产的位置。

2. 在登记扣押报告后进行的任何处置、抵押、管理命令或发放许可证，都不能作为对征收扣押方不利的依据。

3. 在登记扣押记录之前尚未支付的许可费，在登记扣押通知送达被许可人之后，也应包括在对育种者权利征收的任何扣押中。如果在送达时明确告知被许可人，并且不影响执行债权人需要尊重的任何第三方权利，则该许可费应支付给执行的民法公证员。支付给民法公证员的金额应算作第 69 条第 2 项意义上的收益的一部分。《民事诉讼法》第 475（c）、476 和 478 条应比照适用。

4. 下列情形下扣押报告的登记可以被取消：

a. 根据法警提交的用于登记的书面声明，大意是法警在征收扣押一方的要求下解除了扣押，或者扣押已经失效。

b. 根据提交的用于登记的司法判决，命令解除扣押或使扣押失效。

5. 在育种者权利被扣押的情况下，《民事诉讼法》第 504（a）、538 至 541 条、第 726（2）条和第 727 条比照适用。

第 69 条

1. 质押人为执行债权而征收扣押的一方出售育种者权利，应在合格的民法公证人面前公开进行。《民事诉讼法》第 508、509、513（1）、514（2）和（3）、515-519 和 521-529 条应比照适用，前提是这些条款中关于抵押和抵押人的规定应适用于育种者权利的质押和质押人。

2.《民事诉讼法》第 551 至 552 条比照适用于抵押收益的分配。

第 5 部分　育种者权利的执行

第 70 条

1. 育种者权利持有人有权对未经许可实施了第 57 条所述的活动人行使其权利。

2. 赔偿只能向故意实施此类活动的行为人主张。在任何情况下，如果侵权行为是在法警发出了其行为构成对育种者权利的侵犯后实施的，则故意行为应被视为已经成立。

3. 可要求被告交出因侵权而获得的利润并提供有记录的账户替代赔偿；但若案件事实证明此命令不合理，则法院仍可命令被告支付损害赔偿金。

4. 育种者权利持有人也可以代表或同时代表被许可人或质押人提起损害赔偿或交出利润的诉讼，但无论是否代表他们都不影响质押人有权介入育种者权利持有人提起的诉讼，以便直接要求赔偿他们所遭受的损失或命令被告向他们交出相应的利润份额。被许可人和质押人只有在获得育种者权利持有人同意的情况下，才能提起第 2 款意义上的独立诉讼或执行法警通知，以达到此目的。

5. 育种者权利持有人有权请求下令对用于侵犯其权利的动产停止使用、毁灭或使其不适合使用，并可要求停止使用主要用于生产该财产的材料和工具。在评估索赔数额时，法院应考虑侵权的严重性和要求采取的措施，以及第三方的利益。

6. 应育种者权利持有人的请求，法院可以命令实施侵犯行为的一方当事人，将其知道的有关用于实施侵权的财产来源的所有信息以及与之相关的所有数据告知育种者权利持有人。

第 71 条

1. 育种者权利持有人有权在育种者权利申请至授予该权利期间对实施了第57 条所述的行为的一方当事人，请求支付合理赔偿。

2. 只有在通过法警通知有关当事人根据本条规定育种者权利持有人应享有的权利后 30 天起，此种赔偿方予支付。

3. 法警的通知书应附有一份经植物品种委员会核证的为申请而提交的文件副本，或该文件的摘录，只要这些文件仅涉及提交申请的品种的特征以及说明该品种不同于其他品种的性状描述，但不包括该品种的实际育种过程（方法）或家谱成分。

4. 第 1 条不适用于根据第 50 条和第 51 条与有权获得育种者权利的一方当事人达成的协议而有权实施此类活动的当事人所实施的活动。

第 6 部分 育种者权利的期限和主张

第 72 条

育种者权利的期限为自授权的日期起 25 年，部长指定的植物的育种者权利的期限为 30 年。

第 73 条

1. 育种者权利持有人可以放弃育种者权利。

2. 此种放弃只能通过契约形式进行，并在《品种登记簿》中记录。

3. 如果根据该登记簿的记录，有人已获得与育种者权利有关的权利或许可，或已就育种者的权利提起法律诉讼，且如果上述人员未同意放弃该权利，则该权利放弃登记不生效。

4. 该契约一经登记育种者权利即告失效。

第 74 条

1. 如果第 6 条第 2 款 f 项所述费用到期 6 个月后未支付，则育种者的权利应依法失效。该失效应在《品种登记簿》中予以记录。

2. 如果该费用在到期日后 14 天内未交付，则《品种登记簿》中记录的育种者权利持有人，可收到委员会提醒其交费义务的挂号信。

3. 如果该费用在到期日后一个月内仍未交付，则向《品种登记簿》中记录的、已获得育种者权利或其许可所有当事人，或已就该育种者权利提起法律诉讼的人下发书面通知。

第 75 条

1. 在下列情况下，育种者的权利应由法院宣布无效：

a. 如果该品种在授予育种者权利时显然不具有新颖性；

b. 如果在授予育种者权利时，该品种显然不具有第 49 条第 4 款所述的特异性；

c. 在育种者权利主要是根据育种者提供的信息和文件授予的，如果该品种显然不具有第 49 条第 5、6 款所述的一致性和稳定；

d. 如果育种者的权利被授予给了本法规定无权获得该权利的人，育种者权利已转让给实际有权持有该权利的人除外。

2. 利害关系人请求或部长指示时，可随时采取行动使之无效。

3. 应申请人要求，传票应在《品种登记簿》予以记录。

4. 育种者权利的无效应使育种者权利及由其产生的权利的进一步的法律后果归于消灭。

第 76 条

1. 如果育种者权利被授予给了根据第 50、51 或 52 条授予无权或不能独自享有权利的人，则育种者可以全部或部分主张其育种者权利。

2. 应育种者权利主张人要求，传票应当记录在《品种登记簿》上。

3. 根据上述各款，主张育种者权利的权利属于有权或共同有权获得授予育种者权利的当事人。

4. 主张育种者权利的权利应在育种者权利授予之日起 5 年后失效。

5. 在第 77 条第 1 款所述的登记前善意获得的许可，对育种者权利的新持有人仍然有效，后者应获得收取许可欠费的权利。

第 77 条

1. 任何对主张育种者权利支持或驳回或宣布其无效的法律诉讼皆应在《品种登记簿》上注明。

2. 该权利主张的驳回或支持，应追溯至第 1 款所述的《品种登记簿》登记日。

第 7 部分　育种者权利纠纷

第 78 条

1. 海牙地区法院对主张育种者权利或根据第 75 条和第 76 条所述的无效宣布诉讼享有一审专属管辖权。

2. 海牙地区法院和该法院的**初步救济法官**对下列事项拥有一审专属管辖权：

a. 第 70 及第 71 条所述的诉讼请求；

b. 由育种者权利持有人以外的他方当事人提出的要求裁定某些活动不侵犯育种者权利的诉讼请求。

3. 由该地区法院作出的判决和或发出的禁令，可向海牙上诉法院提起上诉。

第 79 条

1. 《司法（组织）法》第 55（a）（2）条和第 70（2）条所述的专家成员应由皇家法令任命。视情况而定，他们被任命为海牙地区法院的**成员或副成员**，或海牙上诉法院的顾问或副顾问。

2. 成员和副成员、顾问和副顾问任期 5 年，辞职后即有资格连任。应其请求，可经皇家法令对其解聘。

3. 成员和副成员或顾问和副顾问，年满 70 岁次月的第 1 天起，根据皇家法令予以解聘。

第 80 条

《法官法》第 46（c）、46（d）、46（f）、46（g）（1 和 2）、46（i，第 1（c）款除外）、第 46（j）、46（l）（1 和 3）、46（m）、46（o）和 46（p）（1 至 5）条比照适用于成员和副成员或顾问和副顾问。

第 81 条

部长应制定津贴分配规则，以支付差旅费和住宿费、偿还成员和副成员或顾问和副顾问所支付的费用。

第 82 条

在不影响当地律师行使职责的情况下，育种者权利持有人的法律代表可以在审理第 78 条所述的纠纷时向法院提起诉讼。

第 83 条

法院注册官应在该决定做出后一个月内免费向植物品种委员会发送所有针对育种者权利做出的司法决定的副本。

第 8 章　其他规定

第 84 条

下列事项的具体规则经由一般管理命令制定：

a. 根据第 4 至第 7 章向植物品种委员会提交的育种者权利申请和品种审定申请；

b. 根据第 4 章至第 7 章提交的育种者权利申请和品种审定申请必须提交给植物品种委员会的时间点；

c. 植物品种委员会对相关当事人的审理。

第 85 条

为了执行欧盟理事会、欧洲议会和欧盟理事会共同或欧洲共同体委员会的决定，有关不符合第 35 条规定条件的植物群的审定以及由该植物群派生出的繁殖材料的销售的规则，可经由一般管理命令加以规定。

第 86 条

利害关系人可就根据本法做出的决定向贸易和工业上诉法庭提出上诉。

第 87 条

1. 为适当执行法律起见，若本法调整的事项需要进一步加以规范，可通过一般管理命令进行。

2. 为执行贸易指令，可经由一般管理命令制定实施细则。

3. 为执行欧洲共同体与第三国或国际组织间签订的与贸易指令或条例所涵盖的事项有关的具有约束力的协议，可经由一般管理命令制定实施细则。

4. 为正确实施贸易法规，可由部门规章制定实施细则。

5. 为正确实施授权法规和授权命令，可由部门规章制定实施细则。

6. 第 2 至第 5 款所述的实施细则：

a. 可对部长、植物品种委员会或根据本法第 19 条指定的测试机构分派职权；

b. 指定的贸易法规条款应受部长任命的官员或其他人员的监督，部长、植物品种委员会或根据第 19 条指定的测试机构，也可通过作出相关决定而适用。

第 88 条

1. 经由一般管理命令，可确定需要《工业组织法》第 66 条所述的产品管理委员会或工业委员会进行的合作。

2. 如果行业协会管理委员会提供的合作涉及通过法规制定规则或细则，则该法规应征得部长批准。只经由一般管理命令决定，根据上述法规做出的决定应得到部长批准。

第 89 条

1. 根据部长发布的命令任命的官员及根据部长发布的命令任命的在根据本法第 19 条指定的测试机构工作的员工，负责监督对本法规定或根据本法制定的规定的遵守情况。

2. 第 1 款所述的命令应在《政府公报》上公布。

第 9 章　过渡条款和最终条款

第 90 条

1. 如果民事诉讼或刑事诉讼的决定取决于确定某一植物群归属的品种，则应就此事项听取植物品种委员会的意见。植物品种委员会提供的意见中应说明其所依据的理由。

2. 植物品种委员会应当优先于所有其他案件先行处理第 1 款所述的案件。

第 91 条《经济犯罪法》修正如下：

a. 在第 1 条（2）中，按字母顺序添加以下内容：《2005 年种子和种植材料法》第 39、40、41、42、46、48（3）、57 至 60、85 和 87 条；

b. 第 1 条（3）中，删除与欧洲联盟委员会 1994 年 7 月 27 日关于共同体植物品种权的第 2100/94 号条例（EC）有关的段落；将其插入第 1 条（2）；

c. 在第 1 条（3）中，与《种子和种植材料法》有关的段落应予删除。

第 92 条《司法（组织）法》修正如下：

1. 海牙地区法院委员会应组建部门，称为"育种者权利部"，以审议和裁决《2005 年种子和种植材料法》第 78 条第 1、2 款所述事项。该地区法院委员会决定该部门的成员。

2. 育种者权利部由 2 名负责作出判决的司法官员和 1 名非司法官员作为专家成员组成。第 7 条第 3 款、12 条和 13 条的规定比照适用。

第 93 条

为了执行本法规定的或根据本法规定的义务，部长有权实施行政强制（措施）。

第 94 条

1. 在本法生效时已登入《品种登记簿》的品种，由植物品种委员会按照经由第 25 条制定的规则重新分类。

2. 植物品种委员会应确保在第 1 款所述时点前一天根据《种子和种植材料法》第 82 条审定的品种登入《品种登记簿》中。

3. 植物品种委员会应确保在农业或造林植物《品种登记簿》中登记批准，这些品种在第 1 款所述时间的前一天被列入根据《种子和种植材料法》第 73 条与第 79 和 83（1）条确定的农业植物品种目录中，或列入根据《种子和种植材料法》第 73 条与第 79 条确定的造林植物品种目录中。

4. 在本法生效之时，在育种者权利委员会待决的申请和请求，从那时起应具有该委员会在当时状态下的法律效力，但有一项谅解，即与《种子和种植材料法》第 18（1）（b）和（2）节意义上的品种有关的申请应被视为根据本法第 5 章审定品种的申请。

5. 在本法生效时尚待批准的《种子和种植材料法》第 82 条所述的植物群的指定申请，应从该日起由植物品种委员会依法处理，并应从该日起视为本法第 5 章的品种审定申请。

6. 本法生效时尚在育种者权利委员会复审部审理的《种子和种植材料法》第 5 条第 1 款 d 项所述的待决案件，应通过法律运作从该日起成为植物品种委员会待决案件，并从此时起视为一项异议。

7. 本法生效时《种子和种植材料法》第 88（2）（e 或 g）条所述的测试机

构的复审委员会或测试事项复审委员会正在审理的案件，应通过法律运作从此时起成为相关测试机构的待决事项，并从此时起视为一项异议。

8. 本法生效时育种者权利委员会正在审理的《种子和种植材料法》第 54 条和第 55 条所述的主张育种者权利或宣布育种者权利无效的请求，应当根据《种子和种植材料法》的规定予以审议和裁定。

9. 根据《种子和种植材料法》第 25 条第 2 款、第 60 条和第 69 条在海牙上诉法院或荷兰最高法院审理的未决案件，应根据《种子和种植材料法》的规定予以审议和裁定。

第 95 条

本法可称为《种子和种植材料法》。

第 96 条

本法于皇家法令确定的时间生效。

我们特此命令在法令、命令和法令公报中公布本法，并命令所有适用该法的部委、机关、委员会和公务员采取措施，认真执行该法。

2005 年 2 月 19 日海牙印发

贝娅特丽克丝

农业、自然和食品质量部长 C. P Veerman

2005 年 4 月 7 日发布

司法部部长　唐纳

附录五

孟加拉国植物品种保护法

第一条　简称

本法应当称为"孟加拉国植物品种保护法"。

第二条　起始时间

本法自孟加拉人民共和国政府在官方公报通告指定之日起生效。

第三条　范围

本法的解释应仅限定在《孟加拉国生物多样性及社区知识保护法》之上下文、框架、目的及精神内，并与《孟加拉国生物多样性及社区知识保护法》相结合。

本法的范围严格限定在植物品种的商业交易，只要该商业交易不违反《孟加拉国生物多样性及社区知识保护法》规定的社区权利。

本法适用于：

（一）为从事以营利为目的之交易活动而须注册和获取商业许可的植物品种；

（二）新近发明的植物品种，其发明人或发明所有人，或本法规定的受保护品种的权利持有人希望以该发明参与以营利为目的的商业活动。

本法不应影响社区作为：

（一）公有植物品种的所有人、使用人、保管人及管理人；

（二）《孟加拉国生物多样性及社区知识保护法》规定的剩余所有权持有人；

（三）本法规定的拥有农民权利的农业社区。

本法不应当影响农民无障碍地获取孟加拉国生物及遗传资源、相关知识、智力实践及文化等权利。

本法不应当影响收集、保存、繁殖及使用任何品种的繁殖材料的权利，无论是否依据本法授予该项特权，只要使用者确实为个人及非商业目的使用，且使用者并未在商业市场上以获取金钱或其他形式的经济利益为目的进行交易。

本法不应当限制农民作为创新者的权利及作为创新者被认可作为个人或作为团体、获得嘉奖的权利。农民可依据《孟加拉国生物多样性及社区知识保护法》申请该奖励，并有权通过国家生物多样性管理局获得奖励。这将不妨碍农民依据本法申请《孟加拉国植物品种法》规定的权利。

植物新品种依据《孟加拉国生物多样性及社区知识保护法》规定应被视为"创新"或"发明"以承认发明或创新社会活动中个人的重要性。本法相应地应确保植物新品种等创新或发明只能通过或由社区认可，知识生产社会进程以外的任何主体不得就其主张特权和/或权利。

任何与《孟加拉国植物品种法》不一致的法律应当被废止，与本法一致的法律方为适用法律。

第四条　定义

在本法中：

"植物"指植物界中所有生命有机体，包括菌类，但不包括细菌及其他微生物。

"植物品种"指来自某一特定基因型或基因型组合的具有相同或相似遗传性状和植物学性状并具有特殊、稳定性的一个植物类群；至少有一个上述性状表达区别于相同植物种类的其他植物品种。

"社区品种"指在本国某特定社区内广泛分布的植物品种，该品种已在社区生物多样性登记处登记或已由国家生物多样性管理局公告，同样包括尚未进行植物新品种注册的植物品种。

"地方品种"指在本国起源、存在于本国的一个植物品种，该品种在区域生物多样性登记处登记、由国家生物多样性管理局公告，并已经被广泛使用。

"野生物种"指在其原生境、未被引入任何区域进行直接栽培而驯化的植物品种。

"转基因植物"指已经移植了动物、植物或微生物等其他原始遗传物质的基因的植物；转入基因可以是原始基因，或人为干预修改过的基因；得到了具有自然界中其他植物不具备的性状的植物。

"遗传物质"指包含从一代传给另一代的遗传功能单位的任何材料或亲本有机体。

"繁殖材料"指可以通过必要的农业活动繁殖的植物或植物的任何部分。本法中的"保护"指规定的、具体的商业特权，不论是否明确指出，已由国家生物多样性管理局批准并授予了创新者，并不应构成任何广义的知识产权，依据创新的性质，权利可能因申请人不同而异。

"农业活动"指农民在现有环境中通过直接或间接干预，生产粮食作物、纤维、林产品、建筑材料、薪材、饲料、生物质或任何生物产品的活动。

"社区"定义与《孟加拉国生物多样性及社区知识保护法》中的定义一致。

"农民"指从事农业活动的个人，无论为生活目的或商业目的，但不包活法人。

"主管官员"指由国家生物多样性管理局任命的、具有特定职责的个人。

其他定义参见《生物多样性社区知识保护法》第 4 条。

第五条　执行机构

国家物多样性管理局应为本法的执行机构。

国家生物多样性管理局有权制定适当的规则、规章及程序以实施本法，包括建立管理机构及/或制度上的基础设施。

国家生物多样性管理局应组建一个独立的自治机构，该机构名称为生物安全委员会，由孟加拉国献身于保护本国人民的利益，没有从转基因产品或从进行转基因产品生产与贸易的商业组织获利的、能胜任的公民组成。

第六条　植物新品种

植物新品种应当具有以下特征：

（一）是一个植物新品种，也就是迄今为止不存在的植物品种；

（二）具有一致的特征的植物品种；

（三）具有稳定的特征的植物品种；

（四）具有特异的特征的植物品种。

一个植物品种的繁殖材料即使未被利用，也可以被视为植物新品种；不论在孟加拉国境内或境外以任何方式进行的销售或推广。

在提交本法规定的申请的日期前，使用超过 6 个月的繁殖材料不应当被视为植物新品种。

具有一致特征的植物品种应为具有一致的生理学特性、形态特征、解剖特征及来自该植物品种的基因表达的其他特征。如果有明确说明，生产过程中造成的细微变化可以接受。

具有稳定特征的植物品种应为其繁殖材料在任何时候通过正常的农业/耕种活动进行繁殖后仍能够表达该特征的植物品种。

具有特异特征的植物品种应为自申请提交之日，在生理学特征、形态特征、解剖学特征及由来自基因表达的其他特征方面，均明显区别于其他植物品种的植物品种。

申请提交之日，公认的植物品种属于广泛分布的或普通的植物品种，应具有以下特点：

（一）在保护申请提交之日前，已被国家生物多样性管理局在社区生物多样性登记处注册，或依据《孟加拉国植物品种法》注册，或在孟加拉境内或境外由国家种子委员会注册的植物品种；

（二）依据本法已经提交保护申请和随后已经注册的植物品种；

（三）在孟加拉国已经提交了保护申请，但申请人随后放弃了申请的植物品种。公认的植物品种与植物新品种的命名应当符合国家生物多样性管理局规定及/或国家种子委会推荐的标准、程序及条件。

第七条 总则

国家生物多样性管理局应公告一个植物新品种，同时公告授予的具体奖状或规定的商业特权，并应适当地维护所有科学数据、文件以及公告决定的证明材料，该公告应在孟加拉国官方公报上记录。

依据本法，现有的植物品种，或作为已经声明是创新的植物品种为孟加拉国公民的"在先知识"，因而不具备要求私有知识产权、保护或商业特权的资格。对于社区认可创新的社会过程为独立的人类活动且该创新以前并不存在，由发明人负举证责任。

育种本身或修饰育种均不具备要求商业特权的资格。具备资格申请上述特权的植物新品种，必须符合孟加拉国人民特定的使用需求。国家生物多样性管理局应采取必要的措施驳回对孟加拉国人民没有立即的、直接的及实质性利益的植物新品种的注册。但这不应当损害创新者申请奖状的权利。若在孟加拉国,其亲本作为公有领域的社区品种存在,则杂交品种的申请可以考虑。

依据本法规定植物品种作为植物新品种的科学技术决定、随同与提交的所有研究材料和文件一起的建议在国家生物多样性管理局考虑公告前至少 3 个月内,本公民必须能够查阅。

对环境、生态、健康及公众福利具有潜在危害的植物新品种不受本法保护。

对生物多样性及/或现有生物资源、遗传资源、相关智力文化知识与实践有负面影响的新植物品种,包括基因侵蚀与文化侵蚀,不受本法保护。

转基因植物不具备申请植物新品种保护的资格,不能够申请商业特权,除非:

(一)已由国家生物多样性管理局指定的相关机构/部门做了环境影响评价;

(二)已由生物安全委员会进行了为保护孟加拉国不受生物污染的生物安全评价;

(三)连同保护申请一起,转基因新品种的所有者书面同意就转基因品种的使用及处理造成的危险与损害支付赔偿,上述情况中的危险与损害的评估由生物安全委员会决定;

(四)申请人同意公开宣布植物新品种的转基因特征,并在标签、标识以及其他相关信息材料上清楚标明;

(五)国家生物多样性管理局决定申请人是否有充分的财政能力承担危害发生时的法律责任。

任何植物新品种的创新者有资格申请植物新品种保护。申请保护的权利可根据国家生物多样性管理局规定的标准及程序继承。

由雇员依据雇佣合同或委托研究合同进行研究所取得的植物新品种,该植物品种的保护申请权属于雇主,除非雇佣合同中对此作出其他规定。

任何国家公共研究机构,如政府教育机构、NARCs、自治及半自治机构等创新的所有植物新品种创新自动视为属孟加拉国人民所有的财产。任何国家提供财政支持的创新,或从公共财政或发展基金获得资源进行的创新均被视为公共财产。

任何个人、非政府组织或组织创新,使用或已经使用了主要为公众利益募集的本地或国外发展基金进行植物新品种的创新,该创新也被视为公共财产,不能对这些品种主张任何保护或商业特权;但不影响创新者申请奖状的权利。

对于上述被视为公共财产的植物新品种的创新,国家物多样性管理局应采取必要措施阻止就真正属于孟加拉国人民的创新主张知识产权。

本法应区分创新者要求社会认可的权利、获得足够资金维持并继续研究的权利,以及创新主张独占商业特权以从发明或创新中获得利润的权利。本法不限制创新者为筹集研究资金的目的而非营利的目的,从国家生物多样性管理局以直接拨款或授予其他非独占商业特权形式获得补偿及足够的财政支持的权利。

第八条 申请范围

任何法人(如个人、社区、公司等)可作为育种人申请"植物新品种证书"以保护该创新,或就植物新品种创新申请"国家生物多样性奖"。所有申请必须包括提出上述请求所必需的文件。

如果植物新品种由一名以上育种人合作开发,可共同申请。

如育种人无意申请、无法联络或无资格申请:其他育种人可以其名义为该合作开发的植物新品种申请证书或奖励。

合作开发植物新品种且未提交共同申请的育种人,有权在通过"植物新品种证书"或"国家生物多样性奖"批准的植物新品种注册在政府公报公告前的任何时间提交共同申请。

一经受理申请,主管官员应当通知申请人及共同申请人审查日期。

主管官员将为申请人及共同申请人确定确切日期或在上述日期确定前要求提交附加材料。

主管官员的必要审查完成,即须向申请人及共同申请人发送标有日期的通知。

为避免争议,受保护权利或奖励将平等分配。

第九条 资格

下列人员有资格申请:

(一)孟加拉国公民或总部设在孟加拉国的法人;

(二)其他国家公民或法人,该国家承认《孟加拉国生物多样性及社区知识保护法》,并允许孟加拉国公民或总部在孟加拉国的法人在该国申请保护。

下列人员不具备申请资格:

(一) 违反了《孟加拉国生物多样性及社区知识保护法》的个人或法人;

(二) 非《生物多样性公约》缔约国的国家的公民或总部设在该国家的法人。

第十条 申请的驳回

如有下列情况,申请应当被驳回:

(一) 重要信息未公开。如果申请人在创新活动中使用了下列信息,但却在申请中未公开:

1. 来自孟加拉国或来其他《生物多样性公约》缔约国的社区品种、当地或本土品种及/或野生物种或植物品种的任何部分或任何生物及遗传材料及相关智力文化知识。

2. 来自某社区现在或过去的当地及本土知识的优势。

(二) 来源未指明。申请人创新未提供在创新活动中使用的生物及遗传资源和相关智力文化实践知识的来源。

(三) 无效的惠益分享合同。如果使用了任何社区的生物或遗传资源及相关智力文化知识,及/或任何社区参与了该创新,但是创新者与社区间并未签订公正、平等的惠益分享合同,或合同条款危害国家利益,或违背持有剩余所有权的社区利益,以及国家生物多样性管理局不接受惠益分享合同的性质及内容,因其违背本法及《孟加拉国生物多样性社区知识保护法》的精神及内容。

(四) 知识产权的滥用。申请人有以下历史:

1. 对属于孟加拉国人民及/或其他国家社区的生物及遗传材料及相关智力化知识主张知识产权;

2. 对非该申请人的创新要求植物品种保护;

3. 国家生物多样性管理局预见到任何潜在的滥用行为。

(五) 拒绝归还资源。申请人无视国家生物多样性管理局要求,拒不归还其持有的、本法制定前从孟加拉国取得的生物资源或遗传材料及相关智力文化知识。

驳回的申请不得重新审议。

如果就以往驳回的原因做出了符合要求的说明，可对同一申请人的新申请进行审议。

第十一条　不完整申请

国家生物多样性管理局应当认定下列申请为不完整申请：

（一）申请人与社区的惠益分享合同中关于从申请保护的植物新品种所获商业与技术利润的财政条款是不充足的。国家生物多样性管理局可从该植物新品种的潜在商业利益评估该利润。

（二）申请人与社区的惠益分享合同在技术转让、科学与技术知识的分享、研究沟通、技术共享或其他相关方面是不充足且不充分的。

（三）申请人及社区间的惠益分享合同不公平，不能反映《孟加拉国生物多样性及社区知识保护法》的精神与目的。

（四）提供的关于在创新中使用的材料及智力文化知识，尤其关于创新来源，或参与创新的社区方面的信息不充分、不完整或有误。

（五）其他原因造成的申请不完全。

不完整申请在修正并补救至符合国家生物多样性管理局的要求后可重新审议。

第十二条　申请程序

申请应当以简明、易懂，被广泛理解的孟加拉语向主管官员提交，同时缴纳国家生物多样性管理局规定的费用。

申请应当以国家生物多样性管理局规定的格式提交。

除本法其他条款规定的必要信息外，规定的格式必须包括：

（一）创新品种的名称及描述；

（二）以简单明了的孟加拉语对创新中材料与知识的如何使用、植物新品种的培育过程或其他知识及智力结果做出描述；

（三）描述的语言、风格与结构应明了，并必须按照技术程序一步一步描述，以使任何感兴趣的孟加拉国公民可了解使用该知识。该要求是强制的，以保证技术转让，进而保证孟加拉国的技术水平的提高；

（四）应主管官员要求，向其提供一份证明申请人将提交注册植物的繁殖材料及遗传材料的声明。

（五）在创新过程中使用了社区品种、当地本土植物品种、本土植物品种及/或野生植物品种，应签署一份费用不少于 25% 利润分成的协议；

（六）国家物多样性管理局规定的其他信息。申请必须包括与社区签订的公平公正的惠益分享合同，以及国家生物多样性管理局对该合同的批准文件。

第十三条　申请的批准

在审议颁发奖励前或批准保护前，主管官员应当：

（一）在实验室或田间审查植物新品种以确定该植物品种是否具备申请人宣称的特征或特性；

（二）审查要求奖励的创新是否具备申请人宣称的特征及特性。

对创新或植物新品种的审应当依据本法按照国家生物多样性管理局规定的标准、程序及条件进行。

申请人应当按照国家生物多样性管理局规定的价格程序及条件承担所有审查费用。

主管官员应当为国家生物多样性管理局准备一份审查报告。

国家生物多样性管理局应当审议报告并采取相应措施。

国家生物多样性管理局做出的决定应当告知申请人。

如果申请人有资格获得"植物新品种证书"或"国家生物多样性奖"，国家生物多样性管理局应当在广泛传播的国家媒体上公布其决定。

第十四条　关于申请的其他行动

如果因不符合本法要求，不能向请人颁发"植物新品种证书"或不能授予"国家生物多样性奖"，国家生物多样性管理局应当：

（一）命令放弃该申请；

（二）命令一名主管官员通知申请人；

（三）命令主管官员将对其要求提出的异议通知申请人。

第十五条　争议的解决

自决定在国家媒体公布之日起 90 日内或申请处理过程中的任何时间，任何人可针对就任何申请的授予"植物新品种证书""国家生物多样性奖"及"商业许可"的决定，向主管官员提出异议通知。

异议通知应明确指出：

（一）他/她更有资格申请"植物保护注册""国家生物多样性奖"或"商业许可"；

（二）决定违反了《生物多样性及社区知识保护法》或《植物新品种保护法》的某些具体条款。

主管官员应向申请人寄送一份异议通知副本，并通知申请人自接到异议通知之日起 90 日内提交答辩意见。

如果申请人在规定日期内未能提供答辩意见，申请应当被视为放弃。异议通知和答辩意见应与必要证据一起提交。

如果申请人提供答辩意见，双方可以进一步提交更多信息及证据，或双方能够依据国家生物多样性管理局规定的标准、程序及条件作证。

依据证词与提交的信息、证据及文件，国家生物多样性管理局应当做出决定，并通知申请人及异议人。

如果国家生物多样性管理局决定异议人而非原申请人有资格申请，申请将被放弃，但不妨碍申请人诉诸法律的权利。

决定反对方有权申请后，反对方可依据本法进行申请。

如果异议通知被驳回，则应当视其为放弃，申请应当继续有效，但并不妨碍异议人诉诸法律的权利。

如果申请人仍有资格申请"植物保护注册""国家生物多样性奖"或"商业许可"，国家生物多样性管理局应推荐并批准该申请。批准的"植物保护注册"申请应当提交议会宣布。

推荐植物新品种的"植物保护注册"与繁殖材料的"商业许可"的，应当缴纳国家生物多样性管理局决定的批准费用。

如果在不多于 90 日的规定期限内，或国家生物多样性管理局指定期限内，未缴纳批准费用的，申请应当被视为放弃。

第十六条　植物保护期限

植物新品种的保护或商业特权的最长期限为：

（一）一年生植物为 7 年；

（二）两年生植物为 10 年；

（三）多年生植物为 15 年；

（四）木本植物、可利用的木材植物为 25 年。

该期限应当自收到"植物新品种证书"之日起计算。

第十七条 植物新品种奖状

依据本法规定的《申请程序》（第 12 条），奖状应当构成植物新品种国家生物多样性奖项形式的一种，并由国家生物多样性管理局管理以鼓励认可社区的贡献、或社区确定并认可的个人活动。

植物新品种的创新无论其是否有资格申请"植物新品种证书"应当被视为有资格申请国家生物多样性管理局的"奖状"。该奖项由国家生物多样性管理局通过颁发证书而授予。

有资格获得奖状的创新具有申请"植物新品种证书"的同等资格，但申请人不得主张任何商业特权或个人利益保护，因此该创新被视为对本国公共国家财富的贡献。

"奖状"应当包括下列内容：

（一）"奖状"作为生物多样性及遗传资源、相关知识、智力实践与文化领域的科学技术的最高成就的介绍，并应当由孟加拉人民共和国总统签署；

（二）由国家生物多样性管理局考虑研究费用及创新所需时间决定奖金数额。对于相似奖励，该金额可能较为合理，对相似获奖者可能给予相同金额。该奖励金额每 5 年审核一次。

如果"奖状"的获得者为孟加拉国公民，且此人从未就其以往创新要求过任何商业特权或创新任何保护，则其应当有资格向国家生物多样性管理局提出申请。

获奖者自动获得接收来自国家生物多样性管理局科学技术部或孟加拉人民共和国政府管理的任何其他来源的研究拨款的资格，无论其教育背景如何，无论来自正式科学机构还是来自非正式社区创新组织。

"奖状"在孟加拉国任何地方均被视为获奖者在实用科学与技术方面实力的证明。

用于科学与技术创新及能力培养的国家基金的一部分，应当被指定用于"奖状"获奖者的研究奖励。

第十八条 费用

"植物新品种证书"的获得者应自收到证书之日起90日内及以后年份的相同时间，依据国家生物多样性管理局制定的标准、程序及条件缴纳年费。

如果"植物新品种证书"获得者未能在规定时间内缴纳年费的，则将加收30%的附加费。

如果"植物新品种证书"获得者在年费缴纳期限到期后90日内未能缴纳年费与附加费的，"植物新品种证书"的注册应当被视为过期，该品种将成为国家公共财产。

第十九条　证书及许可的撤销

如有下列情形，"植物新品种证书"或"商业许可"应当被撤销：

（一）植物品种不再符合本法规定的特征要求；

（二）依据本法规定对植物品种不能进行保护；

（三）"植物新品种证书"或"商业许可"获得者在主管官员规定期限内未能提交繁殖材料或信息。

任何一方或任何利害关系方可引用撤销的理由或由公诉人诉诸法庭以采取必要法律措施。

撤销日期应当为国家生物多样性管理局作出决定或法院作出裁决的日期。

在上述情况下，该品种将自动成为国家公共财产的部分。

第二十条　种子的商业交易

已在国家生物多样性管理局注册并在国家生物信息系统记录的，或尚待注册和记录的，但已经作为孟加拉国公民的公共生物及遗传资源的所有社区品种、当地与本土品种及野生物种，以及所有与上述品种有关的知识、文化与栽培实践活动，本法规定代表孟加拉国人民对其永远保护，并在法律上，任何时候都应被视为受保护品种，且永久地确认孟加拉国人民是其唯一所有者使用者、监督者与管理者。

相应地，在世界任何地方就属于孟加拉国人民的植物品种申请任何"植物新品种证书"或知识产权保护，依据本法规定均被视为偷窃、剽窃或试图非法侵占孟加拉国人民财产的行为。除本法规定的惩罚外，上述犯罪行为还应依据国家刑法及法律诉讼程序进行审判。

任何未宣称为创新品种而未依据本法注册和保护，但已在孟加拉国存在一年以上的植物品种，将被视为孟加拉国人民的公共财产。在上述情况下，国家生物多样性管理将编制上述植物品种名录并在公共媒体上发布。

因植物新品种主张知识产权引发的所有争议，国家生物多样性管理局或其授权代表可作为代表孟加拉国人民的法人，并且有权提起诉讼。

社区应享有全部权利，包括不受本法及《孟加拉国生物多样性及社区知识保护法》与其他法案、法律或政策的妨碍与限制，自由使用社区品种、当地品种、野生物种或植物品种的权利。

但任何个人、团体或社区如果决定从事植物品种或繁殖植物的材料的商业交易，其必须在本法允许的范围内取得"商业许可"后方可进行。

农民之间进行的数量较大的经济交易行为，目的主要是为收回植物品种或植物繁殖材料买卖的成本的，按照传统及习惯，无须取得"商业许可"。在上述情况下，进行交易的个人、团体或社区应通知国家生物多样性管理局，陈述以下内容：

（一）此等交易有利于粮食安全，对农业生产意义重大，对当地及国家的整体生物多样具有积极作用；

（二）此等交易在农民之间的种子、繁殖材料或植物基本流通范围内进行，因此并非为获取利润而进行的商业操作。

主管官员可审查交易行为以确定要求的情况。上述交易的限制应当由国家生物多样性管理局定期决定，并不要求公告。

任何个人为商业目的使用当地本土植物品种、公共本土植物种及野生植物物种或植物品种进行改良或开发的，应当进行下列工作：

（一）自主管官员处取得"商业许可"；

（二）依据国家生物多样性管理局规定缴纳费用并履行获取"商业许可"的手续；

（三）依据国家生物多样性管理局规定的标准、程序与条件，直接支付预期销售总额的1%，并同意支付收入的一部分，即不少于使用植物品种获得的总收入的15%；

（四）自国家生物多样性管理局取得官方证明，保证上述商业交易对生物多样性及相关的本地或当地知识与文化不会产生任何负面影响；

（五）与作为收集开发并改良植物品和来源地的当地社区签订协议，对商业利润将进行公平公正的分享。

国家生物多样性管理局将确保作为收集材料来源的社区之间的惠益分享是公平公正的。

国家生物多样性管理局应当保证进行行业交易的植物品种并未依据本法作为植物新品种申请保护，或在其他国家获得专利或在世界其他地区由商业使用者宣布为其开发。为保护孟加拉国人民的共同财产，国家物多样性管理局应在必要时采取必要措施，并向国家生物多样性管理局寻求支持。

如果国家生物多样性管理局确定社区品种、当地品种及野生物种或植物品种的商业使用者计划、暗示或以其他方式试图确定自己为该品种的发明者，该许可将被立即取消。

"商业许可"不得向下列申请人提供：

（一）申请社区品种、当地或本地品种及野生物种或植物品种商业使用的，因其在其他国家有主张权利的历史记录而被国家生物多样性管理局认定其可能就该品种主张权利的；

（二）未归还其持有的、在本法颁布前自孟加拉国取得的生物资源或遗传材料的；

（三）违反了《孟加拉国生物多样性及社区知识保护法》的。

如果进行商业活动的主体未履行与早先收集材料的社区之间的收入分享协议，从事商业活动的许可将被取消。

依据本法规定分享的收入应属于保存、开发或使用社区品种、当地品种或野生植物品种的社区。

如果一个以上社区保存、开发或使用植物品种，使用植物品种的社区应得到全部可分享收入的50%份额，剩余的可分享收入应存入植物保护基金。

社区任何保存、开发并拥有植物品种的个人应取得社区获取收入的30%的收入。

有资格进行商业交易的植物品种应至少具有本法第6条描述的下列特征：

（一）具有特异特性的植物品种；

（二）具有一致特性的植物品种。

发明植物品种的社区成员，或保存、开发或使用当地本地生植物品种的社区成员可优先获得"商业许可"从事该植物品种的市场交易以获取商业利润。

由破坏或参与破坏植物品种种群或遗传资源的社区进行的社区品种的"商业许可"的注册应被禁止。

"商业许可"申请应当按照国家生物多样性管理局规定的基本标准及程序向主管官员提交。

"商业许可"申请应当包括：

（一）植物品种的结果季节；

（二）品种的一般用途；

（三）自由交换的植物品种的具体市场特征以确定对促进生物多样性的益处；

（四）单一栽培的潜在危害；

（五）国家生物多样性管理局规定的其他信息。

当需要时，国家生物多样性管理局应当为具体或特殊品种制定标准与程序。

如果申请"商业许可"，主管官员应当审查下列文件：

（一）依据申请人的要求审查申请；

（二）准备社区培育的植物品种的描述；

（三）审查植物品种的特征是否符合本法规定的申请"商业许可"的资格及国家生物多样性管理局依据本法规定的标准、程序及条件。

审查完成后，主管官员应当向相关主管部门报告审查结果。

同意或驳回"商业许可"申请的决定应当由国家生物多样性管理局依据报告作出，并应在决定做出后 7 日内告知申请人。决定应当在国家媒体公布。

"商业许可"在 5 年内有效。原获得者或其指定代理未进行新的申请，则该权利应当视为放弃，且该品种应成为国家公共财产的一部分。

第二十一条　获得者的权利

有"植物新品种证书"的获得者及其指定代表或代理人有权进行以栽培受保护植物的繁殖材料为目的的商业性生产、销售或推广、许诺销售，向孟加拉国进口或持有已颁发证书的该植物新品种。

只有"商业许可"的获得者及其指定代表或代理人有权进行以栽培指定植物品种为目的的商业性生产、销售或推广、许诺销售，向孟加拉国进口繁殖材料或持有繁殖材料。

只有"植物新品种证书"和"商业许可"的获得者及/或指定代表或代理人经国家生物多样性管理局明确许可有权出口繁殖材料。国家生物多样性管理局应当签发许可确保并采取必要措施使出口材料不被除合法所有人以外的任何一方主张知识产权,或以任何方式非法使用。

上述条款不适用于孟加拉国的以下情形:

(一)为改良、开发或创新植物新品种而进行的任何研究、发现、试验或调查行为创新或任何为其他科学追求而进行的活动;

(二)农民在自己田地里使用其自己生产的繁殖材料进行的任何栽培或繁殖受保护植物品种的行为;

(三)任何为个人利益但无商业目的进行的活动;

(四)任何本着诚信原则进行的活动。

"植物新品种证书"及"商业许可"获得者应遵守国家生物多样性管理局规定,在标识及包装材料上体现繁殖材料的指定编号。如"植物新品种证书"获得者多于一人,向他方转让或授予独占权利必须经其他获得者同意方可进行。

代理的指定也应当同样意味着向其他人转让或授予权利,应当以书面方式进行,并依据国家生物多样性管理局规定的标准、程序与条件在主管官员处登记。

"植物新品种证书"与"商业许可"的获得者的权利可以继承,但必须依据国家生物多样性管理局规定的标准、程序及条件进行。

如有下列情形,国家生物多样性管理局应当保留其权力与权威禁止或限制对有关已授予"植物新品种证书"或"商业许可"的植物品种的权利:

(一)为粮食及营养安全,以及为促进当地粮食生产;

(二)为减轻贫困、预防疾病及保障健康;

(三)为保护及保持环境与生物多样性;

(四)为阻止并扭转基因侵蚀进程与单一栽培的蔓延;

(五)预防贸易垄断;

(六)为保护社区权利,尤其剩余所有权持有人的权利;

(七)为应对任何公共秩序危机;

(八)为特别的公众利益、福利,或者国家生物多样性管理局认定的理由。

如有以下情形，"植物新品种证书"或"商业许可"应被撤销，依据本证书授予的权利也应由国家生物多样性管理局废止：

（一）对于"植物新品种"，自颁发之日后 3 年内未用于商业祛动，除非获得者能够证明情况相反；

（二）对于"商业许可"，自颁发之日后 1 年内未用于商业活动，除非获得者能够证明情况相反。

如果受保护品种以不合理高价出售或出售数量不足以满足孟加拉国需要，尤其是从事粮食生产的农民的需要，国家生物多样性管理局应当保留废止对该植物新品种保护的权威与权力，获得者能够证明相反情况或采取补救措施的除外。被国家生物多样性管理局废止的所有植物品种，依据《生物多样性及社区知识保护法》规定，自动成为国家公共财产的一部分。

第二十二条　农民权利及植物保护基金

农民除享有《生物多样性及社区知识保护法》规定的权利与惠益分享权利外，应当享有以下农民权利（涵盖了惠益分享）：

（一）对于生物与遗传资源或当地本地植物品种、公共本地生植物品种与野生植物品种的任何部分的获取，主管官员应当提前通知农民。

（二）主管官员应当随时提供上述创新的"植物新品种证书""商业许可"获得者的姓名、地址，及颁发了以上证书的植物品种名称，包括创新的简要描述。

（三）农民可不受限制地获取有关申请及申请程序、审查结果及作出决定的依据等方面的政府信息。

（四）农民应当提名代表参与国家生物多样性管理局的组成。组成国家生物多样性管理局的至少 1/3 人员应为农民代表，他们中至少半数必须为以生物多样性为基础的生产体系的从业农民。

（五）为受损失的社区，或权利有争议的社区或农民所在的社区作为原告参与或提起刑事诉讼或民事诉讼或其他诉讼。

（六）因强制性命令造成的非法损失，或任何行为造成的生物遗传资源的破坏或减损或植物品种或社区环境条件的衰退而接受合理的赔偿。

（七）获得地政府在保存、开发并改良当地、本土或野生植物品种或再引入传统品种方面的支持。

（八）获得政府在维护社区基因库及对在普通家庭条件下的保存方法研究方面的支持。

（九）向法庭提交请愿书，命令禁止单一栽培或任何导致当地本土植物品种或野生植物品种破坏或减损而缩小孟加拉国农业遗传基础的行为。

（十）任命一名顾问或代表行使本法规定的权利。

（十一）获得用于实验或非商业用植物改良的设备及原材料的进出口税费的减免。

（十二）起诉获取法庭令以禁止使用任何杀虫剂、除草剂或化学药品，或任何对生态、环境、健康及社区粮食安全生产有害的转基因种子或繁殖材料。法院应当予以受理并认可其为社区保护自己不受任何危害的基本权利。

（十三）要求从国家科技预算中分出相当份额，并平等用于当地及本土品种的开发与改良，及以生物多样性为基础的生产体系的发展。

（十四）与国家农业研究系统一起参与研究工作。

（十五）起诉获取法庭令以阻止任何对社区有害的研究或活动。

国家生物多样性管理局应当设立一项"植物品种开发基金"，包括下列资金与资产：

（一）从申请人缴费获得的资金与资产；

（二）依据本法收取的罚款；

（三）不定期的政府津贴；

（四）国家捐献，包括农民募集的资金；

（五）本基金赚取的利息及利润；

（六）使用本基金获取的其他资金。

前款中的资金与资产应当存入该基金，不必交至税务署。该基金的管理标准与程序及基金的分配应当由国家生物多样性管理局确定。基金应当由委员会管理，该委员会一半以上成员应来自农业社区。委员会应当将基金用于下列活动：

（一）支持并补贴社区的植物品种保存与开发活动；

（二）当地政府用于资助植物种保存与开发的研究；

（三）用于"奖状"奖励；

（四）用于基金管理。

第二十三条　职责、义务与责任

国家生物多样性管理局设立的所有执行部门或机构应当对国家生物多样性管理局管理委员会负责。

本法规定的职责、义务与责任应参照《孟加拉国生物多样性及社区知识保护法》第 19 条规定。本法不损害任何公民在孟加拉国境内任何地区诉至法院要求赔偿的权利。

附录六

缅甸联邦共和国种子法

根据 2015 年 2 月 18 日缅甸联邦议会（2015 年第 5 号文件）修正。

第一章　标题、执行和定义

1.（1）本法命名为"**种子法**"；（2）本法自公布两年结束之日起施行。

2. 本法所载术语含义：

（1）**种子**是指从花或果实获得的种子以及可繁殖和可栽培的植物或其所有部分。

（2）**粮食**是指除了作为种子以外，以其他方式使用的所生产的谷物和核仁。

（3）**纯种子**是指具有品种纯度的种子，符合种子标准。

（4）**植物品种**是指与种植的植物具有形态、生理、化学相似性的植物，具有明显的其他特定的特征，以各种方式繁殖时，同样的遗传特征清晰可见。

（5）**植物新品种**是指相比于现有品种，该品种至少表现出一个不同的特点和特征，同时该品种在栽培中表现出性状的一致性，并且通过繁殖没有变化。

（i）亲本指的是被用作繁殖、生产植物品种的亲本；

（ii）多年生农作物指的是持续种植且能够获得利益直到某一特定时期的这类植物。

（6）**种子标准**是指国家种子有关委员会就种子质量所规定的事实作为标准。

（7）**种子质量**是指种子的遗传纯度、发芽率、含水量和纯度。

（8）**种子检验实验室**是指能够了解种子质量的检测场所和中心。

（9）**种子业务**是指将通过生产、进口或从生产者或进口者获得种子进行商业

268

分销或出口。

（10）**商业分销**是指在规定的时间内分配超过国家种子有关委员会规定的不同作物种类的重量或数量的种子。

（11）**认可证书**是指根据本法颁发的承认生产或引进新的植物品种的证书。

（12）**执照**是指依照本法签发的种子经营许可证。

（13）**部**指的是国家农业部。

第二章　目标

3. 本法的目标如下：

（1）通过使用纯种子种植和生产农作物，协助国家农业部门的发展。

（2）使种子业务能商业化和系统化地开展。

（3）鼓励政府部门、组织和个人参与种子生产和开展种子科研。

（4）使政府部门、组织、国际组织、内外机构和个人能够为了种子业务的发展而合作。

第三章　国家种子有关委员会的形成

4. 在政府的允许下，国家农业部：

（1）组建国家种子有关委员会，由国家农业部副部长担任主席，农业司总干事担任秘书，以及来自政府相关部门和组织的代表、专家和其他适合的人选担任成员；

（2）在根据（1）条款形成的国家种子有关委员会时，可决定和委派副主席和联合秘书；

（3）始终可以重组根据（1）条款组成的国家种子有关委员会。

第四章　国家种子委员会的职能和责任

5. **国家种子委员会**的职能和责任如下：

（1）采取通过使用纯种子种植和生产农作物使国家农业发展的种子政策。

（2）规定在规定的期限内分配种子的重量或数量可以被视为商业分销。

（3）为了政府部门、组织和个人的种子研发工作而开展活动。

（4）根据双边协议，调度和接收必要的种子使研究得以进行。

（5）在农业部组建委员会过程中，向有关部门和企业分配职责，视需要组建由适合的专家组成的种子质量检验机构。

（6）与政府部门和组织、国际组织、内外机构以及与种子业务有关的个人合作。

（7）始终规定包装或放置种子的材料要提及的事实。

（8）经国家农业部批准，可规定注册证书费、注册证续期费、营业执照费、营业执照续期费及其他费用。

（9）履行农业部不时指定的职能和义务。

6. **国家种子委员会**。经农业部批准，组成**技术性种子委员会**，其中农业司主任担任主席，农业部司长（种子司）担任秘书，相关部门、组织和民营企业的专家为成员，并确定职能和义务；可重组根据（1）项下组成的技术性种子委员会。

7. 全国种子委员会可以组建必要的小组委员会协助技术种子委员会有效地履行职责。

第五章 植物新品种

8.（1）需要通过适应性检测取得植物新品种鉴定证书的进口者，应当按照规定向国家种子委员会申报种子样品并提供完整描述，以获取他想进口的新品种的推荐意见。

（2）国家种子委员会可以根据（1）项规定的申请，技术种子委员会按照规定进行审议后，对进口植物新品种提出建议。

9.（1）任何人为了商业目的而生产或者进口植物新品种，应当按照规定提交新品种种子样品及完整描述，向国家种子委员会申请，获得他希望生产或进口的品种的植物新品种认定证书。

（2）国家种子委员会应根据第（1）分节的规定，向技术种子委员会提交关于适应性试验后的申请。在分配时，可以免除杂交和多年生作物的亲本品系的适应性试验。

10. 技术种子委员会应:

（1）在三个拥有不同生态系统且适合该品种的地点进行至少一季适应性试验后，并根据以下事实审查是否确认为新的植物品种：

（i）是否适合在当地培育；

（ii）改造后的新品种是否显著优于现有品种且具备独特的品质；

（iii）新植物品种是否会影响自然环境和生物多样性。

（2）向国家种子委员会提交关于是否向在（1）项下审查的新植物品种颁发认可证书的说明，或经过仔细检查的完整的品质性状记录以及亲本和多年生植物相关的信息记录。

11. 国家种子委员会：

（1）在仔细研究种子样品以及由技术种子委员会提交的新植物品种带备注的细节后，应决定承认或拒绝认可该植物新品种。

（2）如果决定根据（1）款作出承认，则应向有关申请人颁发认可证书。

第六章 种子检验实验室

12. 根据相关条款，任何人想要建立种子实验室需向国家种子委员会提交申请并获得注册许可证。

13. 国家种子委员会：

（1）根据第 12 条审查申请之后，可以允许或拒绝签发可建立种子检验实验室的注册许可证；

（2）在根据（1）项发出允许注册许可证后，缴付规定的注册许可证费用后，向有关申请人发出载有条款及细则的注册许可证；

（3）根据（2）款发出的注册许可证的有效期为自签发之日起三年。

14.（1）注册许可证持有人在登记证期限届满的情况下，如果希望继续设立种子检验实验室，应当在规定期满后至少提前 60 日向国家种子委员会提出申请，以更新登记证期限。

（2）国家种子委员会在根据（1）项仔细审查申请后，可以允许或拒绝更新注册证书的期限。如果允许更新注册证书的期限，应当支付规定的续期费用，更新注册许可证的期限。

15. 若注册许可证持有人不遵守其中的任何条款和条件，国家种子委员会有权暂停或取消其所持有的注册许可证。

第七章 种子业务

16. 希望开展种子业务的个人：

（1）应按照规定向技术种子委员会申请获得执照。

（2）应根据（1）条款的规定，分别申请每类作物的执照。

17. 技术种子委员会

（1）应指派有关的种质检验机构检查并提交是否符合根据第 16 条提出的有关申请的种子标准；

（2）在根据（1）款审查有关的种子质量检验机构的测验和应用后，可以允许或拒绝发放执照；

（3）如果允许发出执照，且在缴纳规定的执照费用后，向有关申请人发出载有条款及细则的执照；

（4）在根据（3）条款签发执照时，可根据种子的种类和质量，确定不超过 10 年的许可期限。

18. 一名执照持有者：

（1）应当遵守本法及其下发的规则、程序、通知、命令和指示。

（2）须遵守执照所载的条款及细则。

（3）按照种子种植场地或种子检测实验室的种子的规定，报种子质量检验机构审核。

（4）在种子包装或者放置的材料上应当准确提及以下事项：

（i）商标；

（ii）品种名称；

（iii）种子的重量和体积；

（iv）种子质量；

（v）使用说明；

（vi）保质期；

（vii）营业执照的编号及日期；

（viii）种子质量保证；

（viiii）种子质量检测实验室的建议获得国家种子相关委员会认可的注册许可证；

（ix）国家种子委员会不时规定的其他事项。

19. 执照持有人只能分发和销售经过种子质量检测的种子。

20. 如果执照持有人想要在执照期限届满后继续开展种业业务，应当在许可期限届满之日起 60 日以前，按照规定向技术种子委员会申请更新执照期限。

21. 技术种子委员会：

（1）在按照第 20 条的规定审议申请后，可准许或拒绝更新执照期限。

（2）如果允许在（1）条款下更新执照的期限，应在支付规定的更新费用后，更新执照的期限。

第八章　采取行政措施

22. 技术种子委员会可以对违反第 18 条款包含的事实情况的执照持有者通过任何一个或多个下列行政措施：

（1）暂时停止已获许可的种子业务；

（2）允许在罚款和要求履行后继续进行有关种子业务；

（3）在有限的时间内暂停执照；

（4）吊销执照。

第九章　上诉

23. （1）对种子技术委员会根据第 22 条规定作出的命令或者决定不服的，可以自收到该命令或者决定之日起 30 日内按照规定向全国种子委员会提出上诉。

（2）国家种子委员会可以批准、取消或修改技术种子委员会通过的根据（1）项上诉的有关命令或决定。

（3）国家种子委员会根据（2）项通过的决定为最终决定。

第十章　禁止

24. 任何人不得以商业目的生产未获得认证证书的植物新品种。

25. 任何人不得在无执照的情况下擅自从事种子业务。

26. 执照持有人不得分销无种子质量保证或尚未进行种子质量检测的种子。

27. 无注册许可证的人不得开设种子检验实验室。

第十一章　罪行和处罚

28. 违反第 24、第 25 或第 26 条规定的禁止行为，一经定罪，将处以不超过 6 个月的监禁或不超过 100 万缅元的罚金或上述二项并罚。此外，涉案的证物也应当没收。

29. 违反第 27 条规定者，一经定罪，处 6 个月以下有期徒刑或者 100 万缅元以下的罚金，或者两项并罚。此外，涉案的证物也应当没收。

30. 有关法院应将种子质量检测实验室使用的没收种子、包装材料和设备移交给缅甸农业办事处处理。

第十二章　其他事项

31. 本法所载条款不适用于下列事实：

（1）将农民自己生产的不作商业用途的种子分销和销售给另一个农民的；

（2）分发和销售水果、花卉和植物及不适用于繁殖的谷物。

32. 不以商业目的生产种子的农民和种子研究人员与农业部下属部门、办事处合作生产种子的，依照本法免除许可证。

33. 农业部可能因自然灾害等造成植物品种复种的必要性，允许对作为植物品种的谷物进行复种。

34. 经国家农业部批准，技术种子委员会可以免除政府部门根据本法从事种子业务而申请执照所需缴纳的规定费用。

35. 任何运营种子检验实验室的人，自本法生效之日起，并希望继续经营该类检测实验室的，应当申请登记证书；任何正在进行种子业务，并希望继续经营此类业务的个人，自本法施行之日起 90 日内申请执照。

36. 在根据本法起诉的违法行为中，技术种子委员会关于种子质量的报告为这类犯罪的确凿证据。

37. 任何获得认可证书并希望引进或希望出口新的植物品种的人，为了获得许可证或执照，应连同申请书一起向有权发放许可证或执照的政府部门或组织提交认可证书。该部门或组织只能向能够提交认证许可证的人颁发许可证或执照。

38. 任何想要进口或出口种子的人：

（1）按照规定向技术种子委员会申请取得建议书。

（2）为取得许可证或执照，需要将技术种子委员会的建议书与申请书向有权颁发许可证或执照的政府部门或组织申请。此类部门或组织只能向能够提交上述建议书的人员颁发许可证或执照。

39. （1）国家种子相关委员会和技术种子委员会的工作由农业部负责。

（2）根据第 7 条成立的小组委员会的工作，须由国家农业部的有关部门进行。

40. 依照本法规定的犯罪，确定为可以认定的犯罪。

41. 如果涉及根据本法起诉的任何犯罪行为的证物无法轻易在法院提出，则不必向法院提出此类证物，但须提交关于其保管方式的报告或其他相关文件证据。此类提交的文件应被视为是向法院提交的证物，而有关法院可依法同等处理。

42. 在执行本法的规定时：

（a）在政府批准的情况下，若有必要，国家农业部可以制定细则，并可以发布程序、通知、命令和指示。

（b）若有必要，国家种子委员会和技术种子委员会可发布通知、命令和指示。

Sd/Than Shwe

高级总干事

国家和平与发展委员会

主席

印度种子法

第一章　序章

简称、范围、申请和时效性

1.（1）本法案称为《2004 年种子法》。

（2）它适用于整个印度。

（3）除本法另有规定外，本法适用于所有经销商，以及所有种子生产者，除非种子是为自用而非销售用途。

（4）本法自中央政府通知指定之日起施行。可以为本法的不同规定指定不同的日期，并且一切此规定中对本法的生效日期的一切引用均应解释为对该条款的生效的引用。

定义：

2. 在本法中，除非上下文另有要求之外：

（1）"农业"包括园艺、林业、药用植物和芳香植物；

（2）"中央种子试验室"是指根据第 32 条第（1）款设立或宣布的中央种子试验室；

（3）"认证机构"是指根据第 26 条成立或根据第 27 条获得认可或根据第 30 条得到认可的机构；

（4）"主席"是指委员会主席。

（5）"委员会"是指根据第 3 条第（1）款组成的中央种子委员会；

（6）"容器"指放置或包装任何物品的盒子、瓶子、匣子、罐、桶、箱、容

器、麻布袋、袋子、包装物或其他物品;

(7) "经销商"是指从事种子买卖、出口或进口业务的人,包括经销商的代理人;

(8) "基本衍生品种",就一个品种或一个初始品种而言,是指在下述情况下基本上从该初始品种衍生的各种种子:(a)主要来自该初始品种,或主要来自本身的品种。衍生品种来自初始品种,同时保留其基因或基因型组合;(b)与初始品种有明显区别;(c)在表达由该初始品种的基因或基因型组合所产生的基本特征时,符合该初始品种的要求(由于衍生行为而产生的差异除外);

(9) "出口"是指通过陆路、海运或空运运出印度;

(10) "现存品种"是指印度现有的品种。(a)已根据《1966 年种子法》第5 条进行了通知,并在本法时效性之日保持原状;或(b)是《2001 年植物品种和农民权利保护法》第 2 条第(1)款中定义的农民品种;或(c)有得到共识的品种;或(d)第(a)目至第(c)目所指的品种以外的其他品种,并且属于公共领域;

(11) "农民"是指种植作物的任何人,但不包括以商业为基础从事种子采购和销售的个人、公司、贸易商或经销商;

(12) "园艺苗圃"是指在正常经营过程中生产、繁殖和出售园艺植物以供移植的任何地方;

(13) "进口"是指通过陆路、海运或空运进入印度;

(14) "种类"是指一个或多个相关的作物品种或亚种,每个品种或亚种单独或共同以一种俗称来统称,如白菜、玉米、水稻和小麦;

(15) "成员"是指委员会成员;

(16) "伪劣商标"。以下情况被认为是伪劣商标:

(i)它是以其名义出售的另一种种子的替代品,或以可能欺骗的方式类似于另一种种子,而且没有明显和显眼的标记以表明其真实性质;

(ii)虚假地述明产品的产地或国家;

(iii)以其他种类或品种的名称出售的种子;

(iv)在标签上或者其他方面作虚假声明的;

(v)当在用经销商密封或准备的包装出售时,或由经销商指定并带有其名称和地址时，在本法规定的可变性范围内，每个包装的内容在包装的外部没有明显和正确的说明；

（vi）载有该种子的包装或包装上的标签载有关于其所含种子的质量、种类或品种的一切陈述、设计或装置，而该陈述、设计或装置在任何要项上是虚假的或具有误导性的，或该包装在其他方面对其内容具有欺骗性的；

（vii）未按本法规定注册或未按本法规定的方式注册的；

（viii）标签包含除注册号以外的其他注册参考；

（ix）其标签上没有标明保护人类、动物和植物的生命和健康或避免对环境造成严重损害的充分的警告；

（x）含有该物质的包装或包装上的标签上有作为该种类或品种的经销商的虚构个人或公司的名称；或（xi）未按照本法的规定粘贴标签的；

(17)"通知"是指官方发布的通知公报；

(18)"规定的"是指根据本法制定的规则所规定的；

(19)"生产者"是指种植或组织种子生产的个人、团体、公司或组织；

(20)"注册种类或品种"，对所有种子都指根据第13条注册的任何种类或品种；

(21)"注册小组委员会"是根据第7条第（1）款成立的注册小组委员会；

(22)"法规"是指委员会根据本法制定的法规；

(23)"种子"是指能够再生并产生与之相适应的农业植物的任何类型的活胚或繁殖体；

(24)"种子分析师"指根据第33条第（1）款委任的种子分析师；

(25)"种子检查员"是指根据第34条第（1）款委任的种子检查员；

(26)"种子加工"是指对种子和种植材料进行干燥、脱粒、脱壳、轧花或去皮（棉花）、清洗、分级或处理的过程；

(27)"虚假种子"是指任何非真实或不真实类型的任何种子；

(28)"邦政府"，就联邦领地而言，是指联邦领地的管理者；

(29)"邦种子试验室"，就任何邦而言，是指根据第32条第（2）款为该邦国设立或宣布为邦种子试验室；

(30)"转基因品种"是指通过基因工程手段改变或改变遗传组成而合成的

种子或者种植材料；

（31）"品种"是指除植物体内的微生物以外的植物类群，是已知的等级最低的单一植物分类单元，可以是：（a）由该植物分组的给定基因型产生的特征表达来定义；（b）通过至少一种上述特征的表达而区别于任何其他植物群的；以及（c）作为一个单位考虑其是否适合繁殖，在繁殖后保持不变，包括从属品种、现存品种、转基因品种、农民品种和基本衍生品种等的繁殖材料。

第二章 中央种子委员会、注册及其他小组委员会

中央种子委员会的组成：

3.（1）为施行本法，中央政府应成立一个名为中央种子委员会的组织。（2）中央种子委员会总部设在新德里。

委员会的组成：

4.（1）委员会由主席、委员、当然委员和其他委员组成，由中央政府提名。

（2）印度农业与合作部的秘书长应担任主席、当然委员。

（3）委员会应由下列当然成员组成，即：（i）印度政府农业与合作部农业专员；（ii）印度农业研究理事会副总干事（作物科学）；（iii）印度农业研究理事会副总干事（园艺）；（iv）印度政府农业与合作部负责种子的联合秘书；（v）印度政府农业与合作部园艺专员；（vi）印度政府生物技术部的一名代表，但不低于印度政府联席秘书的职级；（vii）印度政府环境与森林部的代表，但不低于印度政府联席秘书的职级。

（4）委员会由下列中央提名的委员组成：（i）秘书（农业）；（ii）邦种子认证局局长；（iii）邦种子公司常务董事；（iv）农民代表二人；（v）种业代表二人；（vi）种子开发领域的两名专家。

（5）委员会可按其认为适当的方式、条件和目的，与任何希望其协助或建议遵守本法的人联系。有如此联系的人，有权参加委员会就其有联系的目的而进行讨论，但无表决权，有权领取中央政府规定的津贴或费用。

（6）根据第（5）款提名的成员，除非该席位因辞职、死亡或其他原因而空缺，有权自其获提名之日起任职两年，有资格再获提名，但该成员的任期仅限于其获提名而获委任的期间。

（7）除非另有规定，否则成员的任命应按规定进行。

（8）除当然成员之外，其他成员可以书面通知的形式向中央政府辞去职务，辞职一经接受，即视为离任。

（9）任何人如果触犯以下几条，将丧失提名或成为委员的资格：（i）中央政府认为涉及道德败坏的罪行而被定罪和判处监禁；（ii）未还清债务的破产人；（iii）由具管辖权的法院宣布精神不健全。

（10）委员会的任何行为或程序不得仅因以下原因而无效：（i）职位空缺或构成上的缺陷；（ii）任命委员会主席或委员方面的缺陷；（iii）委员会程序中的不当行为，但不影响案情。

（11）对委员、当然委员以外的人员，中央政府在给予合理机会提出反对罢免的理由后，可随时依职权罢免。

委员会的权力和职能：

5. 委员会应负责并拥有有效执行本法的一切权力，并就有关事项向中央政府和邦政府提供咨询意见。（a）种子计划和规划；（b）种子开发与生产；（c）种子进出口；（d）注册、认证和种子检验标准；（e）种子注册及其执行；（f）可规定的其他事项。

委员会的权力：规定最低的发芽率、纯度、种子健康等

6. 委员会可发出通知指定：（a）任何种类种子的发芽率、遗传纯度和物理纯度以及种子健康的最低限度；（b）包装或容器上的标记或标签，表明该种子符合第（a）目规定的发芽、遗传和物理纯度、种子健康的最低限度以及其他详细信息，比如种子生产者根据第 14 条提供的信息（包含的标记或标签）中的种子的预期性能。

委员会的注册及小组委员会及其职能

7. （1）委员会须成立一个小组委员会，名为注册小组委员会，由主席及一定数量的委员组成，以协助履行规定的委员会职能。（2）注册小组委员会的责任有：（a）按照规定的方式，对申请书中提出的种子权利要求进行审查后，对种子进行注册；（b）履行委员会指派的其他职责。（3）委员会可委任其认为适当的其他小组委员会，包括种子认证小组委员会，该小组委员会可全部由委员会成员或其他人或部分由委员会成员、部分由其他人组成，行使委托给他们的权力、执行职责。

委员会及其小组委员会的程序

8. 经中央政府事先批准，委员会可以制定规章，以规范其本身及任何小组委员会的程序。

委员会秘书和其他官员

9. 中央政府应：（a）委任一人为委员会秘书；（b）向委员会提供有效履行本法规定的委员会职能所需的技术性官员、其他官员及雇员。

委员会会议

10. （1）委员会应在必要时在规定的时间和地点举行会议，并应遵守规章规定的会议（包括会议法定人数）中有关事务处理的程序。（2）主席缺席时由农业专员主持委员会会议，二者皆缺席时，由出席会议的委员互选的委员主持委员会会议。（3）委员会会议上的所有问题，须由出席并参加表决的委员以过半数票决定；若票数相等，则由主席决定，主席缺席时由农业专员决定。二者皆缺席时，如在主席和农业专员均缺席的情况下，主持会议的人应有并行使第二票或决定票。

邦种子委员会

11. 各邦政府应设立邦种子委员会，目的是：

（a）就任何种类或品种的区域或地方种子的注册事宜，向委员会提供意见；

（b）就种子生产单位、种子加工单位、种子经销商和园艺苗圃的注册事宜向邦政府提出建议；

（c）在每个地区保存种子经销商、种子生产商、种子加工单位和园艺苗圃的名单；

（d）以规定的方式向从事任何种类或品种种子的生产、供应、分销、贸易或商业的人员寻求有关库存、价格、销售和其他信息；

（e）向邦政府和委员会提出与本法案的管理和实施有关的所有事宜的建议；

（f）履行本法赋予的或根据本法赋予的其他职能。

第三章　种子种类和品种注册等

国家种子品种名录的保护

12. （1）为了本法的目的，注册小组委员会应保存一份包含所有品种和种类的国家种子登记册，其中应保存规定的所有规格。（2）除委员会另有指示外，登记册须由注册小组委员会控制及管理。（3）注册小组委员会须以其认为合理的时间间隔和方式，公布在该期间注册的种子种类及品种的清单。

任何种类或品种的种子的注册

13.（1）除非已由注册小组委员会以订明的方式根据第（2）款注册，否则任何种类或品种的种子，不得出售给任何人播种或种植。

（2）在符合第 14 条及第 15 条规定的前提下，针对任何种类或品种的种子，注册小组委员会可根据生产商提供的可确定种子性能的多地点试验结果开发该品种的，在规定的时间内注册或拒绝注册，除非申请人有机会陈述其情况，否则不得根据本款拒绝注册申请。在本法生效之日已有有效注册的任何种类或品种的种子，无须根据多地点试验结果的资料重新注册。

（3）注册小组委员会可对在本法生效之日在市场上出售的种子品种进行临时注册。

（4）根据本法进行的注册，对于一年生和两年生作物，有效期为 15 年，对于长期多年生植物，有效期为 18 年。

（5）在根据第（4）款授予的期限届满后，注册小组委员会可根据生产商提供的关于第（2）款规定的试验结果的信息，在相同期限内重新注册该品种，以重新确定该品种的性能。

（6）在申请注册之日起至委员会就此类申请作出决定时，注册小组委员会有权发出指示以保护生产商的利益，使其免受任何第三方滥用行为的侵害。

注册程序

14.（1）根据第 13 条第（2）款提出的注册申请，均须以订明的格式提出，并须载有订明的详情及订明的费用。

（2）注册小组委员会在接获任何该等种子的注册申请后，可在其认为合理的查询后，并在确信申请所涉及的种子符合进口商或卖方（视情况而定）对种子种类或品种的功效及其对人和动物的安全性要求的情况下，应按其规定的条件对种子的种类或品种（视情况而定）进行注册，并为其分配注册号，颁发注册证书。

（3）注册小组委员会在考虑到种子的功效及其对人和动物的安全性后，可更改已授予/待授予的注册证书的条件，并可为此目的，要求持证人在书面通知规定的时间内向其交付证书。

转基因品种注册的特别规定

15.（1）尽管第 14 条有规定，除非申请人已获得《1986 年环境（保护）法》的许可，否则不得注册任何转基因品种的种子。根据该法案，注册小组委员会可根据生产商提供的按规定方式进行的多地点试验结果的资料，批准临时注册，期限不超过两年。

（2）除第（1）款另有规定外，转基因种子品种注册的形式、方式、程序及应支付的费用，与根据第 14 条注册时情况相同。

取消注册种类和品种的种子

16.（1）注册小组委员会可取消任何根据第 13 条或第 15 条注册的种子的注册，或取消任何一项或多项，理由如下：（a）证书持有人违反了注册的条款和条件；（b）注册是通过虚假陈述或隐瞒基本数据获得的；（c）该品种不符合生产商根据第 13 条第（2）款提供的信息，已过时或失效，并为公众利益在市场上出售；（d）须防止这类种子的商业开发：（i）为了公众利益；（ii）保护公共秩序或公共道德；（iii）保护人类和动植物的生命健康，避免对环境造成严重损害。

（2）除非给予持有人或有关的受影响人合理机会，就撤销注册的理由提出因由，否则不得根据本条作出取消注册的命令。

取消注册种子种类和品种的通知

17. 根据第 13 条作出的任何种类或品种的种子的注册，或根据第 15 条作出的任何取消注册，注册小组委员会须在《政府公报》予以通知。

不予注册的种类和品种

18.（1）如果为了保护公共秩序、公共道德或人类、动物或植物的生命和健康，避免对环境造成严重损害，必须防止对这种种类或品种的商业开发。尽管本法有规定，但不得根据本法对任何种类或品种的种子进行注册。（2）含有有害或者潜在有害技术的种类或品种的种子，不予注册。

绩效评估

19. 为进行试验以评估性能，委员会可授权印度农业研究理事会、邦立农业大学和其他符合规定的组织的认证中心进行试验，以评估种子的种类或品种性能。

对农民的补偿

20. 凡任何注册种类或品种的种子出售给农民，则生产商、分销商或销售商（视属何情况而定）须向农民披露该种类或品种在给定条件下的预期表现，如该注册种子未能在给定条件下提供预期表现，则农民可要求根据《1986年消费者保护法》向生产商、经销商或供应商索取赔偿。

种子生产者和种子加工单位应登记注册

21（1）任何生产商不得种植或组织生产种子，除非其已根据本法由邦政府进行注册。

（2）未经邦政府根据本法注册，任何人不得经营种子加工。

（3）若生产者或种子加工单位符合中央规定的基础设施、设备和合格劳动力条件，则州政府应进行注册。

（4）每项根据第（3）款提出的注册申请，均须以订明的格式及方式提出，并附有订明的费用。

（5）邦政府经调查，并在其认为合理的条件下，可按规定的格式给予种子生产单位或种子加工单位颁发证书。

（6）每一种子生产单位和加工单位应按规定的格式和时间向种子认证机构定期提交其生产或加工的不同种类或品种的种子数量的申报表。

（7）邦政府在根据第（1）款或第（2）款（视情况而定）给予登记证书持有人后，如有如下情况，可暂停或取消注册：

（a）此类注册是通过在基础设施、设备或合格人力可用性方面虚假陈述与本规范有关的重要细节而获得的；

（b）违反了本法的任何规定或根据本法制定的规则。

种子经销商需注册

22.（1）任何人如欲经营售卖、留作出售、要约出售、以物易物、进出口业务，或以其他方式自行或由他人代为供应种子的，应取得邦政府颁发的种子交易商注册证书。

（2）根据第（1）款申请经销权的申请人，均须提供有关种子储存、销售及其他订明的有关资料。

（3）即使根据第（1）款提出注册申请，亦须以订明的格式及方式提出，并连同订明的费用一并提出。

（4）邦政府在进行调查后，可在其认为合理的条件下，以订明的格式发给种子交易商注册证书。

（5）根据本节注册的每一经销商应向邦政府提供规定的有关种子库存、种子批次、种子批次有效期和其他相关信息的信息表和申报表。

（6）邦政府在给予经销商听证机会后，如有如下情况，可暂停或取消授予证书：

（a）该登记是通过虚假陈述任何重要事实获得的；

（b）违反本法的任何规定或规则。

园艺苗圃需注册

23.（1）任何人不得为本法的任何目的经营园艺苗圃业务，除非该苗圃在邦政府注册。

（2）每项根据第（1）款提出的注册申请，均须以订明的格式作出并须载有订明的详情，附有订明的费用。

园艺苗圃登记持有人的责任

24. 根据第 23 条，任何人如持有注册园艺苗圃的注册，即为园艺苗圃的持有人。（a）完整记录苗圃内每种种植材料的来源和母树的表现记录；（b）用平面图显示园艺植物栽培所用的砧木和接穗的位置；（c）保存苗圃内母树的表现记录；（d）保护苗圃植物和用于园艺植物生产或繁殖的母树不受感染或传染性昆虫、害虫或疾病的影响；（e）向邦政府提供规定的苗圃种植材料的生产、库存、销售和价格的信息。

第四章 种子销售条例和种子认证机构

登记品种种子销售条例

25. 任何人不得自行或由任何其他人代其经营售卖、留作出售、要约售卖、以物易物、进出口或以其他方式供应注册种类或品种的种子的业务，除非（a）该种子的种类或品种是可以辨认的；（b）该种子符合第 6 条第（a）目规定的发芽的最低限度遗传、物理纯度、最大种子健康度；（c）该种子的包装按照规定的方式根据第 6 条第 （b） 目的规定，带有正确说明的标记或标签；（d） 如属于转基因品种，种子包装上必须作出声明；以及 （e） 符合其他可能的要求。

国家种子认证机构

26. 委员会经与邦政府协商，可以设立邦种子认证机构，由邦履行本法或根据本法赋予邦种子认证机构的职责。

种子认证机构认证

27. （1） 委员会可与邦政府和邦种子委员会协商，授权予 （a） 在达到规定的标准时，执行认证的组织，或 （b） 以规定的方式证明个人或种子生产组织。

（2） 按照规定，经认可的个人和种子生产组织应接受委员会、有关国家政府和国家种子认证机构的检查和管理。

（3） 认证可由委员会撤回，理由须以书面记录，并在给予有关组织或个人（视属何情况而定） 合理的申辩机会后。

国家种子认证机构颁发证书

28. （1） 任何人出售、留作出售、要约出售、以物易物或以其他方式供任何已注册种类或品种的种子，如希望获得国家种子认证机构的认证，可以此为目的向该机构申请证书。

（2） 第 （1） 款提出的每项申请，均须采用订明的格式，并载有订明的详情，附有订明的费用。

（3） 国家种子认证机构在收到根据第 （1） 款提出的申请后，经其认为适当的合理询问，并在确信与申请有关的种子符合规定标准后，可以规定的形式和条件颁发证书，但该等标准不得低于第 6 条 （a） 目对该种子指明的发芽率、遗传纯度及物理纯度的最低限度。

证书的撤销

29. 如果国家种子认证机构认为有必要，或以其他方式提及 （a） 该局根据第 28 条批出的证明书，是借虚报基本事实而取得的；或 （b） 无合理理由，证书持有人未能遵守授予证书的条件，或违反本法或根据本法制定的规则，那么，在不影响证书持有人根据本法可能承担的任何其他处罚的情况下，国家种子认证机构给予证书持有人提出申辩的机会后，可撤销证书。

国外种子认证机构的认可

30. 中央政府可以根据委员会的建议，认可一切以本法案为目的的在国外设立的种子机构。

第五章　上诉

上诉

31. （1）任何人对注册小组委员会根据第 14 条、第 16 条或第 27 条，或国家种子认证机构根据第 28 条或第 29 条作出的决定不服，自决定传达之日起 30 天内，可向中央政府当局（以下简称上诉当局）提出上诉；但上诉机关确信有充分的理由导致上诉人不能及时提出上诉，可在上述 30 天期限届满后受理上诉。

（2）上诉机关由中央政府认为合适的一人或三人组成，由中央政府任命。

（3）根据第（1）款可优先提出的上诉形式及方式、就该上诉而须缴付的费用及上诉当局须遵循的程序应予规定。

（4）上诉当局在接获根据第（1）款提出的上诉后，须在给予上诉人及另一方陈词的机会后，尽快处置上诉。

第六章　种子分析和种子检测

中央和邦种子检测试验室

32. （1）中央政府可设立中央种子试验室或宣布任何种子试验室为中央种子检验试验室，以规定方式履行本法或本法赋予中央种子试验室的职责。

（2）邦政府可与委员会建立一个或多个邦种子试验室或宣布任何种子试验室作为国家种子试验室的政府或非政府部门，任何种类或品种的种子分析应按照本法规定的方式进行。

（3）第（1）款所指的每个种子试验室应配备中央政府认为必要的尽可能多的种子分析员。

（4）第（2）款中提到的每个种子试验室应配备邦政府认为必要的尽可能多的种子分析员。

种子分析师

33. （1）中央种子试验室、中央政府、某种情况下的邦政府通过通知，任命相关政府认为合适的、具有规定资格的人员担任种子分析师，并确定其管辖范围的地方界限。（2）根据第 32 条第（1）款设立或宣布的每个中央种子试验室，以及根据第 32 条第（2）款设立或宣布的每个邦种子试验室，均须设有中央政府或邦政府（视属何情况而定）所指明的尽可能多的种子分析员。

种子检查员

34.（1）邦政府可指定其认为适当的具有规定资格的人员担任种子检查员，并确定其行使管辖权的范围。

（2）每名种子检查员应服从邦政府为此而指定的权力。

种子检查员的权力

35.（1）种子检查员可以：

（a）从以下任何种类和品种的种子中取样：（i）任何出售此类种子的人；或（ii）正在将该等种子运送、交付或准备将该等种子运送给购买人或收货人的人；或（iii）购买者或收货人将此类种子交付给他后；

（b）将此类样品送至进行了此类采样的区域的种子分析人员进行分析；

（c）在他认为必要时，可以在任何合理时间进入仓库，搜查已犯或正在犯触犯本法所订条例的种子，并以书面形式命令占有人，不得在不超过 30 天的特定期间内处置该种子的库存，除非所指罪行可使该等种子的持有人消除缺损，否则检取该种子的存货；

（d）检查第（c）目所述地方发现的记录、登记册、文件或任何其他材料等物品，如果有理由相信属于根据本法应受惩处的犯罪证据，则予以扣押；

（e）行使为执行本法或根据本法制定的任何条例所需的其他权力。

（2）本条所赋予的权力包括：打开盛放任何种类或品种的种子的任何容器，或打开任何存放供出售的此类种子处所的房门；但破门而入的权力，须在拥有人或任何其他占用该处所的人（如果他在场）拒绝开门后，方可行使。

（3）如果种子检查员根据第（1）款第（a）目采取任何行动，则应尽可能召集至少两名独立和受人尊敬的人员在采取行动时到场，并在按规定格式和方式编制的备忘录上签字。

（4）《1973 年刑事诉讼法》的条文，或就"查谟和克什米尔邦"而言，该邦现行的任何相应法律的条文，适用于根据本条进行的搜查或夺取，一如适用于根据第 94 条发出的手令授权进行的任何搜查或扣押，或视情况而定。

第七章　种子进出口

种子进口

36.（1）所有进口种子（a）应遵守《2003年印度进口管理条例》中的植物检疫规定或《1914年破坏性昆虫和害虫法》第3条的相应规定；（b）须符合第6条所订明的发芽率、遗传纯度、物理纯度及种子健康的最低限度；及（c）应根据进口商就多地点试验结果提供的信息，在规定的时间内进行注册，以确定性能。

（2）为特定的研究目的，中央政府可发出通知，准许进口未经注册的品种，进口数量须符合该通知所明确的数量。

种子出口

37. 中央政府可以根据委员会的意见，如果认为任何种类或品种的种子出口可能对该国的粮食安全产生不利影响，或者如认为公众的合理要求得不到满足，或者基于规定的其他理由，则限制其出口。

第八章　违法与惩罚

违法与惩罚

38.（1）如有人（a）违反本法的任何规定或根据本协议制定的任何规则；或（b）进口、出售、储存、展览、特卖、以物易物，或以其他方式供应任何被视为误用商标的种类或品种的种子；或（c）进口、出售、储存、展览、特卖、以物易物，或以其他方式提供没有注册证书的任何种类或品种的种子；或（d）妨碍委员会、注册小组委员会、种子认证机构、种子检查员、种子分析员或根据本法任命或正式授权的任何其他机构行使其在本法或根据本法制定的规则下的权力或履行职责，一经定罪，将受到惩罚，处以5000卢比以上，25000卢比以下的罚款。

（2）如果任何人出售不符合物理纯度、发芽率或健康标准的种子，或未保存本法或据本法制定的规则所需保存的记录，一经定罪，可处以5000卢以上，25000卢比以下的罚款。

（3）任何人如提供虚假资料，包括与基因纯度标准相关、错误标记种子或供应虚假种子、虚假转基因品种，出售未经注册的种子等，一经定罪，可判处 6 个月监禁或/及 50000 卢比罚款。

没收财产

39. 如果任何人因违反本法规定或根据本法制定的规则而被定罪，所涉及的种子没收上缴给中央政府。

公司违法

40（1）如果公司已犯本法所定罪行，在犯罪发生时，负责管理公司及公司业务的每一个人，即当作犯罪，并可据此被起诉和惩处，但如该人证明该罪行是在其不知情的情况下所犯，并证明已尽一切应尽的努力防止该罪行的发生，则可依照本款免受惩处。

（2）尽管有第（1）款的规定，如果公司犯了本法下的任何罪行，并且证明该罪行是在公司的任何董事、经理、秘书或其他高级职员的同意或纵容下犯的，或可归因于董事、经理、秘书或其他高级职员的疏忽，董事、经理、秘书或其他高级职员亦须当作犯罪，并可据此被起诉及惩处。解释：在本节中（a）"公司"是指任何法人团体，包括公司或其他个人协会；以及（b）"董事"就公司而言，是指公司的合伙人。

第九章　中央政府的权力

中央政府对邦政府的指示权

41. 中央政府可向任何邦政府发出中央政府认为在该邦执行本法或根据本法制定的任何必要指示。

中央政府向委员会发布指示的权力

42（1）在不影响本法上述规定的情况下，委员会在履行本法的职能和职责时，应遵守中央政府以书面形式发出的有关政策问题的指示。

（2）中央政府对某一问题是否属于政策性问题拥有最终决定权。

豁免注册

43.（1）本法的任何规定不得限制农民的保存、使用、交换、分享或出售其农场种子和种植材料的权利，除非农民以商标名称出售该种子或种植材料，或不符合第 6 条第（a）目或第（b）目规定的发芽率、物理纯度、遗传纯度的最低限度。

（2）通过通知并在其所指明的条件下（如有的话），对于任何教育的、科学的或用于研究或推广的组织，中央政府可豁免其遵守本法或根据本法订立的全部规定。

第十章　其他

对善意行为的保护

44. 对政府或任何人根据本法善意地作出或欲作出的任何事情，不得向政府或任何人提出诉讼、起诉或其他法律程序。

消除困难的权力

45. （1）如果在实施本法规定方面出现任何困难，中央政府可通过在政府公报上发布的命令，使这些规定与本法不相抵触，这是消除该困难所必需的，但自本法时效性之日起满两年后，不得根据本条作出命令。

（2）根据第（1）款作出的每项命令，均须提交每一议院。

中央政府制定规则的权力

46. （1）中央政府可以通知制定实施本法规定的规则。

（2）在不损害前述权力的一般性的情况下，此类规则可规定以下任何事项，即：

（a）根据第4条第（7）款确定的委员会成员委任条件；

（b）第5条第（f）目规定的事项；

（c）协助注册小组委员会主席根据第7条第（1）款履行职能的其他委员人数；

（d）审查根据第7条第（2）款第（a）目提出的索赔方式；

（e）邦种子委员会根据第11条第（d）目寻求信息的方式；

（f）应保存在第12条第（1）款项下的国家种子种类或品种登记册中的规格；

（g）根据第13条第（1）款登记任何种类或品种种子的方式；

（h）根据第13条第（2）款进行的多地点试验结果确定种子性能所需的时间；

（i）根据第 14 条第（1）款提出的申请表格，应提供的详情以及应伴随的费用；

（j）组织根据第 19 条须符合的资格要求；

（k）根据第 21 条第（3）款注册为生产商或种子生产单位所需满足的规范；根据第 21 条第（3）款提出注册申请的形式及方式，以及根据该条第（4）款附上该申请的费用；

（m）可根据第 21 条第（5）款批出维持种子生产或种子加工单位的证明书的格式；

（n）根据第 21 条第（6）款填写定期申报表的格式和时间；

（o）应根据第 22 条第（2）款提供申请种子经销权的信息；

（p）根据第 22 条第（1）款提出注册为种子交易商的申请的格式及方式，以及根据该条第（3）款提出的申请所附带的费用；

（q）根据第 22 条第（4）款发给种子交易商注册证明书的格式；

（r）注册交易商根据第 22 条第（5）款须向邦政府提交资料及申报表；

（s）根据第 23 条第（2）款提出的园艺苗圃注册申请书的格式、申请书所载的详情及费用；

（t）根据第 24 条规定应当向国家提供，苗圃种植材料的生产、储存、销售和价格等情况；

（u）根据第 25 条第（c）目，种子包装上应标有标记或标签；

（v）经营任何注册种类或品种的种子销售等业务的人，须遵守第 25 条第（e）目的规定；

（w）根据第 27 条第（1）款第（b）目，满足第（a）目规定的标准和进行自我认证的方式；

（x）委员会、有关邦政府和国家种子认证机构根据第 27 条第（2）款对经认可的个人和种子生产组织进行检查并拥有控制权；

（y）根据第 28 条第（2）款提出的申请表格、在该申请中须提供的详情及随该申请而须缴付的费用；

（z）根据第 28 条第（3）款发出证明书的形式及条件；

（za）根据第 31 条第（3）款，上诉应优先采用的形式和方式，上诉应伴随的费用，以及上诉当局应遵循的程序；

（zb）根据第 32 条第（1）款设立或宣布的中央种子试验室执行其职能的方式；

（zc）对种子进行分析的方式，须根据第 32 条第（2）款作出；

（zd）根据第 33 条第（1）款获委任为种子分析员的人须具备的资格；

（ze）根据第 34 条第（1）款获委任为种子检查员的人须具备的资格；

（zf）根据第 35 条第（3）款编制备忘录的形式和方式；

（zg）中央政府可根据第 37 条限制种子出口的理由；

（zh）其他需要或可能需要规定的事项。

委员会制定规章的权力

47.（1）经中央政府事先批准，委员会制定与本法规定及规则不抵触的条例，规定为实施本法有必要或有利的所有事项。

（2）在不损害前述权力的一般性的情况下，该条例可就以下所有或任何事项作出规定：（a）由第 8 条所指的委员会或其任何小组委员会；（b）根据第 10 条第（1）款，在委员会会议上处理事务（包括会议法定人数）的程序。（c）拟订或可订立条例的任何其他事宜。

需提交议会审议的规章制度

48. 根据本法制定的每项规则和条例应在制定后尽快提交每院议会，在其届会期间，总共 30 天，可分为一届会议、两届或两届以上的连续会议，如果紧接该会期的会议届满前，或在上述连续的会期届满前，两院同意对该条规则作出任何修改，或两院同意不应订立该条规则，则该条规则在其后只需以修改版的形式标注时效性或不具效力，但该等修改或废止不得损害先前根据该规则所制定的任何条例的有效性。

废除和保留

49.（1）《1966 年种子法》现予废除。

（2）在不损害 1897 年总则中有关废除的规定的情况下，此类废除不得影响：

（a）先前已废除的法律或根据该法律所做的或遭受的任何事情；

（b）根据已废除的法律获得、产生或招致的任何权利、特权、义务或责任；

（c）因违反已废除法案所犯罪行而招致的任何处罚、没收或惩戒；或进一步规定，服从第一限制条款和本法其他任何保留规定外，根据已废除的本法规定采取的任何行动、制定的任何规则、发布的任何通知或命令，只要不与本法规定相抵触，均应视为已采取，根据本法相应条款制定或发布，应继续有效，除非根据本法做出的任何事情、采取的行动、制定的规则或发布的通知或命令明确或默示废除。

（3）尽管有上述废除规定，根据已废除的法律通知的任何种类或品种的种子应视为已根据本法注册，根据《1966 年种子法》第 18 条设立的任何种子认证机构应视为已根据本法成立或认可（视情况而定）。

附录八

中华人民共和国种子法

2000 年 7 月 8 日第九届全国人民代表大会常务委员会第十六次会议通过；2004 年 8 月 28 日第十届全国人民代表大会常务委员会第十一次会议《关于修改〈中华人民共和国种子法〉的决定》第一次修正；2013 年 6 月 29 日第十二届全国人民代表大会常务委员会第三次会议《关于修改〈中华人民共和国文物保护法〉等十二部法律的决定》第二次修正；2015 年 11 月 4 日第十二届全国人民代表大会常务委员会第十七次会议修正；根据 2021 年 12 月 24 日第十三届全国人民代表大会常务委员会第三十二次会议《关于修改〈中华人民共和国种子法〉的决定》第三次修正。

第一章　总则

第一条　为了保护和合理利用种质资源，规范品种选育、种子生产经营和管理行为，加强种业科学技术研究，鼓励育种创新，保护植物新品种权，维护种子生产经营者、使用者的合法权益，提高种子质量，发展现代种业，保障国家粮食安全，促进农业和林业的发展，制定本法。

第二条　在中华人民共和国境内从事品种选育、种子生产经营和管理等活动，适用本法。

本法所称种子，是指农作物和林木的种植材料或者繁殖材料，包括籽粒、果实、根、茎、苗、芽、叶、花等。

第三条　国务院农业农村、林业草原主管部门分别主管全国农作物种子和林木种子工作；县级以上地方人民政府农业农村、林业草原主管部门分别主管本行政区域内农作物种子和林木种子工作。

各级人民政府及其有关部门应当采取措施，加强种子执法和监督，依法惩处侵害农民权益的种子违法行为。

第四条 国家扶持种质资源保护工作和选育、生产、更新、推广使用良种，鼓励品种选育和种子生产经营相结合，奖励在种质资源保护工作和良种选育、推广等工作中成绩显著的单位和个人。

第五条 省级以上人民政府应当根据科教兴农方针和农业、林业发展的需要制定种业发展规划并组织实施。

第六条 省级以上人民政府建立种子储备制度，主要用于发生灾害时的生产需要及余缺调剂，保障农业和林业生产安全。对储备的种子应当定期检验和更新。种子储备的具体办法由国务院规定。

第七条 转基因植物品种的选育、试验、审定和推广应当进行安全性评价，并采取严格的安全控制措施。国务院农业农村、林业草原主管部门应当加强跟踪监管并及时公告有关转基因植物品种审定和推广的信息。具体办法由国务院规定。

第二章 种质资源保护

第八条 国家依法保护种质资源，任何单位和个人不得侵占和破坏种质资源。

禁止采集或者采伐国家重点保护的天然种质资源。因科研等特殊情况需要采集或者采伐的，应当经国务院或者省、自治区、直辖市人民政府的农业农村、林业草原主管部门批准。

第九条 国家有计划地普查、收集、整理、鉴定、登记、保存、交流和利用种质资源，重点收集珍稀、濒危、特有资源和特色地方品种，定期公布可供利用的种质资源目录。具体办法由国务院农业农村、林业草原主管部门规定。

第十条 国务院农业农村、林业草原主管部门应当建立种质资源库、种质资源保护区或者种质资源保护地。省、自治区、直辖市人民政府农业农村、林业草原主管部门可以根据需要建立种质资源库、种质资源保护区、种质资源保护地。种质资源库、种质资源保护区、种质资源保护地的种质资源属公共资源，依法开放利用。

占用种质资源库、种质资源保护区或者种质资源保护地的，需经原设立机关同意。

第十一条 国家对种质资源享有主权。任何单位和个人向境外提供种质资源，或者与境外机构、个人开展合作研究利用种质资源的，应当报国务院农业农村、林业草原主管部门批准，并同时提交国家共享惠益的方案。国务院农业农村、林业草原主管部门可以委托省、自治区、直辖市人民政府农业农村、林业草原主管部门接收申请材料。国务院农业农村、林业草原主管部门应当将批准情况通报国务院生态环境主管部门。

从境外引进种质资源的，依照国务院农业农村、林业草原主管部门的有关规定办理。

第三章 品种选育、审定与登记

第十二条 国家支持科研院所及高等院校重点开展育种的基础性、前沿性和应用技术研究以及生物育种技术研究，支持常规作物、主要造林树种育种和无性繁殖材料选育等公益性研究。

国家鼓励种子企业充分利用公益性研究成果，培育具有自主知识产权的优良品种；鼓励种子企业与科研院所及高等院校构建技术研发平台，开展主要粮食作物、重要经济作物育种攻关，建立以市场为导向、利益共享、风险共担的产学研相结合的种业技术创新体系。

国家加强种业科技创新能力建设，促进种业科技成果转化，维护种业科技人员的合法权益。

第十三条 由财政资金支持形成的育种发明专利权和植物新品种权，除涉及国家安全、国家利益和重大社会公共利益的外，授权项目承担者依法取得。

由财政资金支持为主形成的育种成果的转让、许可等应当依法公开进行，禁止私自交易。

第十四条 单位和个人因林业草原主管部门为选育林木良种建立测定林、试验林、优树收集区、基因库等而减少经济收入的，批准建立的林业草原主管部门应当按照国家有关规定给予经济补偿。

第十五条　国家对主要农作物和主要林木实行品种审定制度。主要农作物品种和主要林木品种在推广前应当通过国家级或者省级审定。由省、自治区、直辖市人民政府林业草原主管部门确定的主要林木品种实行省级审定。

申请审定的品种应当符合特异性、一致性、稳定性要求。

主要农作物品种和主要林木品种的审定办法由国务院农业农村、林业草原主管部门规定。审定办法应当体现公正、公开、科学、效率的原则，有利于产量、品质、抗性等的提高与协调，有利于适应市场和生活消费需要的品种的推广。在制定、修改审定办法时，应当充分听取育种者、种子使用者、生产经营者和相关行业代表意见。

第十六条　国务院和省、自治区、直辖市人民政府的农业农村、林业草原主管部门分别设立由专业人员组成的农作物品种和林木品种审定委员会。品种审定委员会承担主要农作物品种和主要林木品种的审定工作，建立包括申请文件、品种审定试验数据、种子样品、审定意见和审定结论等内容的审定档案，保证可追溯。在审定通过的品种依法公布的相关信息中应当包括审定意见情况，接受监督。

品种审定实行回避制度。品种审定委员会委员、工作人员及相关测试、试验人员应当忠于职守，公正廉洁。对单位和个人举报或者监督检查发现的上述人员的违法行为，省级以上人民政府农业农村、林业草原主管部门和有关机关应当及时依法处理。

第十七条　实行选育生产经营相结合，符合国务院农业农村、林业草原主管部门规定条件的种子企业，对其自主研发的主要农作物品种、主要林木品种可以按照审定办法自行完成试验，达到审定标准的，品种审定委员会应当颁发审定证书。种子企业对试验数据的真实性负责，保证可追溯，接受省级以上人民政府农业农村、林业草原主管部门和社会的监督。

第十八条　审定未通过的农作物品种和林木品种，申请人有异议的，可以向原审定委员会或者国家级审定委员会申请复审。

第十九条　通过国家级审定的农作物品种和林木良种由国务院农业农村、林业草原主管部门公告，可以在全国适宜的生态区域推广。通过省级审定的农作物品种和林木良种由省、自治区、直辖市人民政府农业农村、林业草原主管部门公告,可以在本行政区域内适宜的生态区域推广;其他省、自治区、直辖市属于同一适宜生态区的地域引种农作物品种、林木良种的,引种者应当将引种的品种和区域报所在省、自治区、直辖市人民政府农业农村、林业草原主管部门备案。

引种本地区没有自然分布的林木品种,应当按照国家引种标准通过试验。

第二十条 省、自治区、直辖市人民政府农业农村、林业草原主管部门应当完善品种选育、审定工作的区域协作机制,促进优良品种的选育和推广。

第二十一条 审定通过的农作物品种和林木良种出现不可克服的严重缺陷等情形不宜继续推广、销售的,经原审定委员会审核确认后,撤销审定,由原公告部门发布公告,停止推广、销售。

第二十二条 国家对部分非主要农作物实行品种登记制度。列入非主要农作物登记目录的品种在推广前应当登记。

实行品种登记的农作物范围应当严格控制,并根据保护生物多样性、保证消费安全和用种安全的原则确定。登记目录由国务院农业农村主管部门制定和调整。

申请者申请品种登记应当向省、自治区、直辖市人民政府农业农村主管部门提交申请文件和种子样品,并对其真实性负责,保证可追溯,接受监督检查。申请文件包括品种的种类、名称、来源、特性、育种过程以及特异性、一致性、稳定性测试报告等。

省、自治区、直辖市人民政府农业农村主管部门自受理品种登记申请之日起20个工作日内,对申请者提交的申请文件进行书面审查,符合要求的,报国务院农业农村主管部门予以登记公告。

对已登记品种存在申请文件、种子样品不实的,由国务院农业农村主管部门撤销该品种登记,并将该申请者的违法信息记入社会诚信档案,向社会公布;给种子使用者和其他种子生产经营者造成损失的,依法承担赔偿责任。

对已登记品种出现不可克服的严重缺陷等情形的,由国务院农业农村主管部门撤销登记,并发布公告,停止推广。

非主要农作物品种登记办法由国务院农业农村主管部门规定。

第二十三条 应当审定的农作物品种未经审定的,不得发布广告、推广、销售。

应当审定的林木品种未经审定通过的，不得作为良种推广、销售，但生产确需使用的，应当经林木品种审定委员会认定。

应当登记的农作物品种未经登记的，不得发布广告、推广，不得以登记品种的名义销售。

第二十四条 在中国境内没有经常居所或者营业场所的境外机构、个人在境内申请品种审定或者登记的，应当委托具有法人资格的境内种子企业代理。

第四章　新品种保护

第二十五条 国家实行植物新品种保护制度。对国家植物品种保护名录内经过人工选育或者发现的野生植物加以改良，具备新颖性、特异性、一致性、稳定性和适当命名的植物品种，由国务院农业农村、林业草原主管部门授予植物新品种权，保护植物新品种权所有人的合法权益。植物新品种权的内容和归属、授予条件、申请和受理、审查与批准，以及期限、终止和无效等依照本法、有关法律和行政法规规定执行。

国家鼓励和支持种业科技创新、植物新品种培育及成果转化。取得植物新品种权的品种得到推广应用的，育种者依法获得相应的经济利益。

第二十六条 一个植物新品种只能授予一项植物新品种权。两个以上的申请人分别就同一个品种申请植物新品种权的，植物新品种权授予最先申请的人；同时申请的，植物新品种权授予最先完成该品种育种的人。

对违反法律，危害社会公共利益、生态环境的植物新品种，不授予植物新品种权。

第二十七条 授予植物新品种权的植物新品种名称，应当与相同或者相近的植物属或者种中已知品种的名称相区别。该名称经授权后即为该植物新品种的通用名称。

下列名称不得用于授权品种的命名：

（一）仅以数字表示的；

（二）违反社会公德的；

（三）对植物新品种的特征、特性或者育种者身份等容易引起误解的。

同一植物品种在申请新品种保护、品种审定、品种登记、推广、销售时只能使用同一个名称。生产推广、销售的种子应当与申请植物新品种保护、品种审定、品种登记时提供的样品相符。

第二十八条　植物新品种权所有人对其授权品种享有排他的独占权。植物新品种权所有人可以将植物新品种权许可他人实施，并按照合同约定收取许可使用费；许可使用费可以采取固定价款、从推广收益中提成等方式收取。

任何单位或者个人未经植物新品种权所有人许可，不得生产、繁殖和为繁殖而进行处理、许诺销售、销售、进口、出口以及为实施上述行为储存该授权品种的繁殖材料，不得为商业目的将该授权品种的繁殖材料重复使用于生产另一品种的繁殖材料。本法、有关法律、行政法规另有规定的除外。

实施前款规定的行为，涉及由未经许可使用授权品种的繁殖材料而获得的收获材料的，应当得到植物新品种权所有人的许可；但是，植物新品种权所有人对繁殖材料已有合理机会行使其权利的除外。

对实质性派生品种实施第二款、第三款规定行为的，应当征得原始品种的植物新品种权所有人的同意。

实质性派生品种制度的实施步骤和办法由国务院规定。

第二十九条　在下列情况下使用授权品种的，可以不经植物新品种权所有人许可，不向其支付使用费，但不得侵犯植物新品种权所有人依照本法、有关法律、行政法规享有的其他权利：

（一）利用授权品种进行育种及其他科研活动；

（二）农民自繁自用授权品种的繁殖材料。

第三十条　为了国家利益或者社会公共利益，国务院农业农村、林业草原主管部门可以作出实施植物新品种权强制许可的决定，并予以登记和公告。

取得实施强制许可的单位或者个人不享有独占的实施权，并且无权允许他人实施。

第五章　种子生产经营

第三十一条　从事种子进出口业务的种子生产经营许可证，由国务院农业农村、林业草原主管部门核发。国务院农业农村、林业草原主管部门可以委托省、自治区、直辖市人民政府农业农村、林业草原主管部门接收申请材料。

从事主要农作物杂交种子及其亲本种子、林木良种繁殖材料生产经营的，以及符合国务院农业农村主管部门规定条件的实行选育生产经营相结合的农作物种子企业的种子生产经营许可证，由省、自治区、直辖市人民政府农业农村、林业草原主管部门核发。

前两款规定以外的其他种子的生产经营许可证，由生产经营者所在地县级以上地方人民政府农业农村、林业草原主管部门核发。

只从事非主要农作物种子和非主要林木种子生产的，不需要办理种子生产经营许可证。

第三十二条　申请取得种子生产经营许可证的，应当具有与种子生产经营相适应的生产经营设施、设备及专业技术人员，以及法规和国务院农业农村、林业草原主管部门规定的其他条件。

从事种子生产的，还应当同时具有繁殖种子的隔离和培育条件，具有无检疫性有害生物的种子生产地点或者县级以上人民政府林业草原主管部门确定的采种林。

申请领取具有植物新品种权的种子生产经营许可证的，应当征得植物新品种权所有人的书面同意。

第三十三条　种子生产经营许可证应当载明生产经营者名称、地址、法定代表人、生产种子的品种、地点和种子经营的范围、有效期限、有效区域等事项。

前款事项发生变更的，应当自变更之日起三十日内，向原核发许可证机关申请变更登记。

除本法另有规定外，禁止任何单位和个人无种子生产经营许可证或者违反种子生产经营许可证的规定生产、经营种子。禁止伪造、变造、买卖、租借种子生产经营许可证。

第三十四条　种子生产应当执行种子生产技术规程和种子检验、检疫规程，保证种子符合净度、纯度、发芽率等质量要求和检疫要求。

县级以上人民政府农业农村、林业草原主管部门应当指导、支持种子生产经营者采用先进的种子生产技术，改进生产工艺，提高种子质量。

第三十五条　在林木种子生产基地内采集种子的，由种子生产基地的经营者组织进行，采集种子应当按照国家有关标准进行。

禁止抢采掠青、损坏母树，禁止在劣质林内、劣质母树上采集种子。

第三十六条　种子生产经营者应当建立和保存包括种子来源、产地、数量、质量、销售去向、销售日期和有关责任人员等内容的生产经营档案，保证可追溯。种子生产经营档案的具体载明事项，种子生产经营档案及种子样品的保存期限由国务院农业农村、林业草原主管部门规定。

第三十七条　农民个人自繁自用的常规种子有剩余的，可以在当地集贸市场上出售、串换，不需要办理种子生产经营许可证。

第三十八条　种子生产经营许可证的有效区域由发证机关在其管辖范围内确定。种子生产经营者在种子生产经营许可证载明的有效区域设立分支机构的，专门经营不再分装的包装种子的，或者受具有种子生产经营许可证的种子生产经营者以书面委托生产、代销其种子的，不需要办理种子生产经营许可证，但应当向当地农业农村、林业草原主管部门备案。

实行选育生产经营相结合，符合国务院农业农村、林业草原主管部门规定条件的种子企业的生产经营许可证的有效区域为全国。

第三十九条　销售的种子应当加工、分级、包装。但是不能加工、包装的除外。

大包装或者进口种子可以分装；实行分装的，应当标注分装单位，并对种子质量负责。

第四十条　销售的种子应当符合国家或者行业标准，附有标签和使用说明。标签和使用说明标注的内容应当与销售的种子相符。种子生产经营者对标注内容的真实性和种子质量负责。

标签应当标注种子类别、品种名称、品种审定或者登记编号、品种适宜种植区域及季节、生产经营者及注册地、质量指标、检疫证明编号、种子生产经营许可证编号和信息代码，以及国务院农业农村、林业草原主管部门规定的其他事项。

销售授权品种种子的，应当标注品种权号。

销售进口种子的，应当附有进口审批文号和中文标签。

销售转基因植物品种种子的，必须用明显的文字标注，并应当提示使用时的安全控制措施。

种子生产经营者应当遵守有关法律、法规的规定，诚实守信，向种子使用者提供种子生产者信息、种子的主要性状、主要栽培措施、适应性等使用条件的说明、风险提示与有关咨询服务，不得作虚假或者引人误解的宣传。

任何单位和个人不得非法干预种子生产经营者的生产经营自主权。

第四十一条　种子广告的内容应当符合本法和有关广告的法律、法规的规定，主要性状描述等应当与审定、登记公告一致。

第四十二条　运输或者邮寄种子应当依照有关法律、行政法规的规定进行检疫。

第四十三条　种子使用者有权按照自己的意愿购买种子，任何单位和个人不得非法干预。

第四十四条　国家对推广使用林木良种造林给予扶持。国家投资或者国家投资为主的造林项目和国有林业单位造林，应当根据林业草原主管部门制定的计划使用林木良种。

第四十五条　种子使用者因种子质量问题或者因种子的标签和使用说明标注的内容不真实，遭受损失的，种子使用者可以向出售种子的经营者要求赔偿，也可以向种子生产者或者其他经营者要求赔偿。赔偿额包括购种价款、可得利益损失和其他损失。属于种子生产者或者其他经营者责任的，出售种子的经营者赔偿后，有权向种子生产者或者其他经营者追偿；属于出售种子的经营者责任的，种子生产者或者其他经营者赔偿后，有权向出售种子的经营者追偿。

第六章　种子监督管理

第四十六条　农业农村、林业草原主管部门应当加强对种子质量的监督检查。种子质量管理办法、行业标准和检验方法，由国务院农业农村、林业草原主管部门制定。

农业农村、林业草原主管部门可以采用国家规定的快速检测方法对生产经营的种子品种进行检测，检测结果可以作为行政处罚依据。被检查人对检测结果有异议的，可以申请复检，复检不得采用同一检测方法。因检测结果错误给当事人造成损失的，依法承担赔偿责任。

第四十七条　农业农村、林业草原主管部门可以委托种子质量检验机构对种子质量进行检验。

承担种子质量检验的机构应当具备相应的检测条件、能力，并经省级以上人民政府有关主管部门考核合格。

种子质量检验机构应当配备种子检验员。种子检验员应当具有中专以上有关专业学历，具备相应的种子检验技术能力和水平。

第四十八条　禁止生产经营假、劣种子。农业农村、林业草原主管部门和有关部门依法打击生产经营假、劣种子的违法行为，保护农民合法权益，维护公平竞争的市场秩序。

下列种子为假种子：

（一）以非种子冒充种子或者以此种品种种子冒充其他品种种子的；

（二）种子种类、品种与标签标注的内容不符或者没有标签的。

下列种子为劣种子：

（一）质量低于国家规定标准的；

（二）质量低于标签标注指标的；

（三）带有国家规定的检疫性有害生物的。

第四十九条　农业农村、林业草原主管部门是种子行政执法机关。种子执法人员依法执行公务时应当出示行政执法证件。农业农村、林业草原主管部门依法履行种子监督检查职责时，有权采取下列措施：

（一）进入生产经营场所进行现场检查；

（二）对种子进行取样测试、试验或者检验；

（三）查阅、复制有关合同、票据、账簿、生产经营档案及其他有关资料；

（四）查封、扣押有证据证明违法生产经营的种子，以及用于违法生产经营的工具、设备及运输工具等；

（五）查封违法从事种子生产经营活动的场所。

农业农村、林业草原主管部门依照本法规定行使职权，当事人应当协助、配合，不得拒绝、阻挠。

农业农村、林业草原主管部门所属的综合执法机构或者受其委托的种子管理机构，可以开展种子执法相关工作。

第五十条　种子生产经营者依法自愿成立种子行业协会，加强行业自律管理，维护成员合法权益，为成员和行业发展提供信息交流、技术培训、信用建设、市场营销和咨询等服务。

第五十一条　种子生产经营者可自愿向具有资质的认证机构申请种子质量认证。经认证合格的，可以在包装上使用认证标识。

第五十二条　由于不可抗力原因，为生产需要必须使用低于国家或者地方规定标准的农作物种子的，应当经用种地县级以上地方人民政府批准。

第五十三条　从事品种选育和种子生产经营以及管理的单位和个人应当遵守有关植物检疫法律、行政法规的规定，防止植物危险性病、虫、杂草及其他有害生物的传播和蔓延。

禁止任何单位和个人在种子生产基地从事检疫性有害生物接种试验。

第五十四条　省级以上人民政府农业农村、林业草原主管部门应当在统一的政府信息发布平台上发布品种审定、品种登记、新品种保护、种子生产经营许可、监督管理等信息。

国务院农业农村、林业草原主管部门建立植物品种标准样品库，为种子监督管理提供依据。

第五十五条　农业农村、林业草原主管部门及其工作人员，不得参与和从事种子生产经营活动。

第七章　种子进出口和对外合作

第五十六条　进口种子和出口种子必须实施检疫，防止植物危险性病、虫、杂草及其他有害生物传入境内和传出境外，具体检疫工作按照有关植物进出境检疫法律、行政法规的规定执行。

第五十七条　从事种子进出口业务的，应当具备种子生产经营许可证；其中，从事农作物种子进出口业务的，还应当按照国家有关规定取得种子进出口许可。

从境外引进农作物、林木种子的审定权限，农作物种子的进口审批办法，引进转基因植物品种的管理办法，由国务院规定。

第五十八条　进口种子的质量，应当达到国家标准或者行业标准。没有国家标准或者行业标准的，可以按照合同约定的标准执行。

第五十九条　为境外制种进口种子的，可以不受本法第五十七条第一款的限制，但应当具有对外制种合同，进口的种子只能用于制种，其产品不得在境内销售。

从境外引进农作物或者林木试验用种，应当隔离栽培，收获物也不得作为种子销售。

第六十条　禁止进出口假、劣种子以及属于国家规定不得进出口的种子。

第六十一条　国家建立种业国家安全审查机制。境外机构、个人投资、并购境内种子企业，或者与境内科研院所、种子企业开展技术合作，从事品种研发、种子生产经营的审批管理依照有关法律、行政法规的规定执行。

第八章　扶持措施

第六十二条　国家加大对种业发展的支持。对品种选育、生产、示范推广、种质资源保护、种子储备以及制种大县给予扶持。

国家鼓励推广使用高效、安全制种采种技术和先进适用的制种采种机械，将先进适用的制种采种机械纳入农机具购置补贴范围。

国家积极引导社会资金投资种业。

第六十三条　国家加强种业公益性基础设施建设，保障育种科研设施用地合理需求。

对优势种子繁育基地内的耕地，划入永久基本农田。优势种子繁育基地由国务院农业农村主管部门商所在省、自治区、直辖市人民政府确定。

第六十四条　对从事农作物和林木品种选育、生产的种子企业，按照国家有关规定给予扶持。

第六十五条　国家鼓励和引导金融机构为种子生产经营和收储提供信贷支持。

第六十六条　国家支持保险机构开展种子生产保险。省级以上人民政府可以采取保险费补贴等措施，支持发展种业生产保险。

第六十七条　国家鼓励科研院所及高等院校与种子企业开展育种科技人员交流，支持本单位的科技人员到种子企业从事育种成果转化活动；鼓励育种科研人才创新创业。

第六十八条 国务院农业农村、林业草原主管部门和异地繁育种子所在地的省、自治区、直辖市人民政府应当加强对异地繁育种子工作的管理和协调，交通运输部门应当优先保证种子的运输。

第九章 法律责任

第六十九条 农业农村、林业草原主管部门不依法作出行政许可决定，发现违法行为或者接到对违法行为的举报不予查处，或者有其他未依照本法规定履行职责的行为的，由本级人民政府或者上级人民政府有关部门责令改正，对负有责任的主管人员和其他直接责任人员依法给予处分。

违反本法第五十五条规定，农业农村、林业草原主管部门工作人员从事种子生产经营活动的，依法给予处分。

第七十条 违反本法第十六条规定，品种审定委员会委员和工作人员不依法履行职责，弄虚作假、徇私舞弊的，依法给予处分；自处分决定作出之日起五年内不得从事品种审定工作。

第七十一条 品种测试、试验和种子质量检验机构伪造测试、试验、检验数据或者出具虚假证明的，由县级以上人民政府农业农村、林业草原主管部门责令改正，对单位处五万元以上十万元以下罚款，对直接负责的主管人员和其他直接责任人员处一万元以上五万元以下罚款；有违法所得的，并处没收违法所得；给种子使用者和其他种子生产经营者造成损失的，与种子生产经营者承担连带责任；情节严重的，由省级以上人民政府有关主管部门取消种子质量检验资格。

第七十二条 违反本法第二十八条规定，有侵犯植物新品种权行为的，由当事人协商解决，不愿协商或者协商不成的，植物新品种权所有人或者利害关系人可以请求县级以上人民政府农业农村、林业草原主管部门进行处理，也可以直接向人民法院提起诉讼。

县级以上人民政府农业农村、林业草原主管部门，根据当事人自愿的原则，对侵犯植物新品种权所造成的损害赔偿可以进行调解。调解达成协议的，当事人应当履行；当事人不履行协议或者调解未达成协议的，植物新品种权所有人或者利害关系人可以依法向人民法院提起诉讼。

侵犯植物新品种权的赔偿数额按照权利人因被侵权所受到的实际损失确定；

实际损失难以确定的，可以按照侵权人因侵权所获得的利益确定。权利人的损失或者侵权人获得的利益难以确定的，可以参照该植物新品种权许可使用费的倍数合理确定。故意侵犯植物新品种权，情节严重的，可以在按照上述方法确定数额的一倍以上五倍以下确定赔偿数额。

权利人的损失、侵权人获得的利益和植物新品种权许可使用费均难以确定的，人民法院可以根据植物新品种权的类型、侵权行为的性质和情节等因素，确定给予五百万元以下的赔偿。

赔偿数额应当包括权利人为制止侵权行为所支付的合理开支。

县级以上人民政府农业农村、林业草原主管部门处理侵犯植物新品种权案件时，为了维护社会公共利益，责令侵权人停止侵权行为，没收违法所得和种子；货值金额不足五万元的，并处一万元以上二十五万元以下罚款；货值金额五万元以上的，并处货值金额五倍以上十倍以下罚款。

假冒授权品种的，由县级以上人民政府农业农村、林业草原主管部门责令停止假冒行为，没收违法所得和种子；货值金额不足五万元的，并处一万元以上二十五万元以下罚款；货值金额五万元以上的，并处货值金额五倍以上十倍以下罚款。

第七十三条　当事人就植物新品种的申请权和植物新品种权的权属发生争议的，可以向人民法院提起诉讼。

第七十四条　违反本法第四十八条规定，生产经营假种子的，由县级以上人民政府农业农村、林业草原主管部门责令停止生产经营，没收违法所得和种子，吊销种子生产经营许可证；违法生产经营的货值金额不足二万元的，并处二万元以上二十万元以下罚款；货值金额二万元以上的，并处货值金额十倍以上二十倍以下罚款。

因生产经营假种子犯罪被判处有期徒刑以上刑罚的，种子企业或者其他单位的法定代表人、直接负责的主管人员自刑罚执行完毕之日起五年内不得担任种子企业的法定代表人、高级管理人员。

第七十五条　违反本法第四十八条规定，生产经营劣种子的，由县级以上人民政府农业农村、林业草原主管部门责令停止生产经营，没收违法所得和种子；违法生产经营的货值金额不足二万元的，并处一万元以上十万元以下罚款；货值金额二万元以上的，并处货值金额五倍以上十倍以下罚款；情节严重的，吊销种子生产经营许可证。

因生产经营劣种子犯罪被判处有期徒刑以上刑罚的，种子企业或者其他单位的法定代表人、直接负责的主管人员自刑罚执行完毕之日起五年内不得担任种子企业的法定代表人、高级管理人员。

第七十六条　违反本法第三十二条、第三十三条、第三十四条规定，有下列行为之一的，由县级以上人民政府农业农村、林业草原主管部门责令改正，没收违法所得和种子；违法生产经营的货值金额不足一万元的，并处三千元以上三万元以下罚款；货值金额一万元以上的，并处货值金额三倍以上五倍以下罚款；可以吊销种子生产经营许可证：

（一）未取得种子生产经营许可证生产经营种子的；

（二）以欺骗、贿赂等不正当手段取得种子生产经营许可证的；

（三）未按照种子生产经营许可证的规定生产经营种子的；

（四）伪造、变造、买卖、租借种子生产经营许可证的；

（五）不再具有繁殖种子的隔离和培育条件，或者不再具有无检疫性有害生物的种子生产地点或者县级以上人民政府林业草原主管部门确定的采种林，继续从事种子生产的；

（六）未执行种子检验、检疫规程生产种子的。

被吊销种子生产经营许可证的单位，其法定代表人、直接负责的主管人员自处罚决定作出之日起五年内不得担任种子企业的法定代表人、高级管理人员。

第七十七条　违反本法第二十一条、第二十二条、第二十三条规定，有下列行为之一的，由县级以上人民政府农业农村、林业草原主管部门责令停止违法行为，没收违法所得和种子，并处二万元以上二十万元以下罚款：

（一）对应当审定未经审定的农作物品种进行推广、销售的；

（二）作为良种推广、销售应当审定未经审定的林木品种的；

（三）推广、销售应当停止推广、销售的农作物品种或者林木良种的；

（四）对应当登记未经登记的农作物品种进行推广，或者以登记品种的名义进行销售的；

（五）对已撤销登记的农作物品种进行推广，或者以登记品种的名义进行销售的。

违反本法第二十三条、第四十一条规定，对应当审定未经审定或者应当登记未经登记的农作物品种发布广告，或者广告中有关品种的主要性状描述的内容与审定、登记公告不一致的，依照《中华人民共和国广告法》的有关规定追究法律责任。

第七十八条 违反本法第五十七条、第五十九条、第六十条规定，有下列行为之一的，由县级以上人民政府农业农村、林业草原主管部门责令改正，没收违法所得和种子；违法生产经营的货值金额不足一万元的，并处三千元以上三万元以下罚款；货值金额一万元以上的，并处货值金额三倍以上五倍以下罚款；情节严重的，吊销种子生产经营许可证：

（一）未经许可进出口种子的；

（二）为境外制种的种子在境内销售的；

（三）从境外引进农作物或者林木种子进行引种试验的收获物作为种子在境内销售的；

（四）进出口假、劣种子或者属于国家规定不得进出口的种子的。

第七十九条 违反本法第三十六条、第三十八条、第三十九条、第四十条规定，有下列行为之一的，由县级以上人民政府农业农村、林业草原主管部门责令改正，处二千元以上二万元以下罚款：

（一）销售的种子应当包装而没有包装的；

（二）销售的种子没有使用说明或者标签内容不符合规定的；

（三）涂改标签的；

（四）未按规定建立、保存种子生产经营档案的；

（五）种子生产经营者在异地设立分支机构、专门经营不再分装的包装种子或者受委托生产、代销种子，未按规定备案的。

第八十条 违反本法第八条规定，侵占、破坏种质资源，私自采集或者采伐国家重点保护的天然种质资源的，由县级以上人民政府农业农村、林业草原主管部门责令停止违法行为，没收种质资源和违法所得，并处五千元以上五万元以下罚款；造成损失的，依法承担赔偿责任。

第八十一条 违反本法第十一条规定，向境外提供或者从境外引进种质资源，或者与境外机构、个人开展合作研究利用种质资源的，由国务院或者省、自治区、直辖市人民政府的农业农村、林业草原主管部门没收种质资源和违法所得，并处二万元以上二十万元以下罚款。

未取得农业农村、林业草原主管部门的批准文件携带、运输种质资源出境的，海关应当将该种质资源扣留，并移送省、自治区、直辖市人民政府农业农村、林业草原主管部门处理。

第八十二条 违反本法第三十五条规定，抢采掠青、损坏母树或者在劣质林内、劣质母树上采种的，由县级以上人民政府林业草原主管部门责令停止采种行为，没收所采种子，并处所采种子货值金额二倍以上五倍以下罚款。

第八十三条 违反本法第十七条规定，种子企业有造假行为的，由省级以上人民政府农业农村、林业草原主管部门处一百万元以上五百万元以下罚款；不得再依照本法第十七条的规定申请品种审定；给种子使用者和其他种子生产经营者造成损失的，依法承担赔偿责任。

第八十四条 违反本法第四十四条规定，未根据林业草原主管部门制定的计划使用林木良种的，由同级人民政府林业草原主管部门责令限期改正；逾期未改正的，处三千元以上三万元以下罚款。

第八十五条 违反本法第五十三条规定，在种子生产基地进行检疫性有害生物接种试验的，由县级以上人民政府农业农村、林业草原主管部门责令停止试验，处五千元以上五万元以下罚款。

第八十六条 违反本法第四十九条规定，拒绝、阻挠农业农村、林业草原主管部门依法实施监督检查的，处二千元以上五万元以下罚款，可以责令停产停业整顿；构成违反治安管理行为的，由公安机关依法给予治安管理处罚。

第八十七条 违反本法第十三条规定，私自交易育种成果，给本单位造成经济损失的，依法承担赔偿责任。

第八十八条 违反本法第四十三条规定，强迫种子使用者违背自己的意愿购买、使用种子，给使用者造成损失的，应当承担赔偿责任。

第八十九条 违反本法规定，构成犯罪的，依法追究刑事责任。

第十章 附则

第九十条 本法下列用语的含义是：

（一）种质资源是指选育植物新品种的基础材料，包括各种植物的栽培种、野生种的繁殖材料以及利用上述繁殖材料人工创造的各种植物的遗传材料。

（二）品种是指经过人工选育或者发现并经过改良，形态特征和生物学特性一致，遗传性状相对稳定的植物群体。

（三）主要农作物是指稻、小麦、玉米、棉花、大豆。

（四）主要林木由国务院林业草原主管部门确定并公布；省、自治区、直辖市人民政府林业草原主管部门可以在国务院林业草原主管部门确定的主要林木之外确定其他八种以下的主要林木。

（五）林木良种是指通过审定的主要林木品种，在一定的区域内，其产量、适应性、抗性等方面明显优于当前主栽材料的繁殖材料和种植材料。

（六）新颖性是指申请植物新品种权的品种在申请日前，经申请权人自行或者同意销售、推广其种子，在中国境内未超过一年；在境外，木本或者藤本植物未超过六年，其他植物未超过四年。

本法施行后新列入国家植物品种保护名录的植物的属或者种，从名录公布之日起一年内提出植物新品种权申请的，在境内销售、推广该品种种子未超过四年的，具备新颖性。

除销售、推广行为丧失新颖性外，下列情形视为已丧失新颖性：

1. 品种经省、自治区、直辖市人民政府农业农村、林业草原主管部门依据播种面积确认已经形成事实扩散的；

2. 农作物品种已审定或者登记两年以上未申请植物新品种权的。

（七）特异性是指一个植物品种有一个以上性状明显区别于已知品种。

（八）一致性是指一个植物品种的特性除可预期的自然变异外，群体内个体间相关的特征或者特性表现一致。

（九）稳定性是指一个植物品种经过反复繁殖后或者在特定繁殖周期结束时，其主要性状保持不变。

（十）实质性派生品种是指由原始品种实质性派生，或者由该原始品种的实质性派生品种派生出来的品种，与原始品种有明显区别，并且除派生引起的性状差异外，在表达由原始品种基因型或者基因型组合产生的基本性状方面与原始品种相同。

（十一）已知品种是指已受理申请或者已通过品种审定、品种登记、新品种保护，或者已经销售、推广的植物品种。

（十二）标签是指印制、粘贴、固定或者附着在种子、种子包装物表面的特定图案及文字说明。

第九十一条 国家加强中药材种质资源保护，支持开展中药材育种科学技术研究。

草种、烟草种、中药材种、食用菌菌种的种质资源管理和选育、生产经营、管理等活动，参照本法执行。

第九十二条 本法自 2016 年 1 月 1 日起施行。